电子商务基础与实务
（第3版）

杨泳波　主编

北京理工大学出版社
BEIJING INSTITUTE OF TECHNOLOGY PRESS

图书在版编目（ＣＩＰ）数据

电子商务基础与实务／杨泳波主编 . －－3 版 . －－北京：北京理工大学出版社，2023.4
ISBN 978 － 7 － 5763 － 0958 － 4

Ⅰ. ①电… Ⅱ. ①杨… Ⅲ. ①电子商务—高等学校—教材 Ⅳ. ①F713.36

中国版本图书馆 CIP 数据核字（2022）第 027756 号

出版发行 /	北京理工大学出版社有限责任公司	
社　　址 /	北京市海淀区中关村南大街 5 号	
邮　　编 /	100081	
电　　话 /	(010) 68914775（总编室）	
	(010) 82562903（教材售后服务热线）	
	(010) 68944723（其他图书服务热线）	
网　　址 /	http：//www.bitpress.com.cn	
经　　销 /	全国各地新华书店	
印　　刷 /	涿州汇美亿浓印刷有限公司	
开　　本 /	787 毫米 × 1092 毫米　1/16	
印　　张 /	15.75	责任编辑 / 王晓莉
字　　数 /	445 千字	文案编辑 / 王晓莉
版　　次 /	2023 年 4 月第 3 版　2023 年 4 月第 1 次印刷	责任校对 / 刘亚男
定　　价 /	80.00 元	责任印制 / 施胜娟

前 言

Preface

随着互联网技术发展，互联网思维已渗透到各行各业，同时也驱动了商业进化。在平台电商成熟发展的基础上诞生了以内容为载体的直播电商、围绕用户体验的社群电商以及智慧新零售等创新模式。电子商务的应用改变了生产、流通及消费等各个领域，出现了跨境电商、旅游电商、农村电商以及本地化电商等多元化发展方向。

本书旨在通过电子商务工作内容的梳理，向电子商务初学者全面介绍电子商务的相关理论、方法与模式，结合电子商务的发展趋势和职教20条的精神，重新修订出版，保持了前2版的基本风格，同样采用了模块化的编写思路，仍然保持该书的知识与技能模块具有可拓展性的特点，可以使教师在教学过程中根据实际情况对教学内容进行增删，可以将电子商务行业最新的知识与技能有机地融合到教学过程中。

本书的主要特色为：

1. 突显课程思政，遵循立德树人、培养工匠精神的职业教育方针

以党的二十大精神为指引，结合电子商务行业的特点与知识技能点，将"诚信经营、友善互动、文化传播、创新发展"为核心理念，基于每一项目的内容提炼思政元素，并形成完整的课程思政体系，充分体现以立德树人为宗旨、以能力为本位、以就业为导向，培养学生工匠精神的职业教育办学方针。

2. 兼顾电子商务的基本工作流程与创新发展模式

本书内容着力凸显时代感与现代性，融入了最新的电子商务发展状况与电子商务创新模式，同时又不因此而影响到知识的系统性和逻辑性，既有完整的电子商务知识体系，又十分注重电子商务实践动手能力与互联网创新思维的培养。

3. 内容架构合理，更符合电子商务初学者的认知规律

电子商务基础课程作为电子商务类专业学生的入门课程，具有理论性强的特点，学生在学习的过程往往会感觉到比较枯燥，该书内容的设计既有理论知识的介绍又有实践技能的初步训练，借助学生熟悉的平台开展电子商务体验，让学生在"做中学"。在电子商务理论体系的支撑下动手实践体验，体现了产教融合的人才培养理念，为学生学习后续课程及电子商务课程综合实训打下了扎实的基础。本书按照基础篇、实务篇与创新篇的思路架构，共分为10个模块的内容，并提供了教学标准、教学设计以及教学课件等相关教学资源。

4. 采用新形态教材编排方式增强学习的便利性与内容的拓展性

该书采用半活页式的编排方式，在全面系统地介绍电子商务知识与技能的基础上设计了 18 个实训任务工单，完成相应任务的同时引导学生掌握与理解相关的理论知识。在相应的位置插入二维码，整理汇编了大量的拓展学习资料，方便学生扫码学习。

本书由浙江经济职业技术学院杨泳波老师主编与统稿，河北工业职业技术大学韩彩霞老师与浙江同济科技职业学院的徐骏骅老师任副主编，依托浙江省杭州市的电子商务产业，联合杭州全速网络技术有限公司，汲取了多所职业院校的电子商务类专业主任或教学骨干的一线教学经验。

模块	作者	工作单位	职称/职务
模块 1	杨泳波	浙江经济职业技术学院	教授
模块 2	徐骏骅	浙江同济科技职业学院	副教授/移动商务专业部主任
模块 3	姜吾梅	浙江经济职业技术学院	副教授/法律教研室主管
模块 4	洪德志	杭州全速网络技术有限公司	副总经理
	程 娅	浙江经济职业技术学院	副教授
	邬慧娟	杭州全速网络技术有限公司	设计导师
模块 5	戴 月	苏州百年职业学院	讲师/电子商务专业主任
模块 6	韩彩霞	河北工业职业技术大学	副教授/电子商务专业带头人
模块 7	刘阳河	硅湖职业技术学院	讲师
模块 8	陈 念	武汉职业技术学院	副教授/跨境电商专业带头人
模块 9	杨泳波	浙江经济职业技术学院	教授
	方文英	浙江经济职业技术学院	副教授/商贸流通学院副院长
模块 10	徐骏骅	浙江同济科技职业学院	副教授/移动商务专业部主任

在本书的编写过程中得到了多位专家与教师的支持与帮助，在此表示衷心感谢。书中难免有不足之处，望各位读者批评指正。

编 者

目 录
Contents

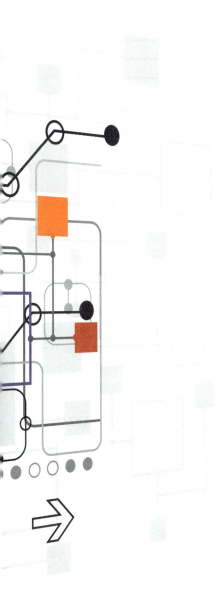

模块 1

电子商务概述

　　20 世纪 90 年代后期，互联网的出现把信息技术和网络技术的应用推向了一个新的高潮，网民人数迅速攀升，人们的生活、学习、工作等各个方面发生了巨大的变化，社会的网络化、经济的全球化以及贸易的自由化促进了我国电子商务的诞生。随着移动互联网的出现，电子商务越来越普及，运营模式不断创新，应用领域不断拓展，改变了人们的购物习惯，同时也对互联网生态环境提出了更高的要求。

【思政导学】

　　思政点 1：借助农产品网络销售案例阐述打造农产品特色品牌、创新农产品品牌运营模式对于助力乡村振兴的意义。

　　思政点 2：通过电子商务特点分析融入电子商务行业对实现共同富裕的基础作用。

　　思政点 3：通过电子商务发展历程的了解，树立电子商务行业健康有序发展的意识。

　　思政点 4：通过电子商务交易模式介绍与网络创业方案的设计融入电子商务模式共建共赢的顶层设计思念。

【知识导图】

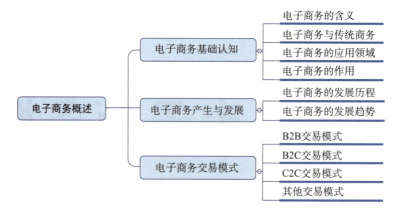

电子商务概述
- 电子商务基础认知
  - 电子商务的含义
  - 电子商务与传统商务
  - 电子商务的应用领域
  - 电子商务的作用
- 电子商务产生与发展
  - 电子商务的发展历程
  - 电子商务的发展趋势
- 电子商务交易模式
  - B2B交易模式
  - B2C交易模式
  - C2C交易模式
  - 其他交易模式

【知识目标】

1. 理解电子商务的含义；
2. 掌握电子商务的特点；
3. 了解电子商务的产生与发展历程；
4. 了解电子商务的应用领域与作用；
5. 理解电子商务的交易模式。

【能力目标】

1. 能对比分析电子商务与传统商务；
2. 会辨识电子商务的运营模式；
3. 初步具备电子商务的应用能力。

【素质目标】

1. 初步具备互联网思维与商业思维；
2. 具有跨界融合的电子商务运营意识。

案例导入

　　某传统特产店10余年来一直专注于当地特色农产品的销售，运营团队成员通过严格的品控与农产品质量等级标准的制定，根据不同等级进行定价，来提升商品的性价比，同时，通过优质的客户服务，沉淀了一批复购率相当高的老客户，店铺的营业额稳步递增。该店铺的运营团队在销售农产品的过程中意识到，拓展销售渠道、扩大农产品的销售规模不但可以使自身的店铺更好地发展，也可以增加农户的收入，提高其生产积极性，促进农产品的集约化与标准化生产，可以提升农产品的流通效率，提升农村的配套设施建设。

　　该店铺的运营团队看到现在的电子商务行业越来越成熟，普及率越来越高，几乎所有人都已习惯网络购物，因此，计划投入一定的人力与财力进入农产品的电子商务领域。由于该团队成员一直专注于传统的销售模式，对电子商务行业了解不深，基本上没有电子商务运营经验，团队成员的传统商业意识或多或少地阻碍着产品的互联网化，影响了该运营团队的网络零售业务。

　　我国的电子商务行业虽已发展20余年，但触达农村的时间还不是太长，对于农产品的网络零售模式还需要进一步探索与优化，只有深入了

【案例赏析】贡天下特产网

解电子商务的内涵与运营模式，提升互联网思维，结合农产品的特点，才有可能设计出行之有效的农产品网络销售模式，拓展农产品网络销售渠道，打造出知名的农产品网络品牌。

思政园地

打造农产品特色品牌，创新电商品牌运营模式，助力乡村振兴。

随着电子商务的发展，消费者在任何地区任何时候都可以购买到需要的农产品。能够利用当地特色优势，打造具有竞争力的农业品牌，才是保障农村电子商务可持续发展的必然途径。因此，需要根据当地产品特色化，采用差异化销售策略，打造农产品特色品牌。

1.1　电子商务基础认知

1.1.1　电子商务的含义

各国政府、学者、企业界人士根据自己所处的地位和对电子商务参与的角度和程度的不同，给出了许多不同的定义，但其关键依然是依靠电子设备和网络技术进行的商业模式。一般来说，电子商务的含义有广义与狭义之分。

广义上，电子商务一词源自 Electronic Business，就是通过电子手段进行的商业事务活动。通过使用互联网等电子工具，公司内部、供应商、客户和合作伙伴之间，利用电子业务共享信息，实现企业间业务流程的电子化，配合企业内部的电子化生产管理系统，提高企业的生产、库存、流通和资金等各个环节的效率。

狭义上，电子商务（Electronic Commerce，EC）是指通过使用互联网等电子工具（包括电报、电话、广播、电视、传真、计算机、计算机网络、移动通信等）在全球范围内进行的商务贸易活动。狭义的电子商务是以商务活动为主体，以计算机网络为基础，以电子化方式为手段，在法律许可范围内所进行的商务活动过程，包括商品和服务的提供者、广告商、消费者、中介商等有关各方行为的总和，其意义集中于电子交易，强调企业与外部的交易与合作。人们一般理解的电子商务是指狭义的电子商务。

电子商务的具体含义可以从以下三个方面来理解。

（1）参与对象

只要具有商务行为能力，就可以成为电子商务的主体，如供应商、销售商和消费群体，同时如果政府职能部门是消费者或者在商务活动中有实质性的参与，也同样属于电子商务的参与对象。另外，在线支付系统在电子商务活动中扮演重要角色，其主要成员就是网上银行、第三方支付服务提供商等，是电子商务的重要环节，使网上支付成为可能。总的来看，电子商务的行为主体众多且复杂。

按照 2019 年 1 月颁布的《中华人民共和国电子商务法》中的阐述，电子商务的参与主体包括电子商务平台经营者、平台内经营者以及通过自建网站、其他网络服务销售商品或者提供服务的电子商务经营者。

（2）技术手段

电子商务是利用计算机技术、远程通信技术和信息技术，实现电子化、数字化、网络化和商务化的整个商务过程，因此，电子商务的技术手段主要从以下三个方面理解。

首先是计算机技术，其高超和完备的数据处理能力和信息处理能力使得各种商务活动得以自动实现且快速准确完成。

其次是远程通信技术，包括通信技术、计算机网络技术和无线网络技术，是整个电子商务实现的基础和纽带。

最后是信息技术，包括信息表示技术和信息处理技术。信息表示技术是企业信息化进程的核心技术，是企业由传统的商务模式向现代电子商务模式过渡的重要手段。而信息处理技术体现在电子商务的各个环节，如信息的收集、筛选、存储、传播和更新等。

（3）商务活动

随着电子商务的高速发展，它已不仅仅包括其购物的主要内涵，还包括电子货币交换、供应链管理、电子交易市场、网络营销、在线事务处理、电子数据交换（EDI）、存货管理和自动数据收集系统等服务。因此，这里所提到的商务活动既包括企业或商家内部的管理和控制，也包括合作伙伴的选择、合作伙伴之间关系的处理和客户关系管理等。

总之，电子商务不仅仅是一种贸易的新形式，从其本质上来说，电子商务应用是一种业务转型。它正在从包括企业竞争和运作、政府和社会组织的运作模式、教育及娱乐方式等各方面改变着人类相互交往的方式和关于各种生活细节的思维、观念。电子商务可以帮助企业接触新客户，增加客户的信任度，合理运作和以更快的方式将产品和服务推向市场；它同时还可以帮助政府更好地为更多的市民服务，并因此提高公众对政府的满意度；它可以更新人类的消费观念和生活方式，改变人与人之间的关系。

↘ 1.1.2 电子商务与传统商务

电子商务与传统商务在开展具体的商务活动过程中存在着很大的区别，但是从商务活动流程上来看两者基本相似。

（1）商务活动的基本环节

从消费者的角度来看，不管在线下还是在线上购物时都会经过如图1-1所示的一般购物流程。

图1-1 消费者一般购物流程

其中包含的内容主要是：

- 选择购物场景或渠道
- 挑选心仪的商品
- 决定购买后的下单支付
- 接收购买的商品
- 对购物过程的满意度评价

根据消费者的购物过程，商务活动过程中商家一般需要做好如图1-2所示的工作内容。

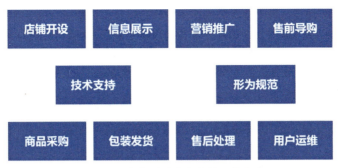

图 1-2　商务活动中商家的工作内容

（2）电子商务与传统商务的对比分析

电子商务与传统商务的对比分析如表 1-1 所示。

表 1-1　电子商务与传统商务之异同

活动环节	电子商务	传统商务	异同
店铺开设	选择第三方平台或独立建站	选择商场或开设专卖店	不同
信息展示	图文或视频展示	货柜展示	不同
营销推广	网站推广或新媒体营销	传统媒体广告营销	不同
售前导购	售前网络客服互动导购	销售员互动导购	相似
商品采购	工厂采购或代理商采购	工厂采购或代理商采购	相似
包装发货	仓库分拣、打包、发货	店铺打包、取货	不同
售后处理	线上协商处理	线下面对面协商处理	不同
用户运维	建立用户运维体系	会员制或无用户运维	不同
技术支持	互联网技术与信息处理技术	基本上无技术支持	不同
行为规范	遵循商务活动规范	遵循商务活动规范	相似

（3）电子商务的特点

电子商务是综合运用信息技术手段以提高商务活动效率为目标，将交易全过程中的数据和资料用电子方式实现，在整个商务活动过程中实现交易无纸化、直接化。电子商务可以使商务活动环节中各个参与者更紧密地联系，更快速地满足需求，在全球范围内选择合作伙伴，以最小的投入获得最大的利润。电子商务与传统商务相比具有以下一些特点。

①商务的高效性

依托互联网的电子商务环境交易流程的自动化与智能化提高了商务活动与团队分工、协调的效率，电子商务的开放性与全球性突破了时间与空间的限制，使得交易活动可以在任何时间与任何地点进行，同时，各种媒体渠道的创新发展更高效地实现信息传递。

②用户的便利性

互联网的信息非常精准，用户在购物过程中可以从网上直接获取商品的相关信息，不用到线下实体店里就可以充分了解，这使得用户在获取信息时更加便利。用户在做出购买决策后可以在线上

直接下订单，灵活的网络支付方式与方便高效的物流体系也给用户创造了便利的购物环境。

③交易的安全性

随着安全技术的不断成熟与发展，电子商务的交易安全越来越得到很好的保障。比如，交易过程中相关的交易信息均有保密的要求，交易成功前需要对交易双方的身份信息进行确认，交易一旦达成保证交易过程中的所有环节不可否认，对于交易相关文件也具有不可修改性等。

④交易的透明化

电子商务活动过程中交易双方无论是信息传递、交易磋商、签订合同、网络支付、信誉评价等整个过程都在网上进行，通畅快捷的信息传输可以保证各种信息之间互相核对，可以防止伪造信息的流通，做到交易过程的透明、公正与公平。

⑤服务的人性化

为了满足用户的个性化需求，某些产品在体现美观实用的同时，又能考虑到以人为本的设计理念，根据用户的生活习惯、操作习惯创造出产品新功能。同时，商家为消费者提供优质服务，给用户以人文关怀，从而提高用户的满意程度。

思政园地

电商可以通过信息、知识、产品和技术工具的公平获取，缩小甚至抹平以往市场主体在要素获取上的差距，以此拉直个体、产业和区域"起跑线"，经过市场的评判，减缓区域梯度、缩减层级，为共同富裕提供基本依托。

↘ 1.1.3　电子商务的应用领域

移动互联网的应用条件及基础服务得到不断优化，移动互联网产品和应用服务类型不断丰富。从应用的类型来看，各种不同形式的电子商务应用不断涌现，电子商务的应用领域不断拓宽，几乎涵盖了各行各业。

（1）实物交易类

实物交易类是指在电子商务网站上通过搜索商品、下订单、网络支付、收货、线上评价等系列环节实现实物商品的交易过程，这是电子商务的基本功能。

①第三方电子商务平台

第三方电子商务平台泛指独立于商品与服务的提供者和需求者，通过网络服务平台，按照特定的交易与服务规范，为买卖双方提供服务，服务内容可以包括但不限于"供求信息发布与搜索、交易的确立、支付、物流"等。

第三方电子商务平台一般具有以下功能：

a. 为买卖双方提供信息服务。买卖双方在第三方电子商务平台注册账号后就可以发布自己的采购信息或商品出售信息，也可以为企业提供行业信息、市场动态等经营信息。

b. 为买卖双方提供稳定的交易配套服务。由于第三方电子商务平台的专业性，通过长期的功能迭代，为买卖双方提供交易过程中的基本配套服务，例如，商品信息的展示与搜索、网络电子合同的签订、网络支付、订单管理、客户管理、物流方式的快速选择等。

c. 为买卖双方提供安全保障服务。交易信息安全是买卖双方非常关心的事情，第三方电子商务平台往往会投入大量的人力与财力完善信息安全保障措施，为买卖双方提供安全保障服务。

②传统企业的独立电子商务系统

传统企业受政策、产业供应链、物价等方面的不利影响，无论经营哪类产品、处于哪种领域，都会受到互联网企业的挑战，很多品牌、行业出现了毛利率急剧下降，产业劳动力效率下降等情况，因此传统企业依赖电子商务重构商业模式整合优化供应链成为必然趋势。

传统企业建立独立的电子商务系统首先是获取终端、用户数、会员黏性，当达到规模后反向整合订单，形成商业闭环，其中存在提供金融、物流等其他增值服务的供应商，达到一定体量以后价值会非常大。此过程主要经历三个阶段：第一阶段是抢夺重要关卡，拥有第一批用户。第二阶段是转化流量，创造利润池。第三阶段是建立平台，寻找开发团队上线系统。

■ 通过产业资源进行价值链重塑

传统企业要将核心能力延伸到新的市场领域，建立起对客户全方位、长期的黏性；通过减少渠道层级，增强终端控制力和盈利。

■ 通过服务创新进行定制化设置

首先要建立全渠道的O2O服务体系；其次要进行大数据的产品创新，这也是传统企业创新服务战略的核心；最后要进行产品化营销。

（2）生活服务类

移动互联网允许用户访问移动网络覆盖范围内任何地方的服务，具有碎片化与随时随地的特点，因此电子商务的应用范围不断扩大，不但实现了基于物流的实物交易类的电子商务模式，同时在生活服务类行业中也得到了很好的应用。

①旅游服务业

电子商务在旅游服务业的应用已日趋成熟，用户可以通过App很方便地了解旅游景区，同时可以通过移动设备进行订票、订房、规划旅游线路等。电子商务使用户能在票价优惠或航班取消时立即得到通知，也可支付票费或在旅行途中临时更改航班或车次。借助移动设备，用户可以随时对相关服务做出评价，同时也可以方便地通过手机等移动设备自由地搜索周边餐厅、在线订餐、享受美食。其中主要运用了基于位置地理信息的LBS定位服务，模拟消费者订餐场景，替换原来的电话订餐为手机App点餐。

②金融服务业

网络金融是指基于互联网实现的金融活动，包括网络金融机构、网络金融交易、网络金融市场和网络金融监管等方面。从狭义上讲是指基于互联网开展的金融业务，包括网络银行、网络证券、网络保险等金融服务及相关内容；从广义上讲，网络金融就是以网络技术为支撑，在全球范围内的所有金融活动的总称，它不仅包括狭义的内容，还包括网络金融安全、网络金融监管等诸多方面。央行划定的互联网金融（ITFIN）范围中，包括互联网支付、基金销售、网络小额贷款和金融机构的创新性互联网平台等。

网络金融不同于传统的以物理形态存在的金融活动，是存在于电子空间中的金融活动，其存在形态是虚拟化的、运行方式是网络化的。随着移动互联网的发展，电子商务在金融服务业中的应用也得到飞速的发展，使用户能随时随地在网上安全地进行相关金融产品的操作，完成一系列金融活动。

③文化娱乐业

电子商务带来一系列文化娱乐服务，例如收听和下载音乐节目，收看和下载影视节目，与朋友们玩交互式游戏，很方便地进行在线学习，等等。

（3）社会服务类

①政务型

互联网政务服务各平台的互联互通及服务内容细化，大幅提升了政务服务智慧化水平，提高了用户生活幸福感和满意度。各级政府及机构加快线上布局，推动互联网政务信息公开向移动、即时、透明的方向发展。

中国政府网官方微信公众号由国务院办公厅主办，于2013年10月11日正式开通启用，第一时

间权威发布国务院重大决策部署和重要政策文件、国务院领导同志重要会议活动等政务信息。它是中华人民共和国国务院和国务院各部门，以及各省、自治区、直辖市人民政府在新媒体上发布政务信息和提供在线服务的综合平台。

②医疗业

电子商务在医疗行业中也得到了非常好的应用，它不但可以向公众普及医疗保健知识，也可以为患者提供看病就医的便捷通道，病人、医生、保险公司都可以获益，也会愿意为这项服务付费，这种服务是在时间紧迫的情形下也可以向专业医疗人员提供关键的医疗信息。

↘ 1.1.4　电子商务的作用

随着电子商务应用领域的不断拓展和更加理性地发展，电子商务应用模式越来越成熟。电子商务作为新的先进的生产力，正以其无比强大的生命力推动着人类历史上继农业革命、工业革命之后的商业革命——第三次产业革命，它直接作用于商贸流通，间接作用于生产、科研和创新。

（1）电子商务对企业的作用

①电子商务改变了厂家的采购方式

从厂家的生产流程来看，电子商务不仅改变着厂家的"出口"端，而且对"入口"端也有巨大的影响。由于更容易"货比三家"，所以，更有利于找到合适的、物美价廉的原材料和零部组件，更有利于找到合适的合作伙伴，从而降低采购的交易费用，迫使企业的采购方式和组织发生相应的变化，并影响到企业与供应商的战略联盟的建立。

②电子商务改变了企业资金筹措的操作手段

资金筹措的部分手段已电子化，而且人们已经知道了基于计算机网络的资本交易，在规则不完善或控制上有疏漏时的巨大破坏力，如作为资本市场一部分的股票与债券市场。作为企业资金筹措的另一个重要来源的商业银行也正在由于计算机技术和网络技术的发展而发生着巨大的变革，网络银行的出现完全改变了企业资金操作的手段，降低了操作的成本，企业财务管理的部分规则也随之有所变化。例如，在银行授信额度内，发出借款信息的时机选择，有关还款数量与时间的决策技术等，由于操作的手段的更新而改变，从而进一步降低成本、提高利润。

③电子商务改变了厂家的营销方式

网上广告的传播范围更为广泛，平均费用大为降低，厂商的广告方式也随之改变。电子商务也成为改变品牌的塑造方式，不知名品牌进入市场的机遇比传统的营销方式更多，原有品牌的市场优势的作用也发生了变化。

④电子商务改变了企业的销售组织方式

从接订单到资信的确认或收款的确认，再到货物的准备和发送等一系列工作流程，都发生了变化，运输体系、运输的组织方式和相应的存储方式也会因电子商务而再造。电子商务改变和正在改变着客户的管理方式，即客户的消费特征可以在网上直接被记录，并可以由一定的软件统计分析，从而厂商可以为客户提供更好的服务。

⑤电子商务改变了整个流通环节

传统的"厂家—批发—零售—用户"的方式被打破，形成了厂家与消费者直接面对面的方式，新的物流配送体系已经形成。由于电子商务的逐渐普及，传统的商业中介有的要消亡，有的要改进，有的流通组织则要创新。

⑥电子商务改变了厂家的生产组织和生产过程的管理

生产过程的组织与管理是距离电子商务最远的，是企业物流链条的中间段，但也同样受到电子商务的深刻影响。企业输出端与输入端的巨大变化，必然带来中间端的巨大变化，它为适应电子商务所引起的输入端与输出端的变化，企业生产流程的再造必不可免。事实上，虚拟企业的出现，就已经把生产过程的组织方式改变到了极致。电子商务必然导致企业技术单元的细化即专业分工的细化，使部分生产外化，从而导致生产流程的再造。

⑦电子商务改变了企业的技术来源

企业生产所需要的技术，总是部分来源于企业自身，部分来源于企业外部。两个来源的比例，对于不同的企业而言，可以相差很大。但不可能完全没有外部的技术来源。对于企业而言，技术的外部来源始终是企业入口端的要素之一。从外部来源的视角看，电子商务正改变着技术交易的形态，大大拓宽了企业搜索所需技术的视野，拓宽了企业委托开发的视野，改变了企业从外部获取所需技术的管理方式；从内部来源的视角看，企业生产所需技术的两个来源是一个有机的体系，外部来源的改变，必然导致企业自身任务、开发投入与开发组织的变化。

⑧电子商务改变了企业对人才的挑选与聘用方法

基于 IT 技术、基于电子信息网络的人才交易即人才自荐，企业对人才的挑选，甚至对人才的测试和聘用等，正在依托 Internet 及多媒体迅速发展着。网上测评人才的技术也正在迅速发展着，人力资源管理的研究课题也不得不由此而发展。

（2）电子商务对社会经济的作用

相对于传统商务来说电子商务是一种全新的商业模式。自进入 21 世纪以来，电子商务正以其无可比拟的优势和不可逆转的趋势，改变着商务活动的运作模式，对企业的经营方式、支付手段和组织形式提出了强有力的挑战，并将给社会经济的各个方面带来根本性的变革。

①电子商务将改变商务活动的方式

传统的商务活动最典型的情景就是"推销员满天飞""采购员遍地跑""说破了嘴、跑断了腿"，消费者在商场中筋疲力尽地寻找自己所需要的商品。现在，人们可以进入网上商场浏览采购各类产品，而且还能得到在线服务；商家们可以在网上与客户联系，利用网络进行货款结算服务；政府还可以方便地进行电子招标、政府采购等。

②电子商务将改变人们的消费方式

网上购物的最大特征是消费者的主导性，购物意愿掌握在消费者手中；同时消费者还能以一种轻松自由的自我服务的方式来完成交易，消费者主权可以在网络购物中充分体现出来。

③电子商务将对传统行业带来一场革命

电子商务是在商务活动的全过程中，通过人与电子通信方式的结合，极大地提高商务活动的效率，减少不必要的中间环节，传统的制造业借此进入小批量、多品种的时代，"零库存"成为可能；传统的零售业和批发业开创了"无店铺""网上营销"的新模式；各种线上服务为传统服务业提供了全新的服务方式。

④电子商务带来一个全新的金融业

在线电子支付是电子商务的关键环节，也是电子商务得以顺利发展的基础条件。随着电子商务在电子交易环节上的突破，网上银行、银行卡支付网络、银行电子支付系统，以及网上接服务、电子支票、电子现金等服务，将传统的金融业带入一个全新的领域。

⑤电子商务转变政府的行为

政府承担着大量的社会、经济、文化的管理和服务的功能，尤其作为"看得见的手"，在调节市场经济运行、防止市场失灵带来的不足方面有着很大的作用。在电子商务时代，当企业应用电子商务进行生产经营、银行实现了金融电子化及消费者实现网上消费的同时，将同样对政府管理行为提出新的要求，电子政府或称网上政府将随着电子商务的发展而成为一个重要的社会角色。

1.2 电子商务产生与发展

↘ 1.2.1 电子商务的发展历程

电子商务的起步与发展是随着互联网技术的成熟与普及逐渐发展起来的，电子商务发展阶段从不同的角度有不同的划分标准，从我国的电子商务发展历程来看主要经历了五个时期。

【拓展阅读】我国电子商务行业的典型事件

（1）电子商务雏形期（1990—1997 年）

这个时期主要是政府主导的电子商务基础建设和应用阶段。从 20 世纪 90 年代开始，为了加快改革开放的步伐，经济发展的重要方面——对外贸易寻求与国际标准接轨。EDI 应用列入国家"八五"科技攻关项目，国务院牵头组织成立中国 EDIFACT 委员会，并参加亚洲 EDIFACT 理事会。EDIFACT——行政管理、商务与运输用电子资料交换，是联合国欧洲经济委员会开发并制定的 EDI 方面的标准规范的统称，是一个多重工业 EDI 标准。

1993 年年底，中国正式启动了国民经济信息化的起步工程——"三金工程"。"三金工程"的目标，是建设中国的"信息准高速国道"。此后，国家启动了一系列"金"字工程，包括金智工程、金企工程、金税工程、金通工程、金农工程、金图工程、金卫工程等。

这一时期我国国际互联网的建设还处于起步阶段，政府部门、科研院所、大型国有企业等通过专线的方式进行互联网接入，电子计算机还不普及。个人互联网用户数最少，主要通过调制解调器进行窄带接入，上网速度慢，费用高昂，网上中文资源少，电子商务的大规模应用条件还不具备，部分电子商务企业开始探索与起步，比如，1997 年我国最早的电子商务网站中国商品交易中心与中国化工网上线运营。

（2）电子商务起步期（1998—2001 年）

这一时期进入了以互联网企业为主导的电子商务应用阶段。随着互联网技术的发展，在 1998 年前后出现了很多专业的互联网公司，1998 年在后来被人们称为"互联网元年"，这一年，新浪、搜狐、网易、阿里巴巴等互联网公司开始起步。1996 年年底中国上网人口只有 10 万人，1997 年年底超过 60 万人，1998 年中国互联网信息中心统计到 6 月底已经达到 117.5 万人，其中直接上网用户 32.5 万，拨号上网用户 85 万，中国上网用户的增长速度远远超过了全球的平均水平。

1998 年我国电子商务还处于起步阶段，而 1999 年尤其是进入下半年以后，中国的 ICP 和 ISP 等网络服务商们开始大举进入电子商务领域，新的电子商务网站和新的电子商务项目急剧增加，令人目不暇接，几乎每天都有各类电子商务信息咨询网站、网上商店、网上商场、网上商城、网上邮购、网上拍卖的站点诞生。1999 年的发展表明，中国电子商务已经开始由表及里、从虚到实，从宣传、启蒙和推广进入广泛而务实的发展阶段。

2000 年的上半年，几大门户网站海外上市，引起了中国电子商务进一步的"虚火上攻"。受全球经济总体形势的影响，2001 年世界 IT 业首次遭遇严重挫折，网络经济也不例外。

根据 CNNIC 的调查，截止到 2001 年 12 月 31 日，我国网民为 3 370 万人，比 2001 年同期增长了 49.8%，绝对数量已经相当于欧洲大部分国家的平均人口数量。即使如此，网民占我国全体人口的比例还不足 2.6%，表明今后增长潜力巨大。从网上消费者的现实情况来看，2001 年，通过网络商店消费的用户比例为31.60%，与2000年同期持平。这表明一年来中国的网络用户并没有离开电子商务，半数以上的用户仍然认为网上购物是将来最有希望的网上事业，显示中国网络用户对网上购物事业充满信心。

（3）电子商务加速发展期（2002—2009年）

纵观2002年，全球电子商务"由阴转阳"，显示出旺盛的生命力，交易额持续增长。跌入低谷的中国电子商务终于迎来了反弹的大好机会。无论是从硬件、软件、法制环境，还是从政府及国内外厂商的努力表现来看，中国电子商务都一扫颓势，显示出健康蓬勃的一面。2002年开始，我国网络零售市场发展迅速，企业自建与第三方平台大量涌现，投资者的关注度显著提高。随着2007年兴起的一波风投引资热潮，网络零售无疑成为IT业内最受关注的话题之一。2008年中国网络零售市场交易额达到1776亿元，同比增长51.4%，种种迹象表明网络零售迎来了前所未有的快速发展期，预计网络零售将成为电子商务行业的新引擎。

2009年中国电子商务市场继续保持了稳定增长的势头，电子商务对国家整体经济发展与调整的支撑作用日益明显，电子商务成为企业与国际接轨、提升竞争力的关键因素。电子商务向行业的渗透逐步显现，电子商务与搜索的融合趋势被人们广泛关注。从整体市场来看，行业中的巨头服务商纷纷涉足不同的交易模式，从而进一步打破了各种模式之间的界限，同时政府对电子商务发展逐渐重视，行业融合与政府主导成为2009年电子商务市场的主旋律。

（4）电子商务竞争期（2009—2016年）

自2009年之后我国电子商务行业发展迅猛，产业规模迅速扩大，电子商务信息、交易和技术等服务企业不断涌现。2010年我国电子商务市场交易额已达4.5万亿元，同比增长22%。2011年我国电子商务市场交易总额再创新高，达到5.88万亿元，其中中小企业电子商务交易额达到3.21万亿元。2012年我国电子商务市场交易规模达7.85万亿元，同比增长30.83%，其中网络零售交易规模达1.32万亿元。2013年我国电子商务交易额突破10万亿，同比增长26.8%，其中网络零售额超过1.85万亿，同比增长41.2%，占社会消费品零售总额的比重达到7.8%。2014年我国电子商务交易额（包括B2B和网络零售）达到了13万亿元，同比增长25%。

为了保证电子商务的成熟发展，国家发展改革委2013年5月28日表示，13个部门将出台系列政策措施，从可信交易、移动支付、网络电子发票、商贸流通和物流配送共5个方面支持电子商务发展。

①在可信交易方面

国家工商总局①会同有关部门推进电子商务交易主体、客体和交易过程中基础信息的规范管理和服务；质检总局着力研究建立电子商务交易产品基础信息的规范化管理制度，建立基于统一产品编码体系的质量公开制度；商务部着力推进信用监测体系的建设。

②在移动支付方面

中国人民银行针对移动支付快速发展的需求，研究制定移动支付发展的具体政策，引导商业银行、各类支付机构实施移动支付的金融行业标准。

③在网络电子发票方面

国家税务总局进一步研究推进网络电子发票试点，完善电子发票的管理制度和标准规范；财政部研究完善电子快捷档案的管理制度等一系列的规章制度。

④在商贸流通方面

商务部会同有关部门进一步完善交易、物流配送、网络拍卖领域的电子商务应用的政策、管理制度和标准规范。

⑤在物流配送方面

国家邮政局重点研究建立重点地区快递准时通报机制，健全电子商务配送系列保障措施，同时

---

① 现国家市场监督管理总局。

创新电子商务快递服务机制。

在政策利好、技术进步、市场需求和社会化投资的多重因素驱动下，一批国家级电子商务示范基地启动，传统行业不断尝试电子商务应用，农村电子商务开始起步，跨境电子商务崛起，移动电子商务崭露头角。

同时这个时期的电子商务竞争趋于异常激烈，主要有以下典型事件：

a. "双11"成为人们期盼的电商购物节。

b. 在短短的不足5年的时间里，千团大战使得团购完成了从自由竞争到相对稳定的市场格局。

c. 通过价格竞争吸引消费者眼球从而起到营销的作用。

d. 通过补贴大战迅速抢占网约车市场。

（5）电子商务多元化发展期（2017年至今）

随着互联网技术的发展，5G时代的到来，电子商务模式不断创新，由原先基于商品开展的电子商务活动逐渐向基于用户开展的电子商务活动转变。该时期的主要特征表现在以下几方面。

①从搜索模式到推荐模式的演变

电商平台中超级推荐、千人千面、猜你喜欢等模块的出现突出了根据用户的消费习惯，实现了商品找人的模式，尤其是一些短视频与直播平台的推荐模式，更好地实现了电子商务的推荐模式。

②用户管理从扁平化架构到网状化架构演变

以用户为中心的商业模式对用户的管理非常重要，社交电商、社群电商、社区团购等电子商务模式的兴起，使用户管理从原先的扁平化管理（如图1-3所示）演变为网络化管理（如图1-4所示）。

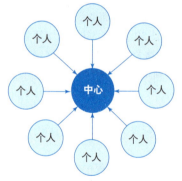

图1-3　用户扁平化管理

图1-4　用户网络化管理

③信息传播从广告模式到分享模式的演变

信息传播模式的演变可以看出电子商务运营模式的创新，由原先抢占流量的广告模式（如图1-5所示）慢慢演变为通过用户维护，促使用户进行分享裂变，最终打造用户池的分享裂变模式（如图1-6所示）。

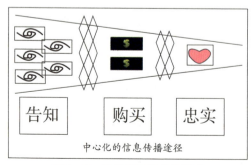

图1-5　抢占流量的广告模式

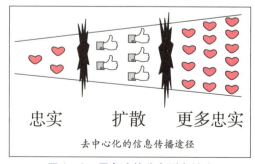

图1-6　用户池的分享裂变模式

纠正和规范发展过程中损害群众利益、妨碍公平竞争的行为和做法，防止平台垄断和资本无序扩张，依法查处垄断和不正当竞争行为，把监管和治理贯穿创新、生产、经营、投资全过程，使电子商务健康有序发展。

1.2.2　电子商务的发展趋势

随着电子商务环境的不断改善，国家支持力度的不断加强，以及对电子商务行业的有效监管，我国电子商务在规模、品质、结构效益、模式业态创新等各方面均处于持续良性发展状态。同时随着电子商务平台技术、信息展示技术、互联网技术、通信技术、网络定位技术、网络支付技术以及物流技术等不断进步，电子商务的发展趋势表现出稳步、理性、智能以及以用户为中心的特征。

（1）交易过程的全链路数字化

电子商务交易过程的每一个环节以及涉及的对象会通过网络用数据的形式记录，对这些运营数据进行统计与分析指导电子商务运营的各个环节，逐渐形成了数字化运营与决策的思路，具体表现在以下几方面：

- 商品交易特征数字化
- 营销推广效果数字化
- 用户群体特征数字化
- 信用评价体系数字化
- 供应链数字化

交易过程全链路的数字化可以促进市场预测更精准、营销方案更优化、用户画像更具化、信誉体系更完善、推广渠道更多元以及供应链服务更集成。

（2）电子商务业态中的人货场重置

人、货、场是商业的三大核心要素，分别指你的用户是谁？你的产品与服务是什么？用户购买你的产品的决策、交付场景又是什么？随着互联网对日常生活的全面渗透，人、货、场三要素的内涵都发生了根本性的变化。

①关于人的变化

原来看电视、看报纸的人变成了整天捧着手机的人，于是电视广告、报纸广告的营销能力大幅下滑；原来逛超市、逛商场、逛路边店的人变成了逛淘宝、天猫、京东、唯品会等电子商务平台的人，于是线下商业举步维艰；原来分散的、关系简单的人，因为互联网具有了更多身份。种种现象表明，人本身正在开始数字化、部落化与媒体化。

②关于货的变化

随着互联网的媒体趋势，商品开始变得内容化，货架上实实在在的商品变成了文字、图片和视频的数据包。同时又被注入故事和情感，从而变得人格化。电子商务平台上的商品根据平台数据被赋予无数的标签。例如，你的商品是适合一线城市还是八线乡镇，是适合都市白领还是刚刚毕业的大学生，是快消新品还是复购频率高的经典款等，电子商务平台根据这些内容标签自动匹配合适的流量，让交易的效率最大化，一个没有内容的商品对用户来说相当于是不存在的。

③关于场的变化

当用户成交的场景从小商品市场、百货大楼、大型超市、步行街开始转向天猫、京东、蘑菇街、拼多多、微商的朋友圈又入网红的直播间时，许多人的生意就在不知不觉中凋零。比如某知名品牌的口香糖，本身没有犯什么错，仅仅因为消费者去超市的频率下降，销售额就被腰斩，而带货的网红不断刷新的成交纪录像神话一样让人看不懂。

随着人、货、场内涵的变迁，许多生意的价值链开始崩塌，而这些变迁远远超出很多企业家的传统认知。

（3）新零售重塑本地化商圈

本地化商圈是零售业的一种常见形态，由于线下商圈过度依赖店面的地理位置，受到时空的局限，随着电子商务的兴起，打破了时空的局限后，本地化商圈一度弱化，许多线下实体店纷纷倒闭。随着新零售模式（如图1-7所示）的兴起，凭借线上网店与线下门店融合经营的强大力量，本地化商圈重新回归。

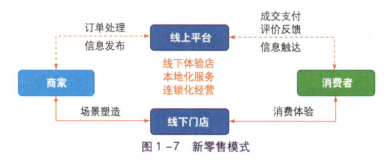

图1-7　新零售模式

①旅游网站功能的迭代优化重塑旅游业

旅游业涉及旅游目的地的吃、住、行、娱、购等行业的商圈。由于到了一个陌生的环境，对当地不熟悉，因此传统的旅游业往往离不开旅行社与导游，随着旅游网站功能的迭代优化，完善了旅游线路的全程管理功能，自驾游、包包族等旅游方式变得现实。

②外卖行业依托本地化商圈迅速崛起

外卖行业以用户的即时洞察为核心，以大数据为驱动，围绕着本地生活服务平台打通线上和线下消费场景，线上实现交易闭环，线下通过即时配送完成交易履约，从而为更多用户提供从需求发起到商品验收的一站式服务。

③无人超市凭借智慧售卖系统走进社区

无人超市的便利性有目共睹，除此之外无人超市还借智慧售卖系统优化供应链管理，大大地降低了经营成本，提高了经营效率。

（4）智慧商业无处不在

近年来随着数字经济的发展，智能化水平的不断提升，出现了智慧商业、智慧医疗、智慧社区等概念，各行各业也在努力探索与实践基于智能化的自动化模式，给消费都带来了各种便利。

企业通过对潜在的用户群体进行精准定位，准确地洞察到用户的需求，根据这些需求，针对不同的用户特点，生产出满足用户需求的产品，并根据大数据分析在用户最容易出现的场景、最容易被打动的时刻形成触点，促使成交。

例如：王女士早上浏览今日头条的信息时刚好看到了一个内衣品牌的新款推广链接，对产品产生了好感，点击浏览了一会儿。上午去超市的路上，王女士刚好路过这个内衣品牌的专卖店，想到早上看到的那款内衣，就进了专卖店。王女士走进店里，面部识别系统迅速调出王女士的会员资料，店内音响系统自动切换了一首王女士喜欢的歌。导购员通过会员资料了解到王女士的穿衣尺码、品位、价格偏好及家庭信息等数据。上次服务过王女士的导购员走上前和王女士拉起了家常，聊起了王女士的狗狗，还有上小学三年级女儿的功课。王女士找到了那款内衣，并通过扫描边上的二维码看到很多买家的评价，王女士非常喜欢，于是很快地下单购买。

（5）网络直播将成为常态化营销手段

网络直播虽然从秀场直播、游戏直播中开始火爆，但不仅局限于此，依托"互联网＋"，网络直播平台与传统行业也结合得越来越紧密，许多企业与直播平台积极合作，探索"直播＋"的模式。

在线教育推出直播平台，让在线互动教育变得可行，也让学员能够不受地域限制通过直播即可参加学习。财经＋直播，让直播用户拥有一个良好的财经交流途径。电商＋直播相互的结合，可以让用户实时看到商品并互动，更加真实地了解商品实际情况。这些事例都说明，网络直播正逐渐渗透到传统行业，未来的网络直播应该不是一个单独行业，反而会成为一种行业的标准配置，正如今日的微博、微信成为一种新的信息传播与交流方式。

（6）以用户为中心设计集成服务模式

所谓以用户为中心，是站在用户的角度上发现需求，建立场景，提供解决方案。互联网时代数据分析工具已经越来越多地应用于产品与运营场景，做一款优秀的产品，先决条件是要充分了解产品所面对的人群特征，做好用户运营也是同样的道理，以用户运营效率为起点，不断优化产品，从而达到进一步提升运营能力的目的，这是一个良性循环的闭环。

以用户为中心的集成服务模式首先要将单一产品向场景化产品升级，其次是将产品套系化，最终要做到产品与服务集成、产品与场景集成，根据用户的个性化需求提供集成服务解决方案。

1.3　电子商务交易模式

在电子商务带来的流通变革中，交易模式的变革是最显著的变革之一。所谓交易模式是指由交易活动的基本形态、运行原则和内在机制所构成的抽象表达。可以说，它是交易活动的基本模式、常规性运行方式、运行原则和运行机制的基本形态。当前最普遍使用的电子商务分类标准是按照参与交易的主体来划分的。

1.3.1　B2B 交易模式

企业与企业之间的电子商务，即 B2B（Business to Business）电子商务。企业与企业之间通过互联网进行产品、服务及信息的交换，包括企业与供应商之间的采购，企业与产品批发商、零售商之间的供货，企业与仓储、物流公司的业务协调等。具体交易过程包括：发布供求信息，订货及确认订货，支付过程，票据的签发、传送和接收，确定配送方案并监控配送过程等。

B2B 交易模式包括非特定企业间的电子商务和特定企业间的电子商务。非特定企业间的电子商务是在开放的网络中对每笔交易寻找最佳伙伴，与伙伴进行从定购到结算的全部交易行为。这里，虽说是非特定占多数，但由于加入该网络的只限于需要这些商品的企业，可以设想是限于某一行业的企业。不过，它不以持续交易为前提，不同于特定企业间的电子商务。特定企业间的电子商务是在过去一直有交易关系或者今后一定要继续进行交易的企业间，为了相同的经济利益，共同进行的设计、开发或全面进行市场及库存管理而进行的商务交易。企业可以使用网络向供应商订货、接收发票和付款。B2B 在这方面已经有了多年运作历史，使用的效果也很好，特别是通过专用网络或增值网络上运行的电子数据交换（EDI）。

（1）水平型 B2B 电子商务平台

在传统的销售批发环节中，企业间的交易往往要耗费大量的资源和时间，无论是销售和分销还是采购都要占用商品成本。通过网络批发平台（即 B2B）的交易方式，买卖双方都能够在网上完成整个业务流程，从建立最初印象，到货比三家，再到讨价还价、签单和交货，最后到客户服务，企业之间的交易减少了许多事务性的工作流程和管理费用，降低了企业经营成本。网络的便利及延伸性使企业扩大了活动范围，企业发展跨地区跨国界更方便，成本更低廉。

【案例赏析】1688 平台

【案例赏析】聪慧网

水平型 B2B 电子商务平台不仅仅是为买卖者群体建立一个网上的平台，同时也为企业之间的战略合作提供了基础。任何一家企业，不论它具有多强的技术实力或多好的经营战略，要想单独实现 B2B 交易模式是完全不可能的。网络使得信息通行无阻，企业之间可以通过网络在市场、商品或经营等方面建立互补互惠的合作形成业务整合，以更大的规模、更强的实力、更经济的运作真正达到全球运筹管理的模式。

水平型 B2B 电子商务平台的具有以下主要特征：

①降低采购成本

企业通过与供应商建立企业间电子商务，实现网上自动采购，可以减少双方为进行交易投入的人力、物力和财力。另外，采购方企业可以通过整合企业内部的采购体系，统一向供应商采购，实现批量采购获取折扣。如沃尔玛将美国的 3 000 多家超市通过网络连接在一起，统一进行采购配送，通过批量采购节省了大量的采购费用。

②降低库存成本

企业通过与上游的供应商和下游的顾客建立企业间电子商务系统，实现以销定产，以产定供，实现物流的高效运转和统一，最大限度控制库存。企业允许顾客网上定货，实现企业业务流程的高效运转，大大降低库存成本。

③节省周转时间

企业可以通过与供应商和顾客建立统一的电子商务系统，实现企业的供应商与企业的顾客直接沟通和交易，减少周转环节。如波音公司的零配件是从供应商处采购的，而这些零配件很大一部分是满足它的客户航空公司维修飞机时使用。为减少中间的周转环节，波音公司通过建立电子商务网站实现波音公司的供应商与客户之间的直接沟通，大大减少了零配件的周转时间。

④扩大市场机会

企业通过与潜在的客户建立网上商务关系，可以覆盖原来难以通过传统渠道覆盖的市场，增加企业的市场机会。通过网上直销，有 20% 的新客户来自中小企业，通过建立企业间电子商务，大大降低了双方的交易费用，增加了中小企业客户网上采购的利益动力。

⑤规模大、竞争力强

企业网站提供的是一个信息发布平台，信息内容由网上的各类厂家提供，内容相当丰富与多元。这样网站结构很复杂，所以这类网站往往有十分强大的技术研究团队，对于搜索引擎优化（SEO）技术的实施比较有保障。

（2）垂直型 B2B 电子商务平台

垂直型电子商务平台是集中全部力量打造专业性信息的平台，其旗下商品都是同一类型的产品，网站主要针对范围相对狭窄、内容专业的领域，如化妆品、运动鞋或数码产品等。当前的行业电子商务平台就是典型的垂直型电子商务平台。

【案例赏析】中国化工网

【案例赏析】中国网上轻纺城

中国电子商务在起步阶段孕育了很多多元化的电子商务网站，就像综合类的大百货商店，在初期也只为所有产品提供统一的服务。随着电子商务产业的成熟，垂直化的服务开始受到重视。

垂直领域的优势在于专注和专业，能够提供更符合特定人群的消费产品，满足某一领域用户的特定习惯，因此能够更容易取得用户信任，从而加深产品的印象和口碑传播，形成品牌和独特的品牌价值，这也是小资本创业企业的必经之路。

①商品流通管理

垂直型电子商务平台将所有货源统一由供应商供给，从源头堵住了零售商卖次品假货的渠道；商品质量问题由供应商承担，保障消费者利益；物流体系与传统渠道物流相结合，使商品在物流中的损耗降到最低。

②商品展示管理

垂直型电子商务平台设计产品加商品，产品由供应商统一管理，标准化展示，商品展示由各零售商根据自己需求进行展示，但是产品规格不得更改；一旦同一款产品出现质量问题可以做到立即全部下架，避免产品继续销售，产品评价全部统一计分，一旦评价低于规定就可以全部下架。

③供应商服务优势

垂直型电子商务平台为供应商提供网络零售及批发渠道，低成本，高效率，低库存风险，供应商利用平台系统管理平台零售商家、商品价格、商品库存等，同时为供应商提供品牌营销推广、新品市场调研、处理库存、第三方物流等服务。

④网络零售商服务优势

通过技术实现专卖商品提前有限展示，比如专营配件的在配件类目优先展示，用技术手段规避配件商家发布大量汽车装饰品及重复铺货等问题，为零售商提供更多消费者信息服务，比如消费者身份年龄、以前消费过的商品、倾向哪方面消费、消费能力高低等不涉及个人隐私的信息，为零售商准确了解消费者需求提供支持，对商家店铺营销给予准确的数据分析提出建议，通过与供应链打通解决零库存运营。

⑤采购商服务优势

为采购商解决一站式采购，商品价格透明、品质有保障、物流费用最低、效率最高、时间更少以及物流更快，解决采购商库存问题。

⑥消费者服务优势

为消费者提供供应商直供商品，品质有保障，砍掉渠道商及仓储，降低物流费用，让利给消费者。

1.3.2 B2C 交易模式

企业与消费者之间的电子商务，即 B2C（Business to Customer）电子商务。B2C 电子商务主要应用于商品的零售业，包括面向普通消费者的网上商品销售（网上购物）和网上电子银行业务（存款业务、取款业务和货币兑换业务等）。它类似于联机服务中进行的商品买卖，是利用计算机网络使消

费者直接参与经济活动的高级形式。目前，在互联网上遍布各种类型的商业中心，提供从鲜花、书籍到计算机、汽车等各种消费商品和服务，传统商家纷纷根据各自销售商品的经验使用电子商务平台进行此类商务活动。

B2C 交易模式是发展非常迅速的一个领域，也是电子商务的一个增长点。B2C 交易模式是我国最早产生的电子商务模式，以 8848 网上商城正式运营为标志；到目前为止，B2C 市场上成功的企业有天猫商城、京东商城、当当网、苏宁易购、国美在线等。

（1）综合型 B2C 电子商务平台

随着网络事业的爆炸式增长，交易需求也随之提高。为了满足需求，水平型 B2C 电子商务平台成为一种应运而生的平台，旨在通过电子手段建立一种新的秩序，它是充分利用技术而引发革命性的商务实践，不仅沟通了买卖双方的网上交易渠道，大幅降低了交易成本，也开辟了电子商务服务业的一个新的领域，在电子商务服务业发展中具有举足轻重的作用。

【案例赏析】天猫商城

【案例赏析】京东商城

综合型 B2C 电子商务平台的主要特征：

①从供应链角度来看，渠道结构被网络零售拉薄

传统零售渠道天然地被空间距离隔开，因此可以形成总代理、区域代理层层向下的金字塔状多级代理结构。而网络渠道的兴起，一些网商从诞生之初，就形成了"前店后厂"的模式，抛弃了中间的各级代理。总体看来网络零售对渠道结构的改造降低了零售业的渠道成本。

②从商品类型来看，小众需求在网络渠道受到尊重

网络提供了足够宽广且廉价的零售平台，使得原本"小众"到难以支撑起一个实体零售网点或进入实体网点销售的需求，在网络零售平台上得以满足，并且这些零散却数量巨大的小众需求带来的销售总额并不亚于畅销商品。

③从客户关系及体验来看，自助式的购物体验使得消费过程更轻松

消费者可以在电子商务平台上随意地浏览各种商品，进行同类商品的信息比对，电子商务平台设置的完整购物流程也可以让消费者轻松方便地下单、收货等。

（2）公司型 B2C 电子商务平台

公司型电子商务平台是一个企业为自身产品创建的为消费者提供网上交易洽谈的平台。由于其所依托的第三方平台拥有完善的管理机制和强大的技术团队，始终处在信息技术的前沿，因此，基于第三方的企业电子商务运营较方便。而企业独立创立的公司型电子商务平台，拥有完全独立的电子商务平台，虽然有不受第三方平台的约束和限制，而且数据处理能力强、网络运行效率高的优势，但其网络平台的安全管理能力和技术支持却相对缺乏。

【案例赏析】海尔商城

①公司型电子商务平台的作用

a. 公司型电子商务平台的建设，可以建立起电子商务服务的门户站点，是现实社会到网络社会的真正体现，为广大网上商家以及网络客户提供一个符合中国国情的电子商务网上生存环境和商业运作空间。

b. 公司型电子商务平台的建设，不仅仅是初级网上购物的实现，它能够有效地在互联网上构架安全的和易于扩展的业务框架体系，推动电子商务在中国的发展。公司型电子商务平台通过互联网

展示、宣传或者销售自身产品的网络平台载体越来越趋于平常化。

c. 公司型电子商务平台扩展另外一种途径——互联网营销，让用户多一种途径来了解、认知或者购买商家的商品。公司型电子商务平台可以帮助中小企业甚至个人实现自主创业，独立营销，从而达到快速盈利的目的，而且只需要很低的成本就可以实现这一愿望。可以帮助同行业中已经拥有电子商务平台的用户，提供更专业的电子商务平台解决方案。

（2）公司型电子商务平台的特点

a. 更广阔的环境。人们不受时间的限制，不受空间的限制，不受传统购物的诸多限制，可以随时随地在网上交易。通过跨越时间、空间，使我们在特定的时间里能够接触到更多的客户，为我们提供了更广阔的发展环境。

b. 更广阔的市场。商家通过公司型电子商务平台可以面对全球的消费者，而消费者可以在全球的任何一家商家购物。一个商家可以去挑战不同地区、不同类别的买家客户群，在网上能够收集到丰富的买家信息，进行数据分析。

c. 快速流通和低廉价格。电子商务平台可以减少商品流通的中间环节，节省了大量的开支，从而也大大降低了商品流通和交易的成本。企业能够更快地匹配买家，实现真正的产供销一体化，能够节约资源，减少不必要的生产浪费。

↘ 1.3.3　C2C 交易模式

消费者与消费者之间的电子商务，即 C2C（Consumer to Consumer）电子商务。简单地说就是消费者本身提供服务或产品给其他消费者。

在电子商务的运营模式中，C2C 模式由于其用户参与性强、灵活方便等特点，表现出了很强的发展潜力。C2C 电子商务平台就是通过为买卖双方提供一个在线交易平台，使卖方可以在上面发布待出售的物品的信息，而买方可以从中选择进行购买，同时，为便于买卖双方交易，提供交易所需的一系列配套服务，如：协调市场信息汇集、建立信用评价制度、多种付款方式等。

【案例赏析】淘宝网

C2C 电子商务平台具有以下主要特征：

①用户数量多且身份复杂

一方面，由于 C2C 电子商务平台对于所有人都是开放且免费的，几乎任何人都可以注册成为平台的用户，因此，不少用户都同时具有买家和卖家的双重身份。另一方面，在 C2C 电子商务平台上开店的用户目的也不相同，除了大部分卖家以赚钱为目的外，有一部分卖家只是为了出售一些自己不需要的二手物品，而且还有一小部分卖家还存在一些不正当的目的。

②商品信息多且商品品质参差不齐

在 C2C 电子商务平台上，众多的卖家带来的是数量众多的待出售的物品，不仅有人们日常生活中的常用物品，也有各种各样的新鲜玩意。而其中商品的质量也参差不齐，既有全新的也有二手的，既有正品也有仿冒品，既有大工厂统一生产的也有小作坊个人制作的。总之，在 C2C 电子商务平台上把传统的大商场、特色小店、地摊和跳蚤市场通通融合在了一起，使得商品的信息相当庞杂。

③交易次数多但每次交易的成交额较小

由于 C2C 电子商务平台中参加交易的买卖双方往往是个人，他们购买的物品往往都是单件或者是少量的，因此本小利薄，数量小、批次多是目前绝大部分 C2C 平台上的卖家所面临的现实。

1.3.4　其他交易模式

（1）C2B 交易模式

消费者与企业之间的电子商务，即 C2B（Customer to Business）电子商务。C2B 交易模式的核心是采用消费者主动的方式，通过聚合分散分布，使数量庞大的用户形成一个强大的采购集团，以此来改变 B2C 模式中用户一对一出价的弱势地位，使之享受到以大批发商的价格买单件商品的利益。这一模式改变了原有生产者（企业和机构）和消费者之间的关系，帮助消费者和商家创造出一个更加省时、省力、省钱的交易渠道，主要体现形式为团购与个性化定制。

（2）B2G 交易模式

企业与政府之间的电子商务，即 B2G（Business to Government）电子商务。这种商务活动覆盖企业与政府组织间的各项事务。包括政府采购、税收、商检、管理条例发布，以及法规政策帮助。

在该交易模式中，政府一方面作为消费者，可以通过互联网发布自己的采购清单，公开、透明、高效、廉洁地完成所需物品的采购；另一方面，政府对企业宏观调控、指导规范、监督管理的职能通过网络电子商务方式更能充分及时地发挥。借助于网络及其他信息技术，政府职能部门能及时全面地获取所需信息，做出正确决策，做到快速反应，能迅速直接地将政策法规及调控信息传达于企业，起到管理与服务的作用。在电子商务中，政府还有一个重要的作用，就是对电子商务的推动、管理和规范作用。

总之，在电子商务中政府有着两重角色：既是电子商务的使用者，进行购买活动属商业行为；又是电子商务的宏观管理者，对电子商务起着扶持和规范的作用。对企业而言，政府既是电子商务中的消费者，又是电子商务中企业的管理者。

（3）B2B2C 交易模式

B2B2C（Business to Business to Customers）是一种新的网络通信销售方式。第一个 B 指广义的卖方，即成品、半成品、材料提供商等，任何商品供应商或服务供应商都能可以成为第一个 Business。第二个 B 是 B2B2C 模式的电子商务企业，通过统一的经营管理对商品和服务、消费者终端同时进行整合，是广大供应商和消费者之间的桥梁，为供应商和消费者提供优质的服务，是互联网电子商务服务供应商。C 表示消费者，在第二个 B 构建的统一电子商务平台购物的消费者。

B2B2C 来源于目前的 B2B、B2C 模式的演变和完善，把 B2C 和 C2C 完美地结合起来，通过 B2B2C 模式的电子商务企业构建自己的物流供应链系统，提供统一的服务。它把"供应商→生产商→经销商→消费者"各个产业链紧密连接在一起。整个供应链是一个从创造增值到价值变现的过程，把从生产、分销到终端零售的资源进行全面整合，不仅大大增强了网商的服务能力，更有利于客户获得增加价值的机会。该平台将帮助商家直接充当卖方角色，把商家直接推到与消费者面对面的前台，让生产商获得更多的利润，使更多的资金投到技术和产品创新上，最终让广大消费者获益。

（4）ABC 交易模式

代理商、商家与消费者之间的电子商务，即 ABC（Agent、Business、Consumer）电子商务。ABC 模式是由代理商、商家和消费者共同搭建的集生产、经营、消费为一体的电子商务平台。三者之间可以转化，大家相互服务，相互支持，你中有我，我中有你，真正形成一个利益共同体。

（5）O2O 交易模式

O2O（Online to Offline）交易模式是指线上与线下融合的交易模式，是将线下商务的机会与互联网结合在了一起，让互联网成为线下交易的前台。这样线下服务就可以在网上寻找消费者，然后将他们带到现实的商店中。它是支付模式和为店主创造流量的一种结合，实现了线上的购买、线下的服务。它本质上是可计量的，因为每一笔交易（或者是预约）都发生在网上。这种模式应该说更偏向于线下，更利于消费者，让消费者感觉到真实的消费场景。

思政园地

　　电子商务模式要有"平台、供货商、用户、投资者"共赢的顶层设计理念，始终把共享共赢作为发展的出发点和落脚点，明确发展价值取向，把握科学发展规律，顺应时代发展潮流，让供货商、用户、投资者与平台成为事业的共创体、财富的共享体、命运的共同体。

基础练习

【参考答案】模块1 基础练习

一、判断题

1. 高效率与高成本是电子商务的两大特征。　　　　　　　　　　　　（　　）

2. 电子商务是基于互联网的新型商业运营模式。　　　　　　　　　　（　　）

3. 电子商务使交易变得虚拟化与透明化。　　　　　　　　　　　　　（　　）

4. 我国最早产生的电子商务模式是 B2B 模式。　　　　　　　　　　（　　）

5. B2G 电子商务交易模式特指政府向企业采购商品。　　　　　　　　（　　）

6. 第三方服务商不是电子商务的交易主体。　　　　　　　　　　　　（　　）

7. 垂直电子商务平台具有行业资讯丰富与行业内技术交流深入的特点。（　　）

8. C2C 电子商务模式的根本特点是个人为交易主体。　　　　　　　　（　　）

9. 移动互联网不属于支持"智慧政府"建设的新一代信息技术。　　　（　　）

10. O2O 是以交易主体来划分的电子商务交易模式。　　　　　　　　（　　）

二、单选题

1. 在 1993 年启动的"三金工程"属于电子政务发展的（　　）。

A）办公自动化阶段　　　　　　　　B）专业领域信息化阶段

C）政府上网工程阶段　　　　　　　D）全面建设和理性发展电子政务阶段

2. "电子商务改变了商务运作模式，改变了商业流程，带动了经济结构变革，推动形成了新的商务运作模式"，体现了电子商务的（　　）。

A）高效性　　　　B）方便性　　　　C）社会性　　　　D）技术性

3. 电子商务克服了时间上和空间上的制约，这体现了电子商务的（　　）。

A）高效性　　　　　　　　　　　　B）方便性

C）社会性　　　　　　　　　　　　D）技术性

4. 以"定制批量化的衬衣、T恤"为起家之本的 B2C 电子商务网站是（　　）。

A）淘宝　　　　　　　　　　　　　B）阿里巴巴

C）凡客诚品　　　　　　　　　　　D）京东商城

5. "某些软件公司将测试版软件通过互联网向用户免费发送，用户自行下载试用"的电子商务模式属于（　　）。

A）网上订阅模式　　　　　　　　　B）付费浏览模式

C）广告支持模式　　　　　　　　　D）网上赠与模式

6. 被商业在线机构用来销售报纸杂志、有线电视节目的是（　　）。

A）网上订阅模式　　　　　　　　　B）付费浏览模式

C）广告支持模式　　　　　　　　　D）网上赠与模式

7. 以下不是第三方网络批发平台主要特征的是（　　）。

A）单笔交易的商品数量相对较大

B）商家更多的服务是围绕商品的介绍展开

C）买家对商品的价格与质量非常重视

D）可以形成供应链

8. 对于企业而言拥有独立电子商务平台的最大好处是（　　）。

A）可以更方便地解决信息流、资金流与物流等问题

B）不需要拥有很强的电子商务技能

C）可以有个性化的展示、服务、管理与获取大数据

D）可以更快捷有效地进行营销与推广

9. 北京市人力资源和社会保障局网站属于（　　）。

A）B2C 模式　　　　B）B2B 模式　　　　C）C2G 模式　　　　D）C2C 模式

10. 跳蚤市场的电子商务模式是（　　）。

A）B2B　　　　　　B）B2C　　　　　　C）C2C　　　　　　D）B2G

三、简答题

1. 电子商务主要包含哪些参与对象？

2. 电子商务的应用领域有哪些？请举例简单阐述。

3. 对于企业而言电子商务起到了哪些作用？

4. 电子商务的交易模式主要分为哪几种？简单说明每一种交易模式。

项目实训

实训项目1：电子商务案例剖析

一、任务布置

班级：	实训人员：		
模块1	电子商务概述		
项目目标	选择一个电子商务成功案例，可以是模式、平台或企业，分析该案例解决的市场痛点、优势与特点，阐述该案例对所在行业发展带来的变化。		
项目背景	随着互联网技术的发展，电子商务的应用越来越普及，已渗透到各行各业，不仅重构了商业规则，同时也改变了人们的生活状态，依托行业背景创新了许多以人为本的商业模式。 比如，说走就走的旅行生活、社区团购与外卖行业的发展、社会资源的共享模式、消费的场景化、无人售卖的智慧零售、供应链的集成服务以及智慧医疗、智慧商圈、智慧社区，等等。 请你根据自身的体验，通过查阅相关资料，围绕某一个商业案例进行剖析，提升自己的互联网思维，感知数字经济给人们生活带来的便利。		
任务要求	任务1：简述一个电子商务案例； 任务2：剖析该电子商务案例对所在行业带来的影响； 任务3：提炼电子商务模式创新的要素。		

二、任务实施

实施过程	优化建议
任务 1：简述一个电子商务案例	
任务 2：剖析该电子商务案例对所在行业带来的影响	
任务 3：提炼电子商务模式创新的要素	

三、任务评价

评价内容		评价标准	分值	得分
自我评价	工作态度	态度端正、工作认真、按时完成	20	
	知识技能	案例剖析的客观性与深度	30	
	工作效果	案例典型性与代表性	20	
	职业素养	对数字经济的理解程度	30	
合计			100	

自我分析	遇到的难点及解决方法
	不足之处

综合评价	自我评价（20%）	小组互评（30%）	教师评价（50%）	综合得分

实训项目2：网络创业方案设计

一、任务布置

班级：	实训人员：
模块1	电子商务概述
项目目标	根据项目背景与任务要求设计一个网络创业方案，梳理项目的盈利点、运营模式及运营要点。
项目背景	三位刚毕业的大学生分别对4幢写字楼里24家公司进行了问卷和走访调查，这些公司规模从8~21人不等。调查发现：在每个公司一年的运营资金中，办公用品费用占15%~40%，每月的办公用品开销在1万元以上。平均来说，写字楼里的每个公司的年办公用品开销在10万~20万元，而且外国企业和大型国有贸易企业的花费会更大。 三人仔细考察了企业的采购过程：一种方式是办公室行政人员根据以往的经验以及业务人员的需求统计，去市场采购或通知自己的办公用品供应商送货；另一种方式是，当工作人员需要什么东西时，自己直接从市场上采购之后回办公室报销。这两种方式有几点不足： 1）企业中存在多头采购，因此办公室行政部门无法知道办公用品费用总额，而财务人员仅将费用计入管理费用，造成办公用品缺乏计划性。90%以上的公司行政人员不知道他们在日常办公用品上应该花多少钱和实际花了多少钱。 2）办公用品的购买人往往不止一个，供货商也时常变换，即使是同一个人去同一个地方购买，由于每次购买量不大，一般也享受不到批量优惠。
任务要求	任务1：分析采购企业的需求； 任务2：设计电子商务运营模式； 任务3：梳理项目的利润来源； 任务4：梳理项目的工作内容。

二、任务实施

实施过程	优化建议
任务1：分析采购企业的需求	
任务2：设计电子商务运营模式	
任务3：梳理项目的利润来源	
任务4：梳理项目的工作内容	

三、任务评价

评价内容		评价标准	分值	得分
自我评价	工作态度	态度端正、工作认真、按时完成	20	
	知识技能	知识与技能的掌握程度	30	
	工作效果	工作完成程度与准确度	30	
	职业素养	知识与技能的灵活应用	20	
合计			100	

自我分析	遇到的难点及解决方法
	不足之处

综合评价	自我评价（20%）	小组互评（30%）	教师评价（50%）	综合得分

模块 2

电子商务支撑技术

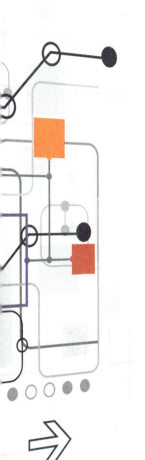

电子商务的产生、发展和应用促使传统零售向互联网零售的转型升级，而电子商务技术是保证电子商务应用的保障与基础。以大数据、新媒体等为代表的电子商务通信技术、电子商务设计技术和电子商务信息技术的出现，对促进商业模式创新，满足消费者需求，实现创新型技术与电子商务融合发展有重要作用。

【思政导学】

思政点1：借助对电子商务支撑技术的学习，了解电子商务信息技术发展对于我国经济发展的意义。

思政点2：通过对信息安全技术的学习，了解新信息数据安全相关法律法规和数据安全保护的重要性。

【知识导图】

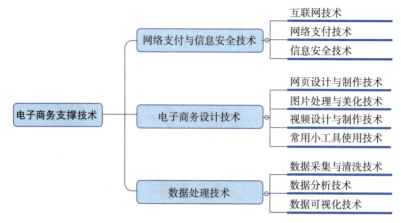

电子商务支撑技术
- 网络支付与信息安全技术
  - 互联网技术
  - 网络支付技术
  - 信息安全技术
- 电子商务设计技术
  - 网页设计与制作技术
  - 图片处理与美化技术
  - 视频设计与制作技术
  - 常用小工具使用技术
- 数据处理技术
  - 数据采集与清洗技术
  - 数据分析技术
  - 数据可视化技术

【知识目标】

1. 理解电子商务支撑技术的概念；
2. 掌握电子商务支撑技术的特点；
3. 了解电子商务支撑技术在电子商务中的作用。

【能力目标】

1. 能举例说明常见的电子商务支撑技术的类别；
2. 能举例说明具有代表性的常见电子商务支撑技术；
3. 具备运用常见技术解决电子商务运营过程中问题的能力；

【素质目标】

1. 初步具备信息化素养；
2. 初步具备电子商务支撑技术的应用能力。

案例导入

　　遂昌县属浙江省丽水市，山地占总面积的88%，素有"九山半水半分田"之称，是个典型的山地县，所以，遂昌的工业经济一般，以农业经济为主。但这里农林特色产品丰富，遂昌县坚持从提升农民、电商运用互联网的意识和能力入手，开展多种形式的农村电子商务人才培训、抖音高级研修、直播带货培训，并在农村便民服务中心搭建起"直播电商带货，助力遂昌农品"直播间。目前，全县直接从事农村电商的人员超过 8 000 人，在电商主流网络平台上注册登记网店 4 058 家。据统计，通过网络直销模式销售，县域农产品销量较往年提高30%，蔬菜价格普遍增加10%～20%，"互联网＋"已成为全县农户销售新模式与新愿景，互联网电子技术成为真正的"新农具"，助力乡村振兴。

【案例赏析】遂昌县
"农村电商 2.0"模式

思政园地

　　如今大数据、云计算、人工智能等互联网新技术正在全方位改写中国社会，构建网络空间命运共同体已成为国际社会的广泛共识。而5G应用将是推动互联网这个"最大变量"变成"最大增量"的新引擎，它是世界的新契机，更是中国的新契机。据有关专家透露，我国在5G

技术方面已处于世界第一阵营，在多项技术领域处于世界引领地位，像中国移动、华为、中兴等 5G 代表，在研发和商业应用方面已展现出新的世界水准。

2.1　网络支付与信息安全技术

↘ 2.1.1　互联网技术

互联网技术包括互联网通信技术、互联网接入技术等。

（1）互联网通信技术

互联网通信技术是指利用计算机网络技术，实现人与人、人与机器之间的信息交流与互动的过程。它已经成为我们日常生活中不可或缺的一部分，涵盖了众多的通信技术和服务，其中最常见的包括：

a. 电子邮件：电子邮件是互联网上的一种通信方式，通过电子邮件我们可以发送和接收文字、图片、音频、视频等多种形式的信息。

b. 即时通信：即时通信是一种即时交流的通信方式，包括实时聊天、在线语音通话、视频聊天等，它通过互联网实现人与人之间的沟通。

c. 网络电话：网络电话是利用互联网进行语音通信的一种技术，它可以提供低延迟、高质量的语音通话服务。

d. 视频会议：视频会议是一种远程协作的技术，通过网络连接多个地点的参与者，实现语音、视频、文字等多种形式的信息交流和互动。

e. 社交媒体：社交媒体是一种基于互联网的社交平台，例如 QQ、微信、钉钉等，它可以让用户与其他用户分享信息和内容，并实现即时互动。

以上是互联网通信技术的一些常见应用，随着科技的不断发展和创新，我们可以预见到未来还会有更多更先进的通信技术和服务出现，为人们的生活和工作带来更多的便利和效率。

（2）互联网接入技术

网络接入技术是网络中与用户相连的最后一段线路上所采用的技术，为了提供端到端的宽带连接，宽带接入是必须解决的一个问题。目前，已知的接入技术主要有光纤接入、同轴电缆接入、铜线接入、无线网络接入等技术。

a. 同轴电缆接入：同轴电缆顾名思义就是指有两个同心导体，而导体和屏蔽层又共用同一轴心的电缆。它是除了光纤外传输带宽比较大的一种传输介质，目前的 CATV 网络就是一种混合光纤同轴网络，一部分采用光纤，另一部分采用同轴电缆。这种接入方式可以利用 CATV 网，降低网络的接入成本，适合对网络传输速度不好的地区。

b. 铜线接入：铜线接入是以电话线为传输介质，这种传输方式需要使用编码技术、调制技术、数字信号处理等技术。因为铜线虽然是导电性良好，但是距离长的话也会有一定阻抗干扰，长距离

的传输会导致信号不完整或者会失效，所以对于宽带的长远发展会形成一定的阻碍。

c. 光纤接入：光纤是目前为止传输速率最快的传输介质，代表了宽带业务的飞速发展，现在很多网络的主干用的基本上都是光纤。光纤的传输速度在10Gbps，这种传输速度基本可以满足用户的所有需求，它将是未来的发展趋势。虽然说光纤的传输速度比较快，但它的性价比相对较低，成本较高。

d. 无线接入技术：无线接入技术是指利用无线技术为固定的用户或者移动用户提供互联网接入业务，它的接入方式可以分为移动无线接入和固定无线接入。移动无线接入技术主要有卫星、微波等。而对于固定无线接入技术是指业务节点到用户终端间部分或全部采用无线传输的接入方式，如家庭WI–FI组网技术。这种接入技术的优点很明显，比如投入小、费用低、扩容变更灵活、抗灾难性强。

↘ 2.1.2 网络支付技术

（1）电子支付的定义

电子支付是指从事电子商务交易的当事人，包括消费者（买家）、厂商（卖家）和金融机构，通过信息网络，使用安全的信息传输手段，采用数字化方式进行的货币支付或资金流转。

（2）电子支付的特点

a. 电子支付的工作环境是基于一个开放的系统平台，即互联网；而传统支付则是在较为封闭的系统中运作。

b. 电子支付是在开放的网络中通过先进的数字流转技术来完成信息传输的，其各种支付方式都是采用电子化的方式进行款项支付的；而传统支付是在线下完成的，通常是现金支付或是刷卡支付。

c. 电子支付对软、硬件设施有很高的要求，一般要求有联网的计算机、相关的软件及一些配套设施；而传统支付没有这样的要求，只要双方面对面即可完成支付。

d. 电子支付具有方便、快捷、高效和经济的优势。用户只需通过PC端或无线端，就可足不出户，在极短的时间内将款项支付给收款方，同时支付费用十分低廉。

（3）电子支付的分类

a. 第三方支付平台：第三方支付就是一些和国内外各大银行签约并具备一定实力和信誉保障的第三方独立机构提供的交易支付平台。在通过第三方支付平台进行的交易中，买方选购商品后，使用第三方平台提供的账户进行货款支付，由第三方通知卖家货款到达、进行发货；买方检验物品后，就可以通知付款给卖家，第三方再将款项转至卖家账户。在银行和用户之外由第三方机构提供相关的交易支付服务，即第三方支付。常见的第三方支付平台有易宝、支付宝、财付通等。

b. 电子货币：电子货币是近年来产生的一种新鲜事物，是现代经济和科技发展的结果。电子货币又称数字货币，它是采用电子技术和通信技术在市场流通的、按照法定货币单位来反映商品价值的信用货币，如数字人民币等。数字人民币（字母缩写按照国际使用惯例暂定为"e–CNY"）是由中国人民银行发行的数字形式的法定货币与传统货币在流通过程中存在被伪造、盗窃、损毁等风险不同，数字人民币通过密码学、区块链等技术手段，可以实现安全的交易和流通。数字人民币的发行和交易被集中于央行，保证了其安全性和可控性。此外，数字人民币还能防范洗钱、恐怖主义资金等非法活动，保障社会和谐稳定。

c. 电子钱包：电子钱包是电子商务购物活动中常用的一种支付工具，尤其是小额购物。它是一种客户端的小数据库，用于存放电子现金和电子信用卡，同时包含诸如信用卡账号、数字签字以及身份验证等信息。它是在小额购物或购买小商品时常用的新式"钱包"，通常需要在电子钱包服务系统中进行。严格意义上讲，电子钱包只是银行卡或数字现金支付的一种模式，不能作为一种独立的支付方式，因为其本质上依然是银行卡支付或电子现金支付。电子钱包的表现形式有两种：一种是智能卡形式；另一种是电子钱包软件形式。使用电子钱包进行购物就像生活中随身携带的钱包一样，持卡人的银行卡信息和与卡对应的证书都存放在电子钱包里。一个电子钱包里可以存放不同品牌的多张卡，当持卡人进行电子交易时，可以打开钱包，随意选择想用的卡来付款。

↘ 2.1.3　信息安全技术

电子商务系统的安全需要建立在信息安全的基础之上，只有通过信息安全技术的保障及安全协议的应用才能实现。互联网安全技术包括加密技术、认证技术、安全协议、网络防火墙技术等。

（1）加密技术

加密技术是利用技术手段把原始信息变为乱码（加密）传送，到达目的地后再用相同或不同的手段还原（解密）信息。原始信息通常被称为"明文"，加密后的信息通常被称为"密文"。加密技术涉及两个元素：算法和密钥。算法是将明文与一串字符（密钥）结合起来，进行加密运算后形成密文。密钥是在将明文转换为密文或将密文转换为明文的算法中输入的一串字符，可以是数字、字母、词汇或短语。常用的现代加密体制有对称加密体制和非对称加密体制两种。

（2）认证技术

认证技术是另外一种常见的信息保护手段。目前，认证技术有身份认证（也叫用户认证）和消息认证两种方式。身份认证用于鉴别用户的身份是否合法；消息认证可用于验证所收到的消息确实来自真正的发送方且未被修改（即完整性），也可以用于验证消息的顺序性和及时性。消息认证主要包括数字签名和数字时间戳等技术。

（3）安全技术

安全协议是网络安全的一个重要组成部分，是以密码学为基础的消息交换协议，可用于保障计算机网络信息系统中秘密信息的安全传递与处理，确保网络用户能够安全、方便、透明地使用系统中的密码资源。电子商务领域中常见的安全协议有安全套接层协议和安全电子交易协议等。

（4）网络防火墙技术

防火墙是一种将内部网和外部网（如互联网）相互隔离的技术，图2-1所示为网络防火墙示意图。防火墙的主要作用有以下几项：通过过滤不安全的服务降低风险，强化网络安全；对网络存取和访问进行监控；防止内部信息外泄，防止外部用户非法访问或占用内部资源。另外，防火墙还支持具有互联网服务特性的企业内部网络技术体系虚拟专用网（Virtual Private Network，VPN）。当前防火墙产品已经呈现出一种集成多功能的设计趋势，具有虚拟专用网、认证、授权、记账、公钥基础设施、互联网协议安全性等多项功能，甚至防病毒和入侵检测这样的主流功能也都被集成到防火墙产品中了。

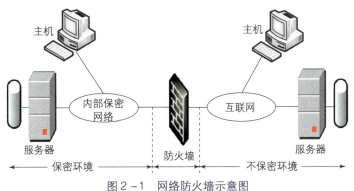

图2-1　网络防火墙示意图

2.2 电子商务设计技术

2.2.1 网页设计与制作技术

网页设计与制作技术是指通过计算机技术和网络技术来实现网页的设计和制作。常用的网页设计技术包括以下内容。

（1）网页设计与制作相关技术

a. HTML：超文本标记语言（HTML）是用于创建网页结构的标准语言。它定义了网页中的内容，如文本、图片、链接等，并使用标签和属性来定义这些元素。

b. CSS：层叠样式表（CSS）用于定义网页中的样式，例如字体、颜色、布局等。它可以将HTML元素美化得更加优美和专业。

c. JavaScript：是一种用于为网页添加动态功能的脚本语言。它可以用于处理用户输入、操作文档内容、创建动画等。

d. jQuery：是一个广泛使用的JavaScript库，它可以使JavaScript编写更简单、更快速。它提供了许多简单易用的函数和方法，用于处理DOM元素、事件处理、动画效果等。

e. Bootstrap：是一个用于快速创建响应式网站和Web应用程序的前端框架。它提供了一组CSS样式和JavaScript插件，使网页设计更加简单。

f. Photoshop：是一款图形编辑软件，常用于创建和编辑网页图像和设计元素，例如网页背景、按钮和图标等。

g. CMS：内容管理系统（CMS）是一种用于创建、管理和发布网站内容的软件。它允许网站管理员更新网站内容而不需要具备编程知识。

h. PHP：是一种用于服务器端编程的脚本语言，可以用于创建动态网页。它可以与MySQL数据库进行交互，处理用户输入、生成网页内容等。

（2）网页设计与制作相关软件

网页设计与制作软件是设计人员进行网页设计的主要工具，目前常见的设计软件包括以下几种：

a. Adobe Dreamweaver：是一款强大的网页设计和编程工具，它提供了WYSIWYG编辑器和代码编辑器，适用于初学者和专业设计师。它支持多种网页设计技术和语言，例如HTML、CSS、JavaScript、PHP等。

b. Sketch：是一款用于设计用户界面和用户体验的软件，适用于Web和移动设备应用程序。它提供了简单易用的工具和向量形状库，支持创建可重用的设计组件。

c. Figma：是一款基于Web的设计工具，它提供了协作设计和共享设计原型的功能。它支持多个平台，例如Web、iOS和Android，并提供了许多设计模板和组件。

2.2.2 图片处理与美化技术

图片处理和美化是指使用各种工具和技术，对图片进行编辑和优化，以达到更好的视觉效果和艺术效果。在电子商务领域，对图片进行适当的处理和美化可以帮助提高产品对用户的吸引力，提升品牌形象，强化信息传达效果，提升用户体验。常见的图片处理和美化软件包括：

a. 美图秀秀：是一款免费图片处理软件，全球累计超10亿用户，用户可以通过软件快速完成图片编辑，图2-2所示为修图功能的软件界面。

 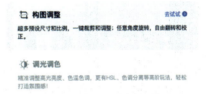

图2-2 美图秀秀修图功能的软件界面

b. Adobe Photoshop：是一款专业的图像处理和美化软件，它提供了丰富的图像编辑工具，可以进行修图、润色、调色、特效处理等。

c. Adobe Lightroom：是一款专业的数码照片处理软件，它可以进行图像的修整、颜色调整、曝光调整、光影处理等，还提供了批量处理功能，方便用户快速处理大量照片。

d. GIMP：是一款免费的开源图像处理软件，它提供了多种图像编辑工具，可以进行类似 Photoshop 的修图、调色、特效处理等操作。

e. Affinity Photo：是一款功能强大的图像处理软件，它支持多种文件格式，提供了丰富的图像编辑和设计工具，可以进行修图、调色、特效处理等。

2.2.3　视频设计与制作技术

短视频在当前电子商务新媒体营销中起到了越来越重要的作用，它可以实现以下几个方面的作用。

（1）短视频对电子商务的影响

a. 提高信息传达效率：视频设计和制作技术可以将信息以多种方式呈现给观众，如文字、图像、声音、动画等，同时也可以以生动的方式展现产品、服务和品牌等，从而提高信息传达效率。

b. 增强视觉效果：视频设计和制作技术可以使用丰富多样的视觉特效、音效等来提高视频的视觉效果，增强观众的视觉体验，从而吸引更多的观众。

c. 提升用户体验：视频设计和制作技术可以提高用户的使用体验和感受，通过生动的视频内容和多样化的视频呈现方式，提升用户对品牌、产品和服务的认知度和接受程度。

d. 扩大传播范围：视频设计和制作技术可以将信息以多种方式呈现给观众，同时也可以将视频通过多种渠道传播出去，如社交媒体、视频分享平台等，从而扩大传播范围。

（2）视频设计与制作软件

a. 剪映：是抖音官方推出的手机视频编辑工具，可用于手机短视频的剪辑制作与发布。剪映剪辑功能全面，有丰富的曲库资源、模板，专业的视频处理工具（如画中画、蒙版、踩点、去水印、特效制作、倒放、变速等），以及大量专业的风格滤镜、视频特效、精选贴纸，让用户制作的视频更有趣，让视频看上去更专业，图2-3所示为剪映软件操作界面。

图2-3　剪映软件操作界面

b. 必剪：作为一款不少 UP 主都在用的手机端剪辑神器，必剪能够创建属于视频剪辑者的专属虚拟形象，实现 0 成本做虚拟 UP 主。除了虚拟形象制作以外，必剪还可实现高清录屏、游戏高光识别、神配图、封面智能抠图、视频模板、封面模板、批量粗剪、录音提词、文本朗读、语音转字幕、画中画、蒙版等功能；还有超燃音乐、素材及专业画面特效，能够给视频编辑加点料。还有一个重要功能是"一键投稿"：支持投稿免流量，B 站账号互通，能够让编辑者投稿快人一步。

c. Premiere Pro：是视频编辑爱好者和专业人士必不可少的视频编辑工具。它可以提升你的创作能力和创作自由度，它是易学、高效、精确的视频剪辑软件。Premiere 提供了采集、剪辑、调色、美化音频、字幕添加、输出、DVD 刻录的一整套流程，并和其他 Adobe 软件高效集成，使你足以完成在编辑、制作、工作流上遇到的所有挑战，满足创建高质量作品的要求。

d. Adobe After Effects：是一款图形视频处理软件，适用于从事设计和视频特技的机构，包括电视台、动画制作公司、个人后期制作工作室以及多媒体工作室。属于层类型后期软件。它可以帮助制作者高效且精确地创建无数种引人注目的动态图形和震撼人心的视觉效果。利用与其他 Adobe 软件无与伦比的紧密集成和高度灵活的 2D 和 3D 合成，以及数百种预设的效果和动画，为电影、视频等作品增添令人耳目一新的效果。

↘ 2.2.4　常用小工具使用技术

除以上软件外，在电子商务运营过程中还需要用到许多常用工具。

a. 数据分析工具：如百度指数、巨量指数等，可以帮助电商运营人员了解网站或平台的流量、用户行为、转化率等数据。

b. 搜索引擎优化工具：如站长工具等，可以帮助电商运营人员优化网站或平台的 SEO，提高排名和曝光率。

c. 营销自动化工具：如 HUBSPOT、Marketo 等，可以帮助电商运营人员自动化营销流程，提高效率和营销效果，图 2-4 所示为营销自动化平台功能界面。

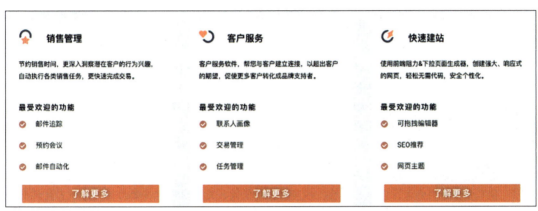

图 2-4　营销自动化平台功能界面

d. 社交媒体管理工具：如微博营销助手等，可以帮助电商运营人员管理社交媒体账号，发布和跟踪营销活动。

e. 在线客服工具：如 Udesk、Zendesk 等，可以帮助电商运营人员提供在线客服支持，提高客户满意度和转化率。

f. 市场调研工具：如问卷星、易观智库等，可以帮助电商运营人员进行市场调研和数据分析，为电商决策提供依据。

g. 电商营销工具：如阿里妈妈、百度推广、微信公众号广告等，可以帮助电商运营人员进行电商广告投放，增加品牌曝光和销售转化。

h. 物流管理工具：如顺丰速运、圆通快递等，可以帮助电商运营人员管理物流配送，提高物流效率和客户体验。

2.3　数据处理技术

电子商务信息技术在电子商务中的作用非常重要，可以帮助电商企业了解市场需求、用户行为、销售数据等信息，为企业决策提供支持，优化运营流程，提高经营效益。如通过信息与数据分析可以了解用户的访问时间、地域、浏览习惯、购买行为等用户行为信息，提高用户转化率，并优化产品策略与供应链管理等。电子商务信息技术包括数据采集与清洗技术、数据分析技术和数据可视化技术等。

↘ 2.3.1 数据采集与清洗技术

数据采集与清洗是数据分析的前置工作,对于数据分析的结果有着至关重要的作用,如去除无效数据和异常数据,保证数据的正确性和完整性,避免在后续的数据分析和处理中产生误差和偏差。此外对数据进行清洗和归一化处理,使数据更具有可比性和可分析性,提高数据质量,并减少后续数据处理和分析的时间和成本,并优化决策分析。

【案例赏析】互联网
信息案件分析

(1)常见数据采集技术

a. 网络爬虫技术:网络爬虫技术可以自动化地从互联网上爬取各种网站上的数据,如商品信息、用户评论等。

b. API 接口技术:API 也称为应用程序接口,是一组定义、程序及协议的集合,通过 API 接口可以实现计算机软件之间的相互通信。同时 API 也是一种中间件,为各种不同平台提供数据共享。API 接口技术可以通过调用不同网站开放的 API 接口来获取相关数据。

> **思政园地**
>
> 信息作为一种资源,它的普遍性、共享性、增值性、可处理性和多效用性,对于人类具有特别重要的意义。信息安全的实质就是要保护信息系统或信息网络中的信息资源免受各种类型的威胁、干扰和破坏,即保证信息的安全性。当前我国出台了多部相关法律法规,包括《中华人民共和国网络安全法》《中华人民共和国个人信息保护法》《中华人民共和国数据安全法》等。
>
> 网络爬虫本身作为一项技术手段本身并不违法。但当网络爬虫使用者为了获取经济利益,将爬虫作为一种犯罪工具,可能严重扰乱计算机信息系统的运行秩序,同时还可能侵害到公民的个人信息,从而构成犯罪。使用爬虫技术主要涉及的刑事犯罪包括:侵犯公民个人信息罪、非法获取计算机信息系统数据罪、破坏计算机信息系统罪、非法侵入计算机信息系统罪、侵犯著作权罪等。

(2)数据清洗技术

a. 数据去重:是指在一组数据中,去除重复的数据,只保留其中一个或几个数据的过程。在进行数据去重的过程中,需要先找出其中重复的数据,然后将其删除或保留一个。可以通过 Excel 表格或其他数据处理工具进行。

b. 数据过滤:是指根据特定条件筛选出符合条件的数据,去除不符合条件的数据的过程。可以去除无效数据和异常数据,提高数据准确性,如可以采用 Excel 的筛选功能或代码实现(如图 2-5 所示)。

图 2-5 Excel 筛选功能

c. 数据归一化:数据归一化可以将不同单位的数据转化为同一单位,方便后续数据分析和处理。常见的归一化方法包括:最大最小归一化、Z-Score 归一化、小数定标标准化等,不同的归一化方法适用于不同的场景,需要根据数据的分布和具体问题进行选择。

↘ 2.3.2　数据分析技术

数据分析是指通过对数据进行处理、解释和应用，从中发现有用的信息和规律的过程。数据分析可以帮助企业和组织更好地了解市场和用户需求，制定有效的战略决策，优化产品和服务，提高效率和降低成本，从而实现业务的长期发展和可持续增长。常见的数据分析技术包括：

a. 关联分析：也叫作"购物篮分析"，是一种通过研究用户消费数据，将不同商品进行关联，并挖掘二者之间联系的分析方法。关联分析目的是找到事物间的关联性，用以指导决策行为。通过商品组合或捆绑销售可提高超市的服务质量和效益。关联分析在电商分析和零售分析中应用相当广泛。

b. 对比分析：就是用两组或两组以上的数据进行比较。对比分析是一种挖掘数据规律的思维，能够和任何技巧结合，一次合格的分析一定要用到 N 次对比。对比分析包括横向对比、纵向对比、时间对比和目标对比等。

c. 聚类分析：属于探索性的数据分析方法。从定义上讲，聚类就是针对大量数据或者样品，根据数据本身的特性研究分类方法，并遵循这个分类方法对数据进行合理的分类，最终将相似数据分为一组，也就是"同类相同、异类相异"。在用户研究中，很多问题可以借助聚类分析来解决，比如网站的信息分类问题、网页的点击行为关联性问题以及用户分类问题，等等。其中，用户分类是最常见的情况。

d. 留存分析：是一种用来分析用户参与情况/活跃程度的模型，考察进行初始行为用户中，经过一段时间后有多少仍然存在用户行为（如登录、消费）。留存不仅是个可以反映客户黏性的指标，更多地反映产品对用户的吸引力。按照不同周期，留存率分为三类：日留存、周留存和月留存等。

e. 象限分析：是通过对两种及以上维度的划分，运用坐标的方式，人工对数据进行划分，从而传递数据价值，将之转变为策略。象限分析是一种策略驱动的思维，常应用于产品分析、市场分析、客户管理、商品管理等场景，像 RFM 模型、波士顿矩阵都是象限法思维。如 RFM 模型就是利用象限法，将用户分为八个不同的层级，从而对不同用户制定不同的营销策略（如图 2 – 6 所示）。象限分析可以帮助运营者找到问题的共性原因，建立分组优化策略。

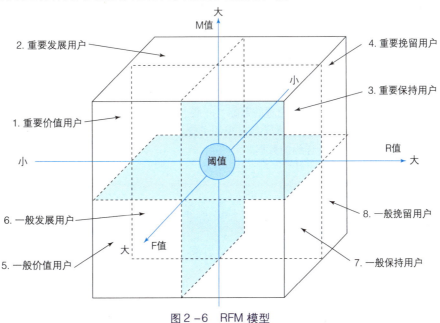

图 2 – 6　RFM 模型

↘ 2.3.3 数据可视化技术

数据可视化主要旨在借助图形化手段，清晰有效地传达与沟通信息，方便运营者从不同的维度观察数据，从而对数据进行更深入的观察和分析，常见的数据可视化技术包括：

a. 尺寸可视化：这是对于图形类的数据可视化结果来说，对同一类的图形以不一样的尺寸大小进行区别，让观看者可以一目了然地看到数据之间或者各项指标之间不一样的对比和看到数据结果。

b. 颜色可视化：这是对于图形类的数据可视化结果来说，对同一类的图形以不一样的尺寸大小进行区别，让观看者可以一目了然地看到数据之间或者各项指标之间不一样的对比和看到数据结果，但是做类似的数据可视化结果的时候，还是要注意数据的精确度和图形的准确度。

c. 图形可视化：这里的图形可以包括很多不同的图案，可以直接使用模板当中的图形方案，也可以使用一些主题性比较强的图形方案，一般在图形可视化的过程中，图形都是含有实际意义比较强的，数据图表的展示结果会更加生动，数据想要表达的主题和效果也会更强。常见的如折线图、饼图、柱形图等（如图2-7所示）。

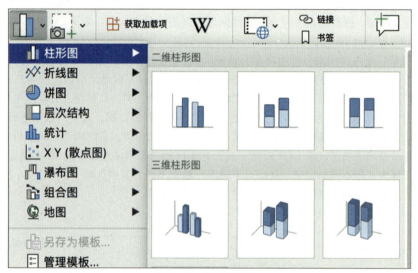

图2-7 图形可视化

d. 空间可视化：主要是结合地理位置的数据，一般会搭配地图使用，空间可视化一般可以和颜色可视化等结合使用，让用户对整体情况有直观的了解，同时用户也可以直接点击某一个具体的位置来查看详细的数据。

【参考答案】模块2基础练习

一、判断题

1. 互联网技术包括互联网通信协议技术、互联网接入技术等。 （   ）

2. 手机通话是互联网技术的主要表现形式。 （   ）

3. 同轴电缆接入是指以电话线为传输介质的互联网接入技术。 （   ）

4. 相对传统支付电子支付对软、硬件设施有很高的要求。 （   ）

5. 对图片进行适当的处理和美化可以更好地了解用户信息。 （   ）

6. 剪映是抖音平台推出的一款图形处理工具。　　　　　　　　　　（　　　）

7. 短视频可以增强视觉效果，提升用户体验。　　　　　　　　　　（　　　）

8. 搜索引擎优化工具可以进行市场调研和数据分析，为电商决策提供依据。（　　　）

9. 数据可视化主要旨在借助于图形化手段，清晰有效地传达与沟通信息。（　　　）

10. 图形可视化是指对同一类的图形以不一样的尺寸大小进行区别。　（　　　）

二、单选题

1. 互联网通信技术不包括（　　　）。

A）电子邮件　　　　　　　　　　B）广播电视

C）视频会议　　　　　　　　　　D）社交媒体

2. 网络接入技术不包括（　　　）。

A）同轴电缆接入　　　　　　　　B）蓝牙接入

C）光纤接入　　　　　　　　　　D）无线接入

3. 电子支付与传统支付相比的优点不包括（　　　）。

A）成本低　　　　　B）安全性高　　　　C）面对面进行　　　D）方便快捷

4. 以下不属于电子支付技术的是（　　　）。

A）第三方支付平台　　　　　　　B）数字货币

C）数字钱包　　　　　　　　　　D）加密货币

5. 图片进行适当的处理和美化的作用不包括（　　　）。

A）提高产品对用户的吸引力　　　B）增加用户粘性

C）提升品牌形象　　　　　　　　D）强化信息传达效果

6. 常用的图片处理工具不包括（　　　）。

A）美图秀秀　　　　　　　　　　B）GIMP

C）Photoshop　　　　　　　　　　D）剪映

7. 数据清洗技术不包括（　　　）。

A）数据去重　　　　　　　　　　B）数据采集

C）数据过滤　　　　　　　　　　D）数据归一化

8. 数据分析技术不包括（　　　）。

A）定量分析　　　　　　　　　　B）关联分析

C）对比分析　　　　　　　　　　D）聚类分析

9. 通过研究用户消费数据，将不同商品之间进行关联，并挖掘二者之间联系的分析方法是（　　　）。

A）关联分析　　　　　　　　　　B）留存分析

C）象限分析　　　　　　　　　　D）对比分析

10. 主要是结合地理位置的数据，一般会搭配地图使用的可视化属于（　　　）。

A）尺寸可视化　　　　　　　　　B）颜色可视化

C）图形可视化　　　　　　　　　D）空间可视化

三、简答题

1. 电子商务支撑技术包括哪些方面？

2. 网页设计与制作相关技术包括哪些？

3. 短视频对电子商务的影响主要体现在哪些方面？

4. 数据采集与清洗技术的作用是什么？

项目实训 二

实训项目1：电子商务技术发展案例剖析

一、任务布置

班级：	实训人员：
模块2	电子商务支撑技术
项目目标	选择一个电子商务平台，分析电子商务技术发展对该平台的影响。
项目背景	随着互联网技术的不断完善，越来越多的线下企业选择转型发展，积极走上电商发展之路，零售渗透的行业和品类持续扩大，覆盖更多应用场景，加速万物到家。 　　请你根据自身的体验，通过查阅相关资料，围绕某一个电子商务平台案例进行剖析，感知电子商务技术发展给电子商务模式带来的新变化。
任务要求	任务1：简述一个电子商务平台发展的案例； 任务2：剖析该平台的主要电子商务模式； 任务3：总结电子商务技术发展对该平台运营模式的影响。

二、任务实施

实施过程	优化建议
任务1：简述一个电子商务平台发展的案例	
任务2：剖析该平台主要的电子商务模式	
任务3：总结电子商务技术发展对该平台运营模式的影响	

三、任务评价

评价内容		评价标准	分值	得分
自我评价	工作态度	态度端正、工作认真、按时完成	20	
	知识技能	案例剖析的客观性与深度	30	
	工作效果	案例典型性与代表性	20	
	职业素养	对电子商务技术发展的理解程度	30	
合计			100	

自我分析	遇到的难点及解决方法
	不足之处

综合评价	自我评价（20%）	小组互评（30%）	教师评价（50%）	综合得分

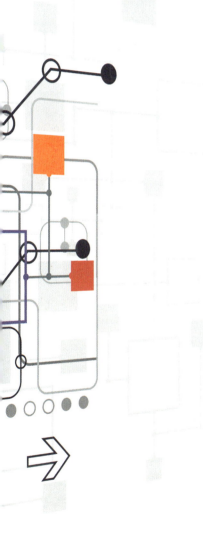

模块 3

电子商务法律法规

2019 年 1 月 1 日起施行的《中华人民共和国电子商务法》，2021 年 1 月 1 日起施行的《中华人民共和国民法典》，2021 年 11 月 1 日起施行的《中华人民共和国个人信息保护法》等法律法规，使我国的电子商务在经历了 20 多年的发展之后，迎来了有法可依、全面法治的时代。这也意味着统一开放、竞争有序、诚信守法、安全可靠的电子商务大市场基本形成。为此，加强对电子商务法律法规的宣传和学习、培养具有电子商务法律知识的专门人才，已经成为电子商务发展的重要支撑点。

☑【思政导学】

思政点 1：通过对电子商务立法历程、立法内容的学习和掌握，树立法治观念，培养法律思维，提高法治素养。

思政点 2：通过对电子商务特点的学习，树立营造自愿、平等营商环境的意识。

思政点 3：通过对电子商务法主要内容的学习，培养权利与义务意识，提升自身的法律素养，维护市场经济秩序，培养自觉、积极、规范的自主意识。

思政点 4：通过对电子合同法律内容的学习和掌握，培养契约精神，恪守诚信原则，弘扬诚信经营的中华传统文化。

思政点 5：通过对电子商务知识产权保护的学习和掌握，树立应对知识产权侵权行为意识，培养知识产权创新精神。

思政点 6：通过对电子商务不正当竞争行为的分析，树立正确的竞争意识，合法合规地参与市场竞争活动，自觉避免网络刷单、炒信行为。

思政点 7：通过对网络消费者权益保护的学习和掌握，树立消费者权益至上的理念，自觉维护社会经济秩序。

思政点 8：通过对电子商务争议在线争议解决机制的学习和掌握，懂得运用法定程序解决电子商务争议，增强大学生力行法治的积极性和主动性，形成守法光荣、违法可耻的氛围。

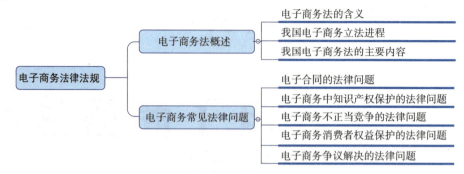

【知识目标】

1. 理解电子商务法的含义、特征；
2. 了解电子商务法的立法历程、主要内容；
3. 掌握电子合同订立、履行、违约责任承担的法律规定；
4. 掌握电子商务著作权、商标权、专利权的法律保护；
5. 掌握电子商务不正当竞争的行为类型；
6. 掌握电子商务中消费者权利及其法律保护；
7. 掌握电子商务争议解决的方式。

【能力目标】

1. 能分析我国现行立法在调整电子商务行为中的作用；
2. 能分析电子合同成立和生效的条件及其违约责任，能依法履行电子合同；
3. 能运用法律保护电子商务活动中相关主体享有的合法权益；
4. 初步具备解决电子商务争议的能力。

【素质目标】

1. 初步具备法治思维；
2. 具有电子商务法律风险防范意识。

案例导入

2018 年 8 月 31 日第十三届全国人大常委会第五次会议，《中华人民共和国电子商务法》（以下简称《电子商务法》）获得通过，并于 2019 年 1 月 1 日起施行。《电子商务法》包括总则、电子商务经营者、电子商务合同的订立与履行、电子商务争议解决、电子商务促进、法律责任及附则，共七章八十九条内容。《电子商务法》的颁布，对保障电子商务各方主体的合法权益，规范电子商务行为，维护市场秩序，促进电子商务健康发展，有着重要的意义。

《电子商务法》的内容与电子商务活动经营者和消费者都有着密切的关系，例如卖家侵权，平台承担什么责任？未尽到安全保障义务，平台承担什么责任？侵权售假未保障安全的，最高罚款多少？刷单是否违法？如何保护知识产权？等等。因此，全面学习《电子商务法》尤为重要。

【案例赏析】初识
《电子商务法》

45

思政园地

通过对《电子商务法》的立法进程、立法内容的学习，牢固树立正确的法制观念，培养运用法律思维解决电子商务实践中的涉法问题，并养成学法、守法、用法、靠法的良好习惯。

3.1　电子商务法概述

↘ 3.1.1　电子商务法的含义

（1）电子商务法的定义

随着电子商务的发展，依托网民数量高速增长、智能手机快速普及以及互联网持续渗透，中国已经成为全球最大的网购市场。对于传统的商业模式，各国早就建立了一套完备的法律制度进行规范和调控。电子商务与传统的商务模式相比，具有交易网络化、虚拟化、全球化、透明化及成本低等特征，特别是跨境电商、农村电商、线上线下融合、移动电商的发展，使许多传统法律制度中的规则不适合调整电子商务活动法律关系，即传统的民商事法律对电子商务的发展产生了阻碍。为了保障电子商务各方主体的合法权益，规范电子商务行为，维护市场秩序，促进电子商务持续健康发展，2018 年 8 月 31 日，中华人民共和国第十三届全国人民代表大会常务委员会第五次会议通过了《中华人民共和国电子商务法》，自 2019 年 1 月 1 日起试行。

电子商务法是指调整电子商务活动中所产生的各种社会关系的法律规范的总称。电子商务法有广义和狭义之分。广义的电子商务法与广义的电子商务相对应，包括所有调整以数据电文方式进行的商务活动的法律规范，其内容涉及广泛，将调整以电子商务为交易形式的和调整以电子信息为交易内容的规范都包括在内。狭义的电子商务法对应于狭义的电子商务，是指调整以数据电文为交易手段引起的商事关系的法律规范体系，即作为部门法意义上的电子商务法，包括以电子商务法命名的法律法规，以及其他所有现行制定法中有关电子商务的法律法规，如《中华人民共和国民法典》中有关数据电文的规定、《中华人民共和国刑法》中关于计算机犯罪的规定等。

（2）电子商务法的特征

①程式性

电子商务法一般不直接涉及交易的具体内容，它所调整的是当事人之间因交易形式的使用，而引起的权利义务关系，即有关数据电讯是否有效、是否归属于某人；电子签名是否有效，是否与交易的性质相适应；认证机构的资格如何，它在证书的颁发与管理中应承担何等责任等问题。

②技术性

在电子商务法中，许多法律规范都是直接或间接地由技术规范演变而成的。比如一些国家将运用公开密钥体系生成的数字签名规定为安全的电子签名，这样就将有关公开密钥的技术规范转化成了法律要求，对当事人之间的交易形式和权利义务的行使都有极其重要的影响。另外，关于网络协议的技术标准，当事人若不遵守，就不可能在开放环境下进行电子商务交易。

③开放性

从民商法原理上讲，电子商务法是关于以数据电讯进行意思表示的法律制度，而数据电讯在形式上是多样化的，并且还在不断发展之中。因此，必须以开放的态度对待任何技术手段与信息媒介，设立开放型的规范，让所有有利于电子商务发展的设想和技巧都能容纳进来。目前，国际组织及各国在电子商务立法中，大量使用开放型条款、功能等价性条款，其目的就是开拓社会各方面的资源，以促进科学技术及其社会应用的广泛发展。

④复合性

电子商务交易关系的复合性源于其技术手段上的复杂性和依赖性。它通常表现为当事人必须在第三方的协助下完成交易活动。比如在合同订立中，需要有网络服务商提供接入服务，需要有认证机构提供数字证书等。即便在非网络化的、点到点的电讯商务环境下，交易人也需要通过电话、电报等传输服务来完成交易。或许有企业可撇开第三方的传输服务，自备通信设施进行交易，但这样很可能徒增成本，有悖于商业规律。此外，在线合同的履行，可能需要第三方加入协助履行。比如在线支付，往往需要银行的网络化服务。这就使得电子交易形式具有复杂化的特点。实际上，每一笔电子商务交易的进行，都必须以多重法律关系的存在为前提，这是传统的口头或纸面条件下所没有的。它要求多方位的法律调整，以及多学科知识的应用。

（3）我国电子商务法的基本原则

①平等原则

《电子商务法》第四条规定："国家平等对待线上线下商务活动，促进线上线下融合发展，各级人民政府和有关部门不得采取歧视性的政策措施，不得滥用行政权力排除、限制市场竞争。"

②自愿、公平、诚信原则

《电子商务法》第三条规定："国家鼓励发展电子商务新业态，创新商业模式，促进电子商务技术研发和推广应用，推进电子商务诚信体系建设，营造有利于电子商务创新发展的市场环境，充分发挥电子商务在推动高质量发展、满足人民日益增长的美好生活需要、构建开放型经济方面的重要作用。"

《电子商务法》第五条规定："电子商务经营者从事经营活动，应当遵循自愿、平等、公平、诚信的原则，遵守法律和商业道德，公平参与市场竞争，履行消费者权益保护、环境保护、知识产权保护、网络安全与个人信息保护等方面的义务，承担产品和服务质量责任，接受政府和社会的监督。"

③协同管理原则

《电子商务法》第六条规定："国务院有关部门按照职责分工负责电子商务发展促进、监督管理等工作。县级以上地方各级人民政府可以根据本行政区域的实际情况，确定本行政区域内电子商务的部门职责划分。"

《电子商务法》第七条规定："国家建立符合电子商务特点的协同管理体系，推动形成有关部门、电子商务行业组织、电子商务经营者、消费者等共同参与的电子商务市场治理体系。"

④自律原则

《电子商务法》第八条规定："电子商务行业组织按照本组织章程开展行业自律，建立健全行业规范，推动行业诚信建设，监督、引导本行业经营者公平参与市场竞争。"

思政园地

杭州互联网法院跨境贸易法庭将广泛运用互联网司法改革成果，将互联网司法的优势和影响力推向全球，通过集中管辖跨境贸易纠纷，形成与输出相关案件国际管辖规则和裁判规则，平等保护不同国家、地区各类市场主体合法权益，构建公正透明的国际营商环境。

↘ 3.1.2 我国电子商务立法进程

早在 20 世纪 90 年代，我国就开始了计算机与网络的立法保护工作，陆续出台了《计算机软件保护条例》《计算机信息系统安全保护条例》《互联网信息服务管理办法》《信息网络传播权保护条例》《计算机信息网络国际联网管理暂行规定》《计算机信息网络国际联网管理暂行规定实施办法》《互联网络域名注册暂行管理办法》《互联网络域名注册实施细则》等规范性法律文件，为电子商务的法制建设奠定了基础。自 2004 年我国第一部真正意义上的电子商务法——《中华人民共和国电子签名法》颁布后，我国明显加快了电子商务立法进程，陆续颁布了《电子认证服务管理办法》《电子认证服务密码管理办法》《关于促进银行卡产业发展的若干意见》《互联网电子邮件服务管理办法》《国务院办公厅关于加快电商务发展的若干意见》《电子商务发展"十一五"规划》等规范性文件。

2018 年，经历三次公开征求意见，四次审议及修改，历时近 5 年，我国电子商务领域的首部综合性法律——《中华人民共和国电子商务法》于 8 月 31 日正式出台，自 2019 年 1 月 1 日起施行。2020 年 5 月 28 日，十三届全国人大三次会议表决通过了《中华人民共和国民法典》，自 2021 年 1 月 1 日起施行，对电子商务合同、电子商务中知识产权保护等电商法律新问题做出了明确规定。2021 年 8 月 20 日，十三届全国人大常委会第十三次会议表决通过了《中华人民共和国个人信息保护法》，自 2021 年 11 月 1 日起施行，为电子商务中保护个人信息、规范个人信息处理活动、促进个人信息合理利用提供了法律依据。

↘ 3.1.3 我国电子商务法的主要内容

《电子商务法》全文共七章八十九条，主要对电子商务的经营者、电子商务合同的订立与履行、电子商务争议解决、电子商务促进和法律责任这五个部分做出规定。使蓬勃兴起的电子商务活动有法可依。

（1）电子商务经营主体

电子商务经营主体统一称为电子商务经营者，是指通过互联网等信息网络从事销售商品或者提供服务的经营活动的自然人、法人和非法人组织，包括电子商务平台经营者、平台内经营者以及其他电子商务经营者。

电子商务平台经营者，是指在电子商务中为交易双方或者多方提供网络经营场所、交易撮合、信息发布等服务，供交易双方或者多方独立开展交易活动的法人或者非法人组织。国家工商行政管理总局①的《网络交易管理办法》将其定义为：在网络商品交易活动中为交易双方或者多方提供网页空间、虚拟经营场所、交易规则、交易撮合、信息发布等服务，供交易双方或者多

【案例赏析】电子商务经营者应当依法办理市场主体登记

方独立开展交易活动的信息网络系统，并经工商行政管理部门登记注册并领取营业执照的企业法人。将电子商务平台经营者的主体范围扩展到了非法人组织，主要包括个人独资企业、合伙企业、不具有法人资格的专业服务机构等。

电子商务平台经营者具有以下特点：一是独立性。不是买家也不是卖家，而是作为交易的平台，像实体买卖中的交易市场。二是依托网络。电子商务平台经营者是随着电子商务的发展而出现的，和电子商务一样，它必须依托网络才能发挥其作用。三是专业化。作为服务平台，电子商务平台经营者需要更加专业的技术，包括在订单管理、支付安全、物流管理等方面能够为买卖双方提供安全

---

① 现国家市场监督管理总局。

便捷的服务。

平台内经营者，是指通过电子商务平台销售商品或者提供服务的电子商务经营者。

其他电子商务经营者，是指通过自建网站、其他网络服务销售商品或者提供服务的电子商务经营者。

《电子商务法》第十条规定："电子商务经营者应当依法办理市场主体登记。但是，个人销售自产农副产品、家庭手工业产品，个人利用自己的技能从事依法无须取得许可的便民劳务活动和零星小额交易活动，以及依照法律、行政法规不需要进行登记的除外。"

> **思政园地**
>
> 电子商务经营者在电子商务活动中依法享有权利承担义务。熟知电子商务经营者如何行使法定权利承担法定义务，对于提升自身的法律素养、维护市场经济秩序，有着积极的意义。电子商务经营者要树立为人民服务的思想，能自觉、积极、规范地在自主的基础上为人民、为社会服务。

（2）电子商务交易与服务

电子商务交易与服务主要包括电子商务合同的签订与履行、电子支付和快递物流。关于电子商务合同，《电子商务法》根据电子商务发展的特点，在现有法律规定的基础上规定了电子商务当事人行为能力推定规则、电子商务合同的订立、自动信息交易系统，以及电子错误等内容。关于电子支付，《电子商务法》规定了电子支付服务提供者和接受者的法定权利义务，对于支付确认、错误支付、非授权支付、备付金等做出规定。关于快递物流，《电子商务法》明确了快递物流依法为电子商务提供服务，规范了电子商务寄递过程中的安全和服务问题。

（3）电子商务交易保障

①电子商务数据信息的开发、利用与保护

明确规定鼓励数据信息交换共享，保障数据信息的依法有序流动和合理利用，强调电子商务经营者对用户个人信息应采取保障措施，并对电子商务数据信息的收集利用及其安全保障做出明确要求。

②市场秩序与公平竞争

规定电子商务经营主体知识产权保护、平台责任、不正当竞争行为的禁止、信用评价规则。

③消费者权益保护

包括商品或服务信息真实，商品或服务质量保证、交易规则和格式条款制定，并规定了设立消费者权益保证金，电子商务第三方平台有协助消费者维权的义务。

④争议解决

在适用传统方式的基础上，根据电子商务发展特点，积极构建在线纠纷解决机制。

（4）跨境电子商务

为支持、促进和保障跨境电子商务发展，电子商务立法做了专门规定：国家鼓励促进跨境电子商务的发展；国家推动建立适应跨境电子商务活动需要的监督管理体系，提高通关效率，保障贸易安全，促进贸易便利化；国家推进跨境电子商务活动通关、税收、检验检疫等环节的电子化；推动建立国家之间跨境电子商务交流合作等。

（5）监督管理与社会共治

《电子商务法》第六十四条规定："国务院和省、自治区、直辖市人民政府应当将电子商务发展纳入国民经济和社会发展规划，制定科学合理的产业政策，促进电子商务创新发展。"电子商务治理要充分发挥政府作用，同时也要充分发挥行业自律和社会共治的作用。电子商务行业组织和电子商务主体应当加强行业自律，建立健全行业规范和网络规范，引导本行业经营者公平竞争，推动行业诚信建设。

3.2 电子商务常见法律问题

↘ 3.2.1 电子合同的法律问题

一般认为，以数据电文的形式订立的合同称为电子合同。联合国国际贸易法委员会的《电子商务示范法》通过界定"数据电文"并赋予其书面效力来定义电子合同。广义的电子合同是指所有通过电子技术手段如电报、电传、传真、电子数据交换和电子邮件等缔结的合同。狭义的电子合同是指在网络空间通过电子方式缔结的合同。结合相关规定，我国商务部在《电子合同在线订立流程规范》中对电子合同进行了界定："电子合同是平等主体的自然人、法人、其他组织之间以数据电文为载体，并利用电子通信手段设立、变更、终止民事权利义务关系的协议。"

电子合同具有以下特征：电子合同主体的虚拟性和广泛性；电子合同的格式性；电子合同订立过程的特殊性；电子合同成立和生效具有特殊性；电子合同订立成本低、费用少；电子合同的交易安全问题突出。

（1）电子合同的订立

《中华人民共和国民法典》（以下简称《民法典》）第四百六十九条规定："当事人订立合同，可以采用书面形式、口头形式或者其他形式。书面形式是合同书、信件、电报、电传、传真等可以有形地表现所载内容的形式。以数据交换、电子邮件等方式能够有形地表现所载内容，并可以随时调取查用的数据电文，视为书面形式。"

《民法典》第四百七十一条规定："当事人订立合同，可以采取要约、承诺方式或者其他方式。"

电子合同是合同的一种特殊形式。因此，电子合同的订立仍然遵循合同订立的基本程序——要约和承诺。电子合同是以数据电文的方式订立的，其意思表示通过数据电文传送和储存。因此，电子合同订立过程中要约与承诺的生效、撤回和撤销均有一定特殊性。

①电子合同中的要约

《民法典》第四百七十二条规定："要约是希望与他人订立合同的意思表示，该意思表示应当符合下列条件：内容具体明确；表明经受要约人承诺，要约人即受该意思表示约束。"

要约与要约邀请。要约邀请是希望他人向自己发出要约的意思表示。拍卖公告、招标公告、招股说明书、债券募集办法、基金招募说明书、商业广告和宣传、寄送的价目表等为要约邀请，但商业广告和宣传的内容符合要约规定的，构成要约。区分要约与要约邀请可以根据以下标准：一是根据法律规定。法律明确规定为要约邀请的应当是要约邀请。二是根据内容确定。内容具体确定，已达到合同成立所具备的条件的是要约。三是根据发送人的意图来确定。发送人有约束自己条款的是要约；表明不受约束的是要约邀请。四是根据交易习惯来确定。询问价格一般为要约邀请。

要约和要约邀请虽然在理论上较容易区分，但在实践中对某些情况还会有争议，要具体问题具体分析。

在电子商务环境中区分要约和要约邀请，国内多数学者同意将网络广告和在线交易区别考察，而在线交易又因标的物为实物或计算机信息的不同而性质不同。

a. 网络广告。广告分为普通商业广告和悬赏广告两大类型。对于商业广告，大陆法系和英美法系态度相似，原则上将其视为要约邀请，如果普通商业广告中含有合同得以成立的确定内容和希望订立合同的愿望，则视为要约。

网络广告发布者通常在网站上发布商业广告或其他网页广告，或者通过电子邮件寄送商品信息。发布时可以在广告中特别声明为要约或要约邀请。如果声明"不得就其提议做出承诺"，或"此广告和信息的发布者不承担合同责任"，或"广告和信息仅供参考"等，则只能视为要约邀请；如果公开声明，发布者愿意接受广告约束，与承诺者缔结合同，那么可视为要约。在没有声明的情况下，对要约和要约邀请的区分，应综合考虑具体交易情形和惯例，考察广告是否具备上述要约的基本要件。

悬赏广告是指广告人以广告的形式声明对完成广告中规定特定行为的任何人，给付广告中约定报酬的意思表示。对于悬赏广告，各国合同法一般认为是一项要约，我国司法实践也多将其认定为要约，一旦某人完成悬赏广告指定的行为，即是对广告人的有效承诺，双方即形成债权债务关系。在电子商务环境下，悬赏广告在认定发布人身份时会存在一些特殊问题，但这并不改变悬赏广告本身的性质。所以在通常情况下，悬赏广告应认定为要约。

b. 在线交易中的商品展示。在线交易的模式主要有两种：普通的访问网页进行交易及通过专门的第三方交易平台交易。产品制造商或大型商场通常会在互联网上建立网站或页面，消费者通过访问其网站页面购买其产品或商品，即通常所说的 B2C 模式。而专门的交易平台有 B2B 平台和 C2C 平台，分别为商家之间和个人之间的交易提供从商谈到付款一整套的解决方案。在线交易的标的物多为实物或计算机信息，具体内容如下：

一是通过访问网页进行实物交易。在这种交易模式中，明码标价的网页商品展示类似于商店标有价格的商品陈列。但网页上展示的并非真实的商品而仅仅是商品图片，理论上存在多人同时单击同一商品购买的可能性（访问量大的网站这种可能性是非常大的）。如果认定网页展示商品的行为是要约，则面临商品售罄或者同一商品被"卖出"数次的危险。所以，多数学者认为网页展示商品的行为是要约邀请。

二是通过访问网页进行计算机信息交易。由于计算机信息的特殊性，它可以无限复制、随时下载，也不存在售罄的问题，所以在网页上展示计算机信息并标明数量和价格的行为，可以认定为要约。

三是通过第三方交易平台交易。在这种模式下，交易平台一般都建立了严谨的交易程序，为交易双方提供了充分的交流机会。在卖方"提交"货物到交易平台时，一般都应交易的要求而填写了准确的商品数量，不存在售罄的问题；买卖双方交易的每个步骤都在交易平台程序确认后进行，不存在一物多售的问题，所以在第三方交易平台展示商品进行销售的行为（不论商品是实物还是计算机信息），可以认定为要约。

电子商务经营主体发布的商品或者服务信息符合要约条件的，当事人选择该商品或者服务并提交订单，合同成立。当事人另有约定的，从其约定。

要约的撤回与撤销。要约的撤回，是指要约人在发出要约后，到达受要约人之前，取消其要约的行为。"要约可以撤回，撤回要约的通知应当在要约到达受要约人之前或者与要约同时到达受要约人。"如果要约人的要约是以邮寄信件的方式发出的，在要约到达受要约人之前，可以通过更快速的通信方式将其撤回。

在电子商务活动中，数据电文在信息系统之间的传递几乎没有延迟，要约的撤回变得很难实现。因此有学者主张，撤回要约在电子商务环境中是不可能的，在电子合同中谈论要约的撤回没有意义。另一种观点认为，电子要约的撤回虽然非常困难，但并非绝无可能。在网络拥挤或服务器故障的情况下，数据电文可能延迟到达，使得撤回要约的通知可能更早地到达受要约人。此时，从尊重契约自由原则和维护法律的一致性出发，法律应承认要约人撤回要约的权利。这种观点综合考虑了电子交易的特殊性和法律对双方当事人权益的平等保护，较为科学。

要约的撤销，是指要约发生效力后，要约人取消要约的行为。"要约可以撤销。撤销要约的通知应当在受要约人发出承诺通知之前到达受要约人。"在线交易中，如果要约以电子邮件的方式发出，那么在受要约人回复之前是可以撤销的；如果当事人通过即时通信工具在网上协商，这与口头方式无异，要约人在受要约人作出承诺前可以撤销；如果当事人采用电子自动交易系统从事电子商务，承诺由交易系统自动回复，则要约人很难有机会撤销要约。

要约的失效，根据《民法典》第四百七十八条的规定："有下列情形之一的，要约失效：要约被拒绝；要约被依法撤销；承诺期限届满，受要约人未作出承诺；受要约人对要约的内容作出实质性变更。"

②电子合同中的承诺

a. 一般规定：承诺是受要约人同意要约的意思表示。承诺的法律意义在于，承诺生效，则合同成立。一项有效的承诺须具备以下构成要件：一是承诺必须由受要约人向要约人做出。二是承诺的内容必须与要约的内容相一致。三是承诺必须在要约有效期限内提出。

电子合同的成立，都是针对在网络上发出的电子合同要约而做出的。电子合同的承诺人既可以用电子邮件的形式做出承诺，也可以用点击的方式做出承诺。

b. 承诺的撤回：承诺的撤回是指受要约人在承诺生效之前将其取消的行为。"承诺可以撤回。撤回承诺的通知应当在承诺通知到达要约人之前或者与承诺通知同时到达要约人。"从理论上讲，电子合同关于要约撤回的规则当然适用于承诺的撤回，以数据电文发出的承诺可以撤回。在电子商务活动中，数据电文的传输可能遇到网络故障、信箱拥挤、停电断电、信息系统感染病毒等情况，因此受要约人撤回以数据电文行为发出的承诺的情形是存在的。

（2）电子合同的成立

《民法典》第四百九十一条规定："当事人采用信件、数据电文等形式订立合同要求签订确认书的，签订确认书时合同成立。当事人一方通过互联网等信息发布的商品或者服务信息符合要约条件的，对方选择该商品或者服务并提交订单成功时合同成立，但是当事人另有约定的除外。"

《电子商务法》第四十九条规定："电子商务经营者发布的商品或者服务信息符合要约条件的，用户选择该商品或者服务并提交订单成功，合同成立。当事人另有约定的，从其约定。"电子商务经营者不得以格式条款等方式约定消费者支付价款后合同不成立；格式条款等含有该内容的，其内容无效。

①符合要约条件

"电子商务经营者发布的商品或者服务信息符合要约条件的"，明确了合同成立的前提"符合要约条件"。根据《民法典》对要约的规定，电子商务经营者发布的商品或者服务信息内容明确，描述具体，信息发布者也表明受约束的意愿，才能符合要约条件。

②提交订单成功，合同成立

"用户选择该商品或者服务并提交订单成功，合同成立。"用户访问电子商务经营者使用自动信息系统发布的商品或者服务信息，并与之互动，提交订单，有理由相信此系统发布的信息是具有约束力的要约；相对人发出的订单应视为承诺，而使合同成立。

③当事人另有约定的，从其约定

如果电子商务经营者不愿受到信息发布的约束，需要与相对人"另有约定"，将有关的格式条款设置在自动信息系统中，使相对人选择该商品或者服务提交订单之前或者之时知晓经营者发布信息不受约束，仅为要约邀请的意图。当事人另有约定的，根据约定进行合同的订立。

（3）电子合同的生效

①当事人具有相应的民事行为能力

电子合同当事人在电子商务活动中推定其具有相应的民事行为能力，其意思表示真实，但是有

相反证据证明的除外。《电子商务法》第四十八条规定："电子商务当事人使用自动信息系统订立或者履行合同的行为对使用该系统的当事人具有法律效力。在电子商务中推定当事人具有相应的民事行为能力。但是，有相反证据足以推翻的除外。"

②意思表示真实

订约当事人双方的意思表示一致，合同即可成立，但只有当事人的意思表示是真实的，合同才能生效。意思表示真实是指行为人表现于外部的意思与其内在意志是一致的。在电子合同中，电子意思表示是否真实，同样也是判断电子合同是否有效的一个核心要件。电子意思表示真实是指利用资讯处理系统或者计算机而为真实意思表示的情形。电子意思表示的形式是多种多样的，包括但不限于电话、电报、电传、传真、电邮、EDI、因特网数据等，具体通过封闭型的 EDI 网络，局域网与因特网连接开放型的因特网或传统的电信进行电子交易信息的传输。

③不违反法律、行政法规的规定，不违背公序良俗

不违反法律和社会公共利益是指电子合同的内容合法。合同有效不仅要符合法律的规定，而且在合同的内容上不得违反社会公共利益。在我国，凡属于严重违反公共道德和善良风俗的合同，应当认定其无效。

④合同必须具备法律、行政法规规定合同生效的形式要件

法律对数据电文合同应给予书面合同的地位，无论意思表示方式是采用电子的、光学的，还是未来可能出现的其他新方式，一旦满足了功能上的要求，就应等同于法律上的"书面合同"文件，并承认其效力。

【案例赏析】网络刷单交易不获保护

（4）电子合同的履行

合同的履行是指合同债务人按照合同的约定或者法律的规定，全面、适当地完成合同义务，使债权人的合同债权得到完全实现。

①电子合同履行的原则

a. 全面履行原则：《民法典》第五百零九条第一款规定："当事人应当按照约定全面履行自己的义务。"确立了全面履行原则。例如，履行的主体是合同确定的主体，履行的时间地点恰当，履行的方式合理等。对于电子合同而言，如果是离线交付，债务人必须依约发货或者由债权人自提；如果是在线交付，交付方应给予对方合理检验的机会，应保证交付标的的质量。

b. 诚实信用原则：《民法典》第五百零九条第二款规定："当事人应当遵循诚实信用原则，根据合同的性质、目的和交易习惯履行通知、协助、保密等义务。"

c. 协作履行原则：协作履行原则是指当事人不仅应适当履行自己的合同债务，而且应基于诚实信用原则要求对方协助其完成履行。在电子合同履行中，为便于债务人发货，要求债权人告知其地址和身份信息，债权人不得拒绝；在线交付信息产品的，债权人应使其信息系统处于开放、适于接受的状态；在线收集的当事人的有关资料不得非法利用等。

d. 绿色原则：《民法典》第五百零九条第三款规定："当事人在履行合同过程中，应当避免浪费资源、污染环境、破坏生态。"

②电子合同标的的交付时间与方式

《电子商务法》第五十一条规定了交付时间的认定标准："合同标的为交付商品并采用快递物流方式交付的，收货人签收时间为交付时间。合同标的为提供服务的，生成的电子凭证或者实物凭证中载明的时间为交付时间；前述凭证没有载明时间或者载明时间与实际提供服务时间不一致的，实际提供服务的时间为交付时间。合同标的为采用在线传输方式交付的，合同标的进入对方当事人指定的特定系统并且能够检索识别的时间为交付时间。合同当事人对交付方式、交付时间另有约定的，从其约定。"

【案例赏析】标注"签收则默认完好无损"，卖家不必然免责

a. 交付商品：合同标的为交付商品并采用快递物流方式交付的，收货人签收时间为交付时间。其中，"合同标的为交付商品并采用快递物流方式交付的"符合电子商务销售商品的实际情况。消费者通过电子商务平台购买实物商品大多都是通过快递物流方式实现商品的交付。"收货人"可以是电子商务合同的买方，也可以是合同约定的接受交付的其他主体。"签收时间为交付时间"，即收货人签收货物即产生合同义务履行、商品所有权与风险转移等法律效力。

b. 提供服务：合同标的为提供服务的，生成的电子凭证或者实物凭证中载明的时间为交付时间；前述凭证没有载明时间或者载明时间与实际提供服务时间不一致的，实际提供服务的时间为交付时间。

c. 数字产品：电子商务合同的交易标的为数字产品（如著作权、商标权、专利权等知识产权，数据、网络等信息产品）的，合同交付义务通常以在线传输的方式履行。在线履行电子商务合同义务的，标的物交付时间的判断标准，直接关系到合同当事人权利、义务与责任的认定。在线传输形式交付合同标的物的时间为"合同标的进入对方当事人指定的特定系统并且能够检索识别的时间为交付时间"。

d. 合同当事人约定方式交付：

不论电子商务合同的标的为商品、服务还是采用在线传输方式交付标的，合同当事人对交付方式、交付时间另有约定的，从其约定。

思政园地

网络贸易的发展，离不开电子合同的订立与履行。而电子合同的订立与履行，要求各电子商务经营主体自觉遵守契约精神，恪守诚信原则，践行社会主义核心价值观，以诚实守信为荣。

（5）电子合同的违约责任

违约责任是指当事人不履行合同或者履行合同不符合合同约定而依法应当承担的民事责任。违约责任是一种民事责任，因当事人违反电子合同义务而产生，主要表现为财产责任。违约责任制度是电子合同具有法律约束力的集中体现，它对于保障电子合同履行、确保市场经济秩序的正常运行具有重要的作用。

①违约责任的承担形式

a. 继续履行：是指在当事人一方不履行电子合同义务或者履行电子合同义务不符合约定时，另一方有权要求其依据合同约定继续履行。

当事人一方不履行债务或者履行债务不符合约定，根据债务的性质不得强制履行的，对方可以请求其负担由第三人替代履行的费用。

b. 采取补救措施：履行不符合约定的，应当按照当事人的约定承担违约责任。对于非金钱债务，如果债务人履行不符合约定，应当承担的违约责任主要是采取补救措施。如果在合同中对因履行不符合约定承担违约责任没有约定或者约定不明确的，应当采取如下办法进行确定：一是合同当事人就质量、价款或者报酬、履行地点等内容的违约责任没有约定或者约定不明确的，可以协议补充，不能达成补充协议的，按照合同的有关条款、合同的性质、目的或者交易习惯确定采取补救措施。二是受损害方根据标的的性质以及损失的大小，合理选择应当采取的补救措施。

根据上述办法仍不能确定的，受损害方根据标的的性质以及损失的大小，可以合理选择请求对方承担：修理、重作、更换；减少价款或者报酬；退货。

c. 赔偿损失：赔偿损失，是指电子合同一方当事人因违约给对方造成损失的，依法或依约应承担的赔偿责任。赔偿损失可以和补救措施并存，即当事人一方不履行合同义务或者履行合同义务不符合约定的，在履行义务或者采取补救措施后，对方还有其他损失的，应当赔偿损失。

d. 支付违约金：违约金是指电子合同当事人在合同中约定的，在合同债务人不履行或不适当履

行合同义务时，向对方当事人支付的一定数额的金钱。

当事人可以约定一方违约时应当根据违约情况向对方支付一定数额的违约金，也可以约定因违约产生的损失赔偿额的计算方法。

e. 履行定金罚则：电子合同当事人可以约定一方向对方给付定金作为债权的担保。定金合同自实际交付定金时成立。定金的数额由当事人约定；但是，不得超过主合同标的额的20%，超过部分不产生定金的效力。债务人履行债务的，定金应当抵作价款或者收回。给付定金的一方不履行债务或者履行债务不符合约定，致使不能实现合同目的的，无权请求返还定金；收受定金的一方不履行债务或者履行债务不符合约定，致使不能实现合同目的的，应当双倍返还定金。

当事人既约定违约金，又约定定金的，一方违约时，对方可以选择适用违约金或者定金条款。定金不足以弥补一方违约造成的损失的，对方可以请求赔偿超过定金数额的损失。

②违约责任的免责事由

合同违约的免责事由包括不可抗力、约定免责、债权人过错和法律的特殊规定等。电子商务环境中不可避免地存在网络故障、病毒感染、黑客攻击等问题，这些因素是否构成不可抗力要依具体情况来考察。

不可抗力是指不能预见、不能避免并且不能克服的客观情况。当不可抗力致使物品灭失或者给付不能时，债务人可被免责；当不可抗力致使合同部分不能履行或迟延履行时，则免除部分责任或延迟履行责任。在电子商务环境中，下列情形可认定为不可抗力。

a. 文件感染病毒：如果许可方采取了合理与必要的措施防止文件遭受攻击，如在给自己的信息系统安装了符合标准或业界认可的安全设施、防火墙，安全人员尽职工作的情形下，仍然感染病毒，造成合同无法履行，应认定为不可抗力，许可方因此不能履行合同的，可以免责。当然，这并不排除许可方返还对方价款的义务。

b. 非因自己原因造成的网络中断：网络传输中断可因传输线路的物理损害引起，也可由病毒或攻击造成，如2006年年底我国台湾地区的地震导致海底电缆损坏，中国与国外绝大部分网络连接不畅，造成文件无法传输、国外电子邮箱服务无法使用等。当事人对此无法预见和控制，应属不可抗力。

③非因自己原因造成的电子错误

例如，消费者通过网络支付平台向商家付款，但由于信息系统的错误未能将价款转移到商家账户。

约定免责是指当事人在合同中约定的，旨在限制或免除其将来可能发生的违约责任的条款。在法律对网络中断、病毒感染、电子错误等问题做出明确规定的情形下，免责条款是当今电子商家、互联网服务商降低法律风险的最有效手段之一。当然，免责条款的约定不得违反法律和社会公共利益，不得排除当事人的基本义务或排除故意或重大过失责任。

3.2.2　电子商务中知识产权保护的法律问题

（1）电子商务知识产权

①电子商务知识产权定义

计算机网络技术和数字技术的广泛应用，使人们的智能和计算机的高速运行能力汇集和融合起来，创造了新的社会生产力，产生了电子商务这种商业模式。电子商务全方位地满足了人们的社会交往、购物、学习、消费、医疗等各种需要。电子商务在为人们带来谈判、签约、订购商品等便利的同时，也必然带来知识产权问题。例如，在著作权领域，Internet技术给著作权保护的客体、著作权权利内涵提出的新挑战；在专利领域，专利发明的性质在网络时代发生了巨大变化，Internet上专利的电子申请方式成为新的法律问题；在商标领域，"Internet"中的"域名"和商标的关系，国际上商标和"域名"的保护和侵权等。一方面，知识产权权利人非常关心其知识产权有没有被侵犯；另一方面，知识产权的受让人、使用人也迫切地想了解其获得的知识产权是否可靠、是否构成侵权。

电子商务知识产权主要是指网络环境下的知识产权，即网络知识产权，就是由数字网络发展引起的或与其相关的各种知识产权。在传统概念中，著作权包括版权和邻接权，工业产权包括专利、商标、商号等。而网络知识产权除了传统知识产权的内涵外，还包括数据库、计算机软件、多媒体、网络域名、数字化作品、电子版权等，外延扩大了很多。

网络信息资源量大、数字化、网络化、更新快等特征决定了网络知识产权具有与传统知识产权完全不同的特点。知识产权最突出的特点之一就是它的"专有性"，而网络上的信息则是公开的、公用的，很难受到严格的控制。"地域性"是知识产权的又一特点，而网络传输的特点则是"无国界性"。

电子商务知识产权主要包括著作权、商标权、域名、专利权等方面的内容。

②电子商务经营主体保护知识产权义务

a. 电子商务经营主体应当依法保护知识产权，建立知识产权保护规则。电子商务第三方平台明知平台内电子商务经营者侵犯知识产权的，应当依法采取删除、屏蔽、断开链接、终止交易和服务等必要措施。

b. 电子商务第三方平台接到知识产权权利人发出的平台内经营者实施知识产权侵权行为通知的，应当及时将该通知转送平台内经营者，并依法采取必要措施。知识产权权利人因通知错误给平台内经营者造成损失的，依法承担民事责任。

平台内经营者接到转送的通知后，向电子商务第三方平台提交声明保证不存在侵权行为的，电子商务第三方平台应当及时终止所采取的措施，将该经营者的声明转送发出通知的知识产权权利人，并告知该权利人可以向有关行政部门投诉或者向人民法院起诉。

电子商务第三方平台应当及时公示收到的通知、声明及处理结果。

（2）电子商务著作权法律保护

电子商务著作权保护的法律依据主要是 1990 年 9 月 7 日通过，2001 年 9 月 27 日第一次修正，2010 年第二次修正，2020 年 11 月 11 日第三次修正的《中华人民共和国著作权法》（以下简称《著作权法》）。

①网络作品享有著作权

著作权保护的对象是作品。传统上的作品是以文字为主要表现形式，而在网络时代，大量的作品凭借或者通过计算机网络完成，即网络作品。网络作品通过计算机技术使其数字化，无论是文学作品，还是影视、音乐作品，在互联网中都可以作为信息流通，但作品数字化只是作品的新的表现形式，并不能改变作者对其创作的作品享有的著作权。因此，以各种形式表现出来的网络作品可以依照《著作权法》的规定享有著作权。

②作品享有网络传播权

按照《著作权法》的规定，作者对其作品享有信息网络传播权。在网络环境下，作者享有将其作品通过网络进行传播并获取收益的权利，享有禁止他人未经其许可而将其作品利用网络进行传播、侵害其著作权的行为，任何人未经许可将他人的作品上网传播，是对著作权人合法权益的侵犯。

③网上作品的侵权形式

网络给作品提供了短时间内迅速、大范围传播的途径，也为作品侵权提供了巨大的空间。网络作品的著作权所有人最担心的是作品未经其许可被自由下载，并得不到任何报酬。作品一旦上网，著作权所有人很难控制作品的非法下载。作者能控制作品首次进入数据库并得到应有的报酬，但如果有人将作品再次在网上公开，就可能被人任意下载，令著作权所有人对作品完全失去控制，而网络作品又是在全球范围内传播的，所以对著作权所有人造成的损失有可能是巨大的。

网上作品的侵权行为主要有以下几种表现形式。

a. 利用他人享有著作权的作品在网上盈利。

b. 利用电子公告板。互联网上有许多分类专题供大家自由上传文字、图片、游戏、音乐等内容的电子公告板，人们可以从公告板上下载自己喜欢的内容。侵权者将作品上传到网站的电子公告板上，是一种侵权行为。

c. 利用电子邮件传播受《著作权法》保护的作品。互联网提供了一种高效快捷的通信工具，用电子邮件给一个人发邮件和向一万个人发邮件在时间上和操作上是完全一样的。有些音乐迷和体育迷的团体，利用互联网互相传递交换热门的音乐和体育图片、游戏等软件；有人利用他人的作品建立起数据库，其他人可以利用网上的 FTR（文件传输协议）文件传输功能，从数据库中取走作品文件。

d. 建立个人网站公开发布他人享有著作权的作品。有些电脑发烧友和流行音乐迷热衷于建立专门供人下载和交换热门软件或时下流行歌曲的"酷站"，在"同行"圈子中显示资源的丰富，由于这类团体中的人数众多，使著作权人的损失很大。

④计算机软件的保护

计算机软件是指计算机程序及其有关文档。它是人类脑力劳动的智力成果，具有极高的社会价值和经济价值，又具有易复制、易改编的特点，往往成为不法盗版和篡改利用的对象。我国《著作权法》将计算机软件列入《著作权法》保护的作品范围，同时鉴于计算机软件的特殊性，《著作权法》明确规定计算机软件的保护办法由国务院另行规定。据此，国务院发布计算机软件法律保护的基本依据是《计算机软件保护条例》。

计算机软件著作权归属于软件的开发者。软件著作权自软件开发完成之日起产生。自然人的软件著作权，保护期为自然人终生及其死亡后50年，截止于自然人死亡后第50年的12月31日；软件是合作开发的，截止于最后死亡的自然人死亡后第50年的12月31日。法人或者其他组织的软件著作权，保护期为50年，截止于软件首次发表后第50年的12月31日，但软件自开发完成之日起50年内未发表的，本条例不再保护。计算机软件著作权的侵权行为及法律责任如下。《计算机软件保护条例》第二十三条规定，除《中华人民共和国著作权法》或者本条例另有规定外，有下列侵权行为的，应当根据情况，承担停止侵害、消除影响、赔礼道歉、赔偿损失等民事责任：

未经软件著作权人许可，发表或者登记其软件的；

将他人软件作为自己的软件发表或者登记的；

未经合作者许可，将与他人合作开发的软件作为自己单独完成的软件发表或者登记的；

在他人软件上署名或者更改他人软件上的署名的；

未经软件著作权人许可，修改、翻译其软件的；

其他侵犯软件著作权的行为。

《计算机软件保护条例》第二十四条规定，除《中华人民共和国著作权法》、本条例或者其他法律、行政法规另有规定外，未经软件著作权人许可，有下列侵权行为的，应当根据情况，承担停止侵害、消除影响、赔礼道歉、赔偿损失等民事责任；同时损害社会公共利益的，由著作权行政管理部门责令停止侵权行为，没收违法所得，没收、销毁侵权复制品，可以并处罚款；情节严重的，著作权行政管理部门可以没收主要用于制作侵权复制品的材料、工具、设备等；触犯刑律的，依照刑法关于侵犯著作权罪、销售侵权复制品罪的规定，依法追究刑事责任：

复制或者部分复制著作权人的软件的；

向公众发行、出租、通过信息网络传播著作权人的软件的；

故意避开或者破坏著作权人为保护其软件著作权而采取的技术措施的；

故意删除或者改变软件权利管理电子信息的；

转让或者许可他人行使著作权人的软件著作权的。

有前款第一项或者第二项行为的，可以并处每件 100 元或者货值金额 1 倍以上 5 倍以下的罚款；有前款第三项、第四项或者第五项行为的，可以并处 20 万元以下的罚款。

（3）电子商务商标权法律保护

商标是指商品的生产经营者或者服务的提供者为区别同类商品和服务项目而置于其商品或服务项目中的商品标记和服务标记。电子商务活动与商标有密切的关系，电子商务的发展也为商标法律保护带来了新的问题。电子商务商标权保护的法律依据主要是 1982 年通过的，经 1993 年、2001 年、2013 年、2019 年四次修正的《中华人民共和国商标法》（以下简称《商标法》）。2019 年修正的《商标法》自 2019 年 11 月 1 日起施行。

①电子商务中的商标权

在电子商务活动中，不可避免地会涉及注册商标的使用与注册商标的侵权。

a. 电子商务注册商标使用。电子商务经营主体提供的商品和服务在进入市场时需要将自己的商品和服务与他人提供的商品和服务区别开来，即电子商务经营主体需要有自己的商品商标和服务商标。例如提供网络服务的经营主体搜狐、网易等，提供网络交易平台的阿里巴巴，以及数量庞大的网上经营主体，在提供商品和服务时就会产生自己的商标专用权。电子商务经营主体在从事商品贸易、服务提供、广告宣传等电子商务商业活动中，也会涉及对他人商标权的使用。

b. 电子商务注册商标侵权。《商标法》第五十七条规定，有下列行为之一的，均属侵犯注册商标专用权：

未经商标注册人的许可，在同一种商品上使用与其注册商标相同的商标的；

未经商标注册人的许可，在同一种商品上使用与其注册商标近似的商标，或者在类似商品上使用与其注册商标相同或者近似的商标，容易导致混淆的；

销售侵犯注册商标专用权的商品的；

伪造、擅自制造他人注册商标标识或者销售伪造、擅自制造的注册商标标识的；

未经商标注册人同意，更换其注册商标并将该更换商标的商品又投入市场的；

故意为侵犯他人商标专用权行为提供便利条件，帮助他人实施侵犯商标专用权行为的；

给他人的注册商标专用权造成其他损害的。

电子商务经营主体除了自身商标权的使用外，还涉及对他人商标权的使用，如果电子商务主体擅自使用他人注册商标、在相同或类似的商品或服务上使用了与他人相同或相近似的商标，都有可能使自己成为商标侵权的主体。

电子商务有别于传统的商业模式，在电子商务活动中，产生了一些新的商标侵权形式，对商标权的保护提出了新的问题。传统商标的侵权形式是存在现实的表现形式，无论认定还是查处都比较好查找证据。但电子商务是利用网络完成交易，商标侵权的形式更加多样与复杂。电子商务中商标侵权形式的表现有网页上的商标标记侵权、网络链接上的商标侵权、网络搜索引擎上的隐形商标侵权、将商标作为域名侵权、用商标图形作为网页装潢侵权等。

②电子商务商标权保护

注册商标的有限期为 10 年，自核准注册之日起计算。注册商标专用权的保护范围，以核准注册的商标和核定使用的商品为限。

因网络的开放性，使得电子商务商标侵权行为的实施简单易行，商标争议的解决难度很大，被侵权人不易察觉，侵权人身份较难确定，证据难以获取，但是网上商标侵权行为的损害后果比传统商标侵权更为严重，侵权损害范围更广，可以跨国界、跨行业，不良影响持续时间更长，对商标权人的商业信誉损害后果严重。因此，迫切需要解决电子商务中商标权保护问题。除加强对互联网的管理，提高广大电子商务经营主体对网上知识产权的重要性认识外，还需要尽快完善相关的法律法规，加强执法力度，切实保护商标权，加强电子商务中商标的行政保护措施。

【案例赏析】注册商标
侵权保护

57

（4）电子商务专利权法律保护

专利权是指一项发明创造，由申请人向国家专利审批机关提出专利申请，经国家专利审批机关依法审查核准后，向专利申请人授予的、在规定的时间内对该项发明创造享有的专有权。电子商务专利权保护的法律依据主要是 1984 年通过的，经 1992 年、2000 年、2008 年、2020 年四次修正的《中华人民共和国专利法》（以下简称《专利法》）。《专利法》保护的对象就是发明创造，即发明、实用新型和外观设计。

①电子商务中的专利权

a. 电子商务专利的开发和利用。电子商务经营主体在从事各类经营活动、参与市场竞争的过程中，不可避免地会涉及自身专利技术的开发和利用。一方面，随着竞争的加剧，知识产权成为企业核心的竞争力，电子商务经营主体自身的专利技术开发和利用也会更加突出。因此，专利技术开发和利用成为电子商务经营主体重要的活动内容，电子商务活动与专利技术、专利权的关系将日益密切。另一方面，电子商务经营主体为节约开发成本，可以通过专利受让和专利许可的方式取得专利权或者专利技术的使用权，成为电子商务经营主体和电子商务活动涉及专利权的一种方式。

b. 电子商务专利侵权。在对他人的专利技术、专利方法的应用过程中，电子商务经营主体可能会侵犯他人的专利权，成为专利权的侵权主体。例如，非法实施专利，即未经专利权人的许可而使用权利人的专利技术、专利方法的行为；假冒专利的行为，就是侵犯他人专利权的行为。

②电子商务专利权保护

电子商务专利权的保护范围。《专利法》第六十四条规定："发明或者实用新型专利权的保护范围以其权利要求的内容为准，说明书及附图可以用于解释权利要求的内容。外观设计专利权的保护范围以表示在图片或者照片中的该产品的外观设计为准，简要说明可以用于解释图片或者照片所表示的该产品的外观设计。"

《专利法》第四十二条规定："发明专利权的期限为 20 年，实用新型专利权的期限为 10 年，外观设计专利权的期限为 15 年，均自申请之日起计算。"

思政园地

通过电子商务知识产权保护的学习和掌握，树立应对知识产权侵权行为意识，培养知识产权创新精神。

3.2.3　电子商务不正当竞争的法律问题

（1）不正当竞争行为的法律规制

为保障社会主义市场经济的健康发展，鼓励和保护公平竞争，保护经营者和消费者的合法权益，1993 年 9 月 2 日八届人大常委会第三次会议通过了《中华人民共和国反不正当竞争法》（以下简称《反不正当竞争法》），该法于 2017 年、2019 年两次修正。

不正当竞争是指经营者在生产经营活动中，违反《反不正当竞争法》规定，扰乱市场竞争秩序，损害其他经营者或者消费者的合法权益的行为。

（2）不正当竞争行为的类型

①混淆行为

混淆行为是指经营者采取欺骗手段从事交易，使自己的商品或者服务与竞争对手的商品或者服务相混淆，造成或者足以造成购买者误认、误购的不正当竞争行为。《反不正当竞争法》第六条规定，经营者不得实施下列混淆行为，使人误认为是他人商品或者与他人存在特定联系：

擅自使用与他人有一定影响的商品名称、包装、装潢等相同或者近似的标识；

擅自使用他人有一定影响的企业名称（包括简称、字号等）、社会组织名称（包括简称等）、姓名（包括笔名、艺名、译名等）；

擅自使用他人有一定影响的域名主体部分、网站名称、网页等；

其他足以引人误认为是他人商品或者与他人存在特定联系的混淆行为。

②商业贿赂行为

商业贿赂行为是指经营者为推销购买商品采用财物或者其他手段行贿受贿来获取交易机会或者商业优势的行为。《反不正当竞争法》第七条规定，经营者不得采用财物或者其他手段贿赂下列单位或者个人，以谋取交易机会或者竞争优势：

【案例赏析】商业贿赂案

交易相对方的工作人员；

受交易相对方委托办理相关事务的单位或者个人；

利用职权或者影响力影响交易的单位或者个人。

经营者在交易活动中，可以以明示方式向交易相对方支付折扣，或者向中间人支付佣金。经营者向交易相对方支付折扣、向中间人支付佣金的，应当如实入账。接受折扣、佣金的经营者也应当如实入账。经营者的工作人员进行贿赂的，应当认定为经营者的行为；但是，经营者有证据证明该工作人员的行为与为经营者谋取交易机会或者竞争优势无关的除外。

③虚假宣传、虚假交易行为

虚假广告宣传行为是指经营者利用广告或者其他方法，对商品的质量、制作成分、性能、用途、生产者、有效期限、产地等做引人误解的虚假宣传，诱发消费者产生误购的行为。《反不正当竞争法》第八条规定："经营者不得对其商品的性能、功能、质量、销售状况、用户评价、曾获荣誉等作虚假或者引人误解的商业宣传，欺骗、误导消费者。经营者不得通过组织虚假交易等方式，帮助其他经营者进行虚假或者引人误解的商业宣传。"《电子商务法》第十七条规定："电子商务经营者应当全面、真实、准确、及时地披露商品或者服务信息，保障消费者的知情权和选择权。电子商务经营者不得以虚构交易、编造用户评价等方式进行虚假或者引人误解的商业宣传，欺骗、误导消费者。"即禁止刷单与炒信。

【案例赏析】禁止刷单行为

④侵犯商业秘密行为

商业秘密是指不为公众所知悉、具有商业价值并经权利人采取相应保密措施的技术信息、经营信息等商业信息。例如设计、程序、产品配方、制作工艺、制作方法、客户名单、产品策略、招投标中的标底及标书内容等技术信息、经营信息。商业秘密具有新颖性、秘密性、价值性和实用性等特点。

《反不正当竞争法》第九条规定，经营者不得实施下列侵犯商业秘密的行为：

以盗窃、贿赂、欺诈、胁迫、电子侵入或者其他不正当手段获取权利人的商业秘密；

披露、使用或者允许他人使用以前项手段获取的权利人的商业秘密；

违反保密义务或者违反权利人有关保守商业秘密的要求，披露、使用或者允许他人使用其所掌握的商业秘密；

教唆、引诱、帮助他人违反保密义务或者违反权利人有关保守商业秘密的要求，获取、披露、使用或者允许他人使用权利人的商业秘密。

经营者以外的其他自然人、法人和非法人组织实施前款所列违法行为的，视为侵犯商业秘密。

第三人明知或者应知商业秘密权利人的员工、前员工或者其他单位、个人实施侵犯商业秘密违法行为，仍获取、披露、使用或者允许他人使用该商业秘密的，视为侵犯商业秘密。

⑤不正当有奖销售行为

不正当有奖销售行为是指经营者违反法律规定而进行的不正当的有奖销售行为。《反不正当竞争法》第十条规定，经营者进行有奖销售不得存在下列情形：

所设奖的种类、兑奖条件、奖金金额或者奖品等有奖销售信息不明确，影响兑奖；

采用谎称有奖或者故意让内定人员中奖的欺骗方式进行有奖销售；

抽奖式的有奖销售，最高奖的金额超过 5 万元。

⑥商业诽谤行为

商业诽谤行为是指经营者编造、传播虚假信息或者误导性信息，损害竞争对手的商业信誉、商品声誉的行为。商业信誉和商业声誉往往是经过经营者的长期努力取得的，诋毁竞争对手的商业信誉和商业声誉行为是对其他经营者的不正当竞争行为。商业诽谤的特点：散布内容凭空编造，是虚假不实的信息，如果是真实客观信息，则不构成诽谤。将编造虚伪信息以各种方式散布，如利用虚假广告贬低他人商业信誉和商业声誉，利用新闻发布会、广播电视散布不实消息，伪装投诉，达到诋毁商业信誉的目的。诋毁对象是竞争对手，特别是同业竞争对手。

⑦利用技术手段实施不正当竞争行为

《反不正当竞争法》第十二条规定，经营者利用网络从事生产经营活动，应当遵守反不正当竞争法的各项规定。经营者不得利用技术手段，通过影响用户选择或者其他方式，实施下列妨碍、破坏其他经营者合法提供的网络产品或者服务正常运行的行为：

未经其他经营者同意，在其合法提供的网络产品或者服务中，插入链接、强制进行目标跳转；

误导、欺骗、强迫用户修改、关闭、卸载其他经营者合法提供的网络产品或者服务；

恶意对其他经营者合法提供的网络产品或者服务实施不兼容；

其他妨碍、破坏其他经营者合法提供的网络产品或者服务正常运行的行为。

（3）不正当竞争行为的法律责任

不正当竞争行为的法律责任包括民事责任、行政责任和刑事责任。

①民事责任

民事责任主要是民事损害赔偿责任。经营者违反《反不正当竞争法》规定，给他人造成损害的，应当依法承担民事责任，即损害赔偿责任。经营者的合法权益受到不正当竞争行为损害的，可以向人民法院提起诉讼。因不正当竞争行为受到损害的经营者的赔偿数额，按照其因被侵权所受到的实际损失确定；实际损失难以计算的，按照侵权人因侵权所获得的利益确定。赔偿数额还应当包括经营者为制止侵权行为所支付的合理开支。

经营者恶意实施侵犯商业秘密行为，情节严重的，可以在按照上述方法确定数额的 1 倍以上 5 倍以下确定赔偿数额。

经营者实施混淆行为或者侵犯商业秘密行为，权利人因被侵权所受到的实际损失、侵权人因侵权所获得的利益难以确定的，由人民法院根据侵权行为的情节判决给予权利人 500 万元以下的赔偿。

②行政责任

对实施不正当竞争行为的经营者，由工商行政管理部门或者法律、行政法规规定的其他监督检查部门进行行政处罚。

a. 经营者实施混淆行为的，由监督检查部门责令停止违法行为，没收违法商品。违法经营额 5 万元以上的，可以并处以违法经营额 5 倍以下的罚款；没有违法经营额或者违法经营额不足 5 万元的，可以并处以 25 万元以下的罚款。情节严重的，吊销营业执照。经营者登记的企业名称违反《反不正当竞争法》第六条规定的，应当及时办理名称变更登记；名称变更前，由原企业登记机关以统一社会信用代码代替其名称。

b. 经营者在市场交易中采用财物或者其他手段贿赂他人的，由监督检查部门没收违法所得，处10 万元以上 300 万元以下的罚款。情节严重的，吊销营业执照。

c. 经营者对其商品作虚假或者引人误解的商业宣传，或者通过组织虚假交易等方式帮助其他经营者进行虚假或者引人误解的商业宣传的，由监督检查部门责令停止违法行为，处 20 万元以上 100 万元以下的罚款；情节严重的，处 100 万元以上 200 万元以下的罚款，可以吊销营业执照。属于发布虚假广告的，依照《中华人民共和国广告法》的规定处罚。

d. 经营者以及其他自然人、法人和非法人组织侵犯他人商业秘密的，由监督检查部门责令停止违法行为，没收违法所得，处 10 万元以上 100 万元以下的罚款；情节严重的，处 50 万元以上 500 万元以下的罚款。

e. 经营者违法进行有奖销售的，由监督检查部门责令停止违法行为，处 5 万元以上 50 万元以下的罚款。

f. 经营者违法损害竞争对手商业信誉、商品声誉的，由监督检查部门责令停止违法行为、消除影响，处 10 万元以上 50 万元以下的罚款；情节严重的，处 50 万元以上 300 万元以下的罚款。

g. 经营者违法妨碍、破坏其他经营者合法提供的网络产品或者服务正常运行的，由监督检查部门责令停止违法行为，处 10 万元以上 50 万元以下的罚款；情节严重的，处 50 万元以上 300 万元以下的罚款。

h. 经营者违法从事不正当竞争，有主动消除或者减轻违法行为危害后果等法定情形的，依法从轻或者减轻行政处罚；违法行为轻微并及时纠正，没有造成危害后果的，不予行政处罚。妨害监督检查部门依照本法履行职责，拒绝、阻碍调查的，由监督检查部门责令改正，对个人可以处 5 000 元以下的罚款，对单位可以处 5 万元以下的罚款，并可以由公安机关依法给予治安管理处罚。

③刑事责任

经营者违反《反不正当竞争法》规定，构成犯罪的，依法追究刑事责任。

思政园地

通过电子商务不正当竞争行为的分析，树立正确的竞争意识，合法合规地参与市场竞争活动，自觉避免网络刷单、炒信行为。

3.2.4　电子商务消费者权益保护的法律问题

（1）电子商务中消费者权益保护法律规制

《中华人民共和国消费者权益保护法》（以下简称《消费者权益保护法》）第二条规定："消费者为生活消费需要购买、使用商品或者接受服务，其权益受本法保护；本法未作规定的，受其他有关法律、法规保护。"因此，我国立法中的"消费者"主要是指为生活消费需要而购买、使用商品或者接受服务的人。消费者权益是指消费者在有偿获得商品或者服务时，及在以后的一定时期内依法享有的权益。《消费者权益保护法》规定了消费者依法享有安全权、知情权、公平交易权、求偿权、结社权、获得相关知识权、获得尊重权、监督权等九项权利，并同时规定了经营者、国家和社会负有保障消费者权益得以实现的义务。

《电子商务法》的颁布实施，意味着电子商务发展走上法治化轨道，该法规定了一系列关于消费者权益保护的法律条文。另外，《中华人民共和国个人信息保护法》《中华人民共和国数据安全法》等法律法规也对消费者权益保护提供来了法律依据。

（2）电子商务中消费者权益保护面临的问题

电子商务中消费者权益保护主要面临七类常见问题，其中包括六类常见的侵犯消费者权益的问题（如表 3-1 所示）与损害赔偿权难以实现的问题。

表3-1　消费者权益面临的问题

面临问题	权利种类				
	知情权	人身安全权	财产安全权	自主选择权	公平交易权
网络消费欺诈问题	√	√	√		
网络虚假广告问题	√				√
网络消费合同履行问题		√			√
网络格式合同问题				√	√
网络支付安全问题			√		
网络隐私权保护问题		√			

①网络消费欺诈问题

网络消费欺诈是指经营者以非法占有为目的，在网络上实施的利用虚构的商品和服务信息或其他不正当手段欺骗、误导消费者，使消费者合法权益受到损害的行为。网络消费欺诈常见的手段有低价陷阱套取货款、空头承诺骗取订金、销售虚假商品等。网络环境下，在销售商品或提供服务时，经营者对消费者无告知销售动机的义务，消费者只是凭借经验和习惯对经营者的销售动机进行主观判断，消费者很难判定经营者是真实销售商品还是借销售商品之名实施欺诈。

②网络虚假广告问题

网络虚假广告是指经营者为达到引诱消费者购买商品或接受服务的目的而发布的关于其商品或服务的不真实的信息内容，如夸大产品性能和功效、虚假价格、虚假服务信息等。网络广告是消费者购物的主要依据，因网络广告的特殊性，相关部门难以进行审查和监督，而消费者很难判别广告信息的真实性和可靠性，其知情权和公平交易权大打折扣。如果消费者因误信网络虚假广告而购买了假冒、伪劣商品，消费者的合法权益就会受到侵害。

③网络消费合同履行问题

网络消费合同在履行中会出现延迟履行、瑕疵履行、售后服务无法保证等不适当履行的情形，损害消费者的利益。

④网络格式合同问题

网络消费类合同普遍采用的是格式合同形式，大多数交易条款和服务条款是由经营者事先拟订好，消费者一般只能接受或拒绝。消费者在网络交易中经常遇到的格式合同是点击合同，即消费者按照网页的提示，通过双击经营者网站的"同意"或"接受"按钮所订立的合同。还有一种格式合同是浏览包装合同，即经营者作为合同的一方在合同中约定，访问者一旦浏览其网站主页便与该经营者成立了合同。这些格式合同中经常会包含有免除经营者责任或加重消费者责任的条款，如"因网站或网站个别工作人员的过失造成消费者个人资料的丢失或泄露，网站不负责任""用户同意保障和维护网站及其他用户的利益，如因用户违反有关法律、法规或本协议下的任何条款而给网站或任何其他第三人造成损失，用户同意承担由此造成的损害赔偿责任"等，这些条款往往很难被消费者察觉。

⑤网络支付安全问题

网络交易是一种非即时清结交易，通常由消费者通过信用卡或其他支付手段付款，经营者收到货款后才发货或提供服务，这有别于线下交易中即时清结的消费交易。但基于我国金融服务水平和电子化程度限制，网上支付的安全往往难以得到保障。网络的开放性增加了消费者财产遭受侵害的风险。

⑥网络隐私权保护问题

网络消费中，大量的私人信息和数据等被信息服务系统收集、储存、传输，消费者的隐私权不可避免地受到威胁，如网络经营者为追求利润和利益使用、买卖消费者个人信息，银行的过错行为或黑客侵犯导致的个人信用卡信息被盗或丢失，大量垃圾邮件的骚扰等。

⑦损害赔偿权难以实现问题

消费者的损害赔偿权的实现是以消费者的其他权利遭受侵犯为前提。网络的特性和相关法律的空白使网络经营者和消费者之间产生大量的纠纷，当消费者发现自己的权益遭受侵害后，因无法得知经营者的真实身份或经营者处于其他地区而无法或不便寻求救济。而且过高的诉讼成本、举证的困难性、网络交易纠纷的管辖权与法律适用的不确定性也容易导致消费者放弃救济权。

（3）电子商务中消费者权益保护

①电子商务中消费者知情权保护

电子商务中消费者知情权主要表现消费者有权了解各类与消费相关的信息，包括经营者信息、商品或服务信息、交易信息。

《消费者权益保护法》第八条规定："消费者享有知悉其购买、使用的商品或者接受的服务的真实情况的权利。消费者有权根据商品或者服务的不同情况，要求经营者提供商品的价格、产地、生产者、用途、性能、规格、等级、主要成分、生产日期、有效期限、检验合格证明、使用方法说明书、售后服务，或者服务的内容、规格、费用等有关情况。"

《消费者权益保护法》第二十条规定："经营者向消费者提供有关商品或者服务的质量、性能、用途、有效期限等信息，应当真实、全面，不得作虚假或者引人误解的宣传。经营者对消费者就其提供的商品或者服务的质量和使用方法等问题提出的询问，应当作出真实、明确的答复。经营者提供商品或者服务应当明码标价。"

《消费者权益保护法》第四十五条规定了经营者侵犯消费者合法权益应承担的法律责任。

《电子商务法》第十七条规定："电子商务经营者应当全面、真实、准确、及时地披露商品或者服务信息，保障消费者的知情权和选择权。电子商务经营者不得以虚构交易、编造用户评价等方式进行虚假或者引人误解的商业宣传，欺骗、误导消费者。"

②电子商务中消费者的选择权与后悔权保护

选择权是指消费者享有自主选择商品或者服务的权利。消费者有权自主选择提供商品或者服务的经营者，自主选择商品品种或者服务方式，自主决定购买或者不购买任何一种商品、接受或者不接受任何一项服务。消费者在自主选择商品或者服务时，有权进行比较、鉴别和挑选。消费者的自由选择权应在网上活动和购物中能够充分体现。网上购物的最大特征是消费者具有主导性，购物意愿掌握在消费者手中，其可以根据自己不同的意志加以选择。

【案例赏析】滥用七天无理由退换货规则

《消费者权益保护法》第九条规定："消费者享有自主选择商品或者服务的权利。"

消费者后悔权是指消费者在购买商品后的一定时间内，可不需要说明任何理由，把商品无条件地退还给经营者。《消费者权益保护法》规定，经营者采用网络、电视、电话、邮购等方式销售商品，消费者有权自收到商品之日起七日内退货，且无须说明理由，但下列商品除外：消费者订做的；鲜活易腐的；在线下载或者消费者拆封的音像制品、计算机软件等数字化商品；交付的报纸、期刊。除前款所列商品外，其他根据商品性质并经消费者在购买时确认不宜退货的商品，不适用无理由退货。消费者退货的商品应当完好。经营者应当自收到退回商品之日起七日内返还消费者支付的商品价款。退回商品的运费由消费者承担；经营者和消费者另有约定的，按照约定。

③电子商务中消费者的公平交易权保护

公平交易权是指消费者享有公平交易的权利。消费者在购买商品或者接受服务时，有权获得质量保障、价格合理、计量正确等公平交易条件，有权拒绝经营者的强制交易行为。

电子商务消费者在网上进行交易时，同样享有获得公平交易条件的权利。具体表现在：消费者

63

有权要求商品具备适销性，即电子商务经营主体所提供的商品应当具有公众普遍认为其应当具备的功能，并具有相应的质量保障。消费者有权要求电子商务经营主体所提供的商品或服务的定价要合理。计量不足的行为实际上是用隐蔽的手段抬高商品价格，是对消费者的不公平，消费者有权要求商品计量准确。强制交易行为违反消费者的意愿，是对消费者权益的侵犯，因此，法律明确规定禁止强制交易。电子商务经营主体销售商品或者提供服务，应当保证商品或者服务的完整性，不得将商品或者服务不合理拆分，不得另行收取不合理费用。

《消费者权益保护法》第十条规定："消费者享有公平交易的权利。"

④电子商务中消费者的安全权保护

安全权是指消费者在购买、使用商品和接受服务时享有人身、财产安全不受损害的权利。消费者有权要求经营者提供的商品和服务，符合保障人身、财产安全的要求。商品生产者、销售者应当对其提供的商品质量负责，服务提供者应当对其提供的服务质量负责。对于网上购物消费者来说，其安全权具体包括人身安全、财产安全、信息安全（隐私安全）三个方面。

《消费者权益保护法》第二十九条第一款规定："经营者收集、使用消费者个人信息，应当遵循合法、正当、必要的原则，明示收集、使用信息的目的、方式和范围，并经消费者同意。经营者收集、使用消费者个人信息，应当公开其收集、使用规则，不得违反法律、法规的规定和双方的约定收集、使用信息。"第二款规定："经营者及其工作人员对收集的消费者个人信息必须严格保密，不得泄露、出售或者非法向他人提供。经营者应当采取技术措施和其他必要措施，确保信息安全，防止消费者个人信息泄露、丢失。在发生或者可能发生信息泄露、丢失的情况时，应当立即采取补救措施。"第三款规定："经营者未经消费者同意或者请求，或者消费者明确表示拒绝的，不得向其发送商业性信息。"

《电子商务法》第三十八条规定："电子商务平台经营者知道或者应当知道平台内经营者销售的商品或者提供的服务不符合保障人身、财产安全的要求，或者有其他侵害消费者合法权益行为，未采取必要措施的，依法与该平台内经营者承担连带责任。对关系消费者生命健康的商品或者服务，电子商务平台经营者对平台内经营者的资质资格未尽到审核义务，或者对消费者未尽到安全保障义务，造成消费者损害的，依法承担相应的责任。"

⑤电子商务中消费者的求偿权保护

求偿权是指消费者因购买、使用商品或者接受服务受到人身、财产损害的，享有依法获得赔偿的权利。《消费者权益保护法》第四十四条第一款规定："消费者通过网络交易平台购买商品或者接受服务，其合法权益受到损害的，可以向销售者或者服务者要求赔偿。网络交易平台提供者不能提供销售者或者服务者的真实名称、地址和有效联系方式的，消费者也可以向网络交

【案例赏析】退一赔三

易平台提供者要求赔偿；网络交易平台提供者作出更有利于消费者的承诺的，应当履行承诺。网络交易平台提供者赔偿后，有权向销售者或者服务者追偿。"第二款规定："网络交易平台提供者明知或者应知销售者或者服务者利用其平台侵害消费者合法权益，未采取必要措施的，依法与该销售者或者服务者承担连带责任。"

《消费者权益保护法》第五十五条第一款规定："经营者提供商品或者服务有欺诈行为的，应当按照消费者的要求增加赔偿其受到的损失，增加赔偿的金额为消费者购买商品的价款或者接受服务的费用的3倍；增加赔偿的金额不足500元的，为500元。法律另有规定的，依照其规定。"第2款规定："经营者明知商品或者服务存在缺陷，仍然向消费者提供，造成消费者或者其他受害人死亡或者健康严重损害的，受害人有权要求经营者依照本法第四十九条、第五十一条等法律规定赔偿损失，并有权要求所受损失2倍以下的惩罚性赔偿。"

⑥电子商务中消费者的隐私权保护

电子商务消费者隐私安全权是指消费者享有的私人生活安宁与私人信息依法受到保护，不被他

人非法侵扰、知悉、搜索、利用和公开等的一种人格权。随着现代信息技术和网络技术的广泛应用，侵犯隐私权的概率和范围也随之提高和扩大。

a. 《民法典》中对消费者隐私权的保护。

《民法典》第一千零三十三条规定，除法律另有规定或者权利人明确同意外，任何组织或者个人不得实施下列行为：以电话、短信、即时通信工具、电子邮件、传单等方式侵扰他人的私人生活安宁；进入、拍摄、窥视他人的住宅、宾馆房间等私密空间；拍摄、窥视、窃听、公开他人的私密活动；拍摄、窥视他人身体的私密部位；处理他人的私密信息；以其他方式侵害他人的隐私权。

《民法典》第一千零三十八条第一款规定："信息处理者不得泄露或者篡改其收集、存储的个人信息；未经自然人同意，不得向他人非法提供其个人信息，但是经过加工无法识别特定个人且不能复原的除外。"第二款规定："信息处理者应当采取技术措施和其他必要措施，确保其收集、存储的个人信息安全，防止信息泄露、篡改、丢失；发生或者可能发生个人信息泄露、篡改、丢失的，应当及时采取补救措施，按照规定告知自然人并向有关主管部门报告。"

b. 《电子商务法》中对消费者隐私权的保护。

《电子商务法》第二十五条规定："有关主管部门依照法律、行政法规的规定要求电子商务经营者提供有关电子商务数据信息的，电子商务经营者应当提供。有关主管部门应当采取必要措施保护电子商务经营者提供的数据信息的安全，并对其中的个人信息、隐私和商业秘密严格保密，不得泄露、出售或者非法向他人提供。"

c. 《个人信息保护法》中对消费者隐私权的保护，主要涉及《个人信息保护法》第十三条、第二十七条的规定。

d. 《中华人民共和国数据安全法》（以下简称《数据安全法》）中对消费者隐私权的保护。

自2021年9月1日起施行的《数据安全法》第三十八条规定："国家机关为履行法定职责的需要收集、使用数据，应当在其履行法定职责的范围内依照法律、行政法规规定的条件和程序进行；对在履行职责中知悉的个人隐私、个人信息、商业秘密、保密商务信息等数据应当依法予以保密，不得泄露或者非法向他人提供。"

思政园地

通过网络消费者权益保护的学习和掌握，树立消费者权益至上的理念，自觉维护社会经济秩序。

3.2.5　电子商务争议解决的法律问题

（1）电子商务争议概述

电子商务争议是指当事人通过互联网进行在线交易的过程中产生的争议。电子商务争议从性质上看是一种民事纠纷，其交易主体具有平等地位；双方的网上交易内容与传统的民事交易并无不同；电子商务争议一般以合同纠纷、侵权纠纷等民事纠纷的形式出现，同一般的民事争议并无差异。因此，电子商务争议解决机制也应当是一种民事纠纷解决机制。同时，由于电子商务争议是一种网上争议或在线争议，其交易主体是互不相识的网民，交易中信息的传递、合同的订立、合同的履行等都在网上进行，争议发生后证据的收集及消费者争议的处理也一般在网上进行，电子商务的这一特殊之处也是电子商务争议解决机制必须考虑的重要因素。

电子商务争议具有空间上跨区域、小额争议居多、当事人地位上不对等、争议的虚拟性等特点。

（2）电子商务争议解决方式

《电子商务法》第六十条规定："电子商务争议可以通过协商和解，请求消费者组织或者行业协

会或者依法成立的调解组织调解，向有关部门投诉，提请仲裁，或者提起诉讼等方式解决。"根据这一法律规定，电子商务争议的解决方式有以下几种。

①协商

协商是指电子商务争议当事人在没有第三人的参与下，自行沟通协商，相互谅解达成协议，从而解决争议的方式。这是常见的不伤和气的争议解决方式。

②调解

调解是指基于双方当事人自愿，在第三人（消费者组织、行业协会或者其他依法成立的调解组织）的介入下，通过谈判达成协议的争议解决方式。

③向有关部门投诉

向有关部门投诉，是解决电子商务争议的常见方式。

④仲裁

仲裁是指双方当事人在发生电子商务争议时，提请第三者（仲裁机构）对争议进行审理，居中调解作出裁决的争议解决方式。

⑤诉讼

诉讼是指人民法院在双方当事人和其他诉讼参与人的参加下，依法对电子商务争议进行审理、作出裁决的争议解决方式。

（3）电子商务争议在线争议解决机制

《电子商务法》第六十三条规定："电子商务平台经营者可以建立争议在线解决机制，制定并公示争议解决规则，根据自愿原则，公平、公正地解决当事人之间的争议。"

【案例赏析】网络服务
合同纠纷案

①在线仲裁

在线仲裁是指仲裁协议的订立、仲裁申请的提交与受理、仲裁审理、仲裁裁决等仲裁程序的主要环节都在互联网上进行，充分利用现代网络信息技术工具解决争议的一种仲裁方式。在线仲裁主要用于解决域名争议。

②在线和解

在线和解是指争议当事人通过网络平台，在没有第三人介入的情况下，协商谈判解决争议的和解方式。在线和解借助于互联网络平台，没有第三人介入，和解没有强制力，和解协议不具有强制执行力。

中国在线争议解决中心是我国第一个专门的在线争议解决机构。在线争议涉及金钱赔偿事项时，如果当事人就是否应该赔偿已无异议，而仅就具体的赔偿金额有异议时，当事人可以选择使用中国在线争议中心在线和解方式解决其争议。中国在线争议解决中心提供的在线协商平台为全自动的运作程序。中国在线争议解决中心进行在线和解的程序为：

a. 申请人在中国在线争议解决中心上递交电子表格，阐述案情并提出第一次要价，中国在线争议解决中心通过电子邮件（或其他方式）通知对方当事人（被申请人），且邀请被申请人对申请人的第一次要价做出回应，被申请人选择愿意通过中国在线争议解决中心的在线协商方式解决并做出第一次出价。

b. 申请人的要价低于被申请人的出价，则依据申请人的要价解决争议。

c. 申请人的要价高于或等于被申请人的出价，且高出部分小于出价的20%时，则依据要价和出价的平均价解决争议。

d. 申请人的要价高于被申请人的出价，且高出部分大于出价的20%时，争议未获得解决，双方需要做出第二次要价和出价，直至争议解决。在整个协商过程中，当事人的要价和出价都是完全保密的，只有在出现符合争议解决条件的情况下，当事人才能看见对方的要价和出价。

e. 在线协商的期限为15日，如果在15日内双方未能成功解决该争议的，则该在线程序终止，双方可以选择重新在线协商或通过中国在线争议解决中心在线仲裁或在线调解或其他方式解决。

③在线调解

在线调解是指在第三人（在线调解中心）的协助下，当事人之间、当事人与第三人之间利用网络信息技术所创造的网络争议解决环境，在没有会面的情况下，利用网络信息技术进行纠纷解决的信息传输、交流沟通，最后达成争议解决的协议。在线调解可以是在线协商失败后的一个后续程序，当事人也可以不经过在线协商而直接启动在线调解程序。中国在线争议解决中心进行在线调解的程序为：

a. 申请。在中国在线争议解决中心网站上单击"提交案件"链接，并填写电子表格的相关内容，提交调解申请书。

b. 通知对方当事人。中国在线争议解决中心将通过电子邮件的形式或其他形式通知对方当事人，所有的交流文件都将在中国在线争议解决中心网站设有密码的"案件档案"页面中保存。如果对方当事人是中国在线争议解决中心会员，则进入下一步；如果对方当事人不是中国在线争议解决中心会员，但同意通过中国在线争议解决中心进行调解，则进入下一步；如果对方当事人不是中国在线争议解决中心会员，且不同意通过中国在线争议解决中心进行调解，则在线调解程序终结。

c. 选定或指定调解员。当事人可以共同约定由调解员名单中的 1 名调解员单独调解案件，如果当事人对担任调解员的人选在 3 天内不能达成一致时，则由中国在线争议解决中心为其指定。

d. 调解。中国在线争议解决中心可利用中国在线争议解决中心提供的平台，采用其认为适当的方式（包括但不限于聊天室、电子邮件、BBS、视频会议，案情复杂且必要时也包括离线的一些辅助方式）进行调解。

调解中心使用的工作语言和文字为中文和英文，当事人另有约定的，经中国在线争议解决中心同意，从其约定。

双方当事人同意在以后任何诉讼或仲裁程序中不得提供下列各项作为证据：任何一方当事人就涉及可能和解决争议所表示的见解或提出的建议；调解员提出的任何建议，一方当事人曾表示愿意接受调解员提出的和解建议的事实。

调解员自一方当事人了解到的情况，自行决定是否透露给另一方当事人，但当事人对调解员提供的情况要求保密的，调解员应尊重当事人的要求。当事人应本着善意、合作的原则真诚地与调解员合作，解决其争议时应按照调解员的要求提交材料和证据，按时回复电子邮件或出席视频调解会议等。如果调解员认为有必要的，在征得当事人同意后，也可以聘请有关行业的专家参与协助调解工作，所需费用由当事人承担。

e. 调解程序终止。出现下列情形时，调解程序终止。调解成功者自调解书作出之日起或当事人之间的和解协议达成之日起终止；调解员认为调解已无成功的可能而以书面声明终止调解程序的，自声明之日起终止；各方或任何一方当事人向调解员书面声明终止调解程序的，自声明之日起终止。

④网络庭审

网络庭审是指将涉及网络的案件从现有审判体系中剥离出来，充分依托互联网技术，完成起诉、立案、举证、开庭、裁判、执行全流程在线化，实现便民诉讼，节约司法资源。2015 年 3 月 7 日，全国首个跨境电商试验区落户杭州，单一园区业务量居全国第一，跨境电商"杭州经验"逐步向全国推广。跨境数字贸易的快速发展，呼唤建立新型国际商事争端解决机制。2017 年 8 月 18 日，全国首家互联网法院在杭州挂牌成立。成立以来，该院共受理各类

【案例赏析】互联网
法院第一案

纠纷 101 508 件，其中电子商务纠纷 24 260 件，占 23.9%。2020 年杭州互联网法院跨境贸易法庭正式成立，这是全国首个依法集中审理跨境数字贸易纠纷案件的人民法庭。

依据相关司法解释的规定，原告向互联网法院提起诉讼的，互联网法院会对案件进行审查，符

合起诉条件的，就会在线上组织当事人开庭审理案件，在线上进行质证、证据交换等工作。

思政园地

通过电子商务争议在线争议解决机制的学习和掌握，懂得运用法定程序解决电子商务争议，增强大学生厉行法治的积极性和主动性，形成守法光荣、违法可耻的氛围。

基础练习

【参考答案】模块3基础练习

一、判断题

1. 《中华人民共和国电子商务法》，自2018年1月1日起试行。 （ ）
2. 合同标的为交付商品并采用快递物流方式交付的，收货人签收时间为交付时间。
（ ）
3. 当事人在履行合同过程中，应当避免浪费资源、污染环境、破坏生态。 （ ）
4. 我国第一部真正意义上的电子商务法是《中华人民共和国电子商务法》。 （ ）
5. 电子商务经营主体应当依法保护知识产权，建立知识产权保护规则。 （ ）
6. 有奖销售都是不正当竞争行为。 （ ）
7. 经营者采用网络、电视、电话、邮购等方式销售商品，消费者有权自收到商品之日起10日内退货，且无须说明理由。 （ ）
8. 消费者在购买商品或者接受服务时，有权获得质量保障、价格合理、计量正确等公平交易条件，有权拒绝经营者的强制交易行为。这是消费者的知情权。 （ ）
9. 定金的数额由当事人约定；但是，不得超过主合同标的额的30%。 （ ）
10. 根据我国法律的规定，禁止网络刷单、炒信。 （ ）

二、单选题

1. 电子商务法的调整对象是（ ）。
A）电子商务交易活动　　　　　　　B）电子商务交易活动中发生的各种社会关系
C）电子商务交易流程　　　　　　　D）电子商务交易模式
2. 下列属于我国基本法律的电子商务法律法规的是（ ）。
A）《计算机软件保护条例》　　　　B）《中华人民共和国电子签名法》
C）《网上证券委托暂行管理办法》　D）《互联网电子邮件服务管理办法》
3. 下列不属于要约邀请的是（ ）。
A）寄送的价目表　　B）网络广告　　C）拍卖公告　　D）投标
4. 在电子商务环境下，下列情形不可认定为不可抗力的是（ ）。
A）文件感染病毒　　　　　　　　　B）商品缺货
C）非因自己原因造成的网络中断　　D）非因自己原因造成的电子错误
5. 外观设计专利权自申请日期开始计算，期限为（ ）。
A）20年　　　　B）30年　　　　C）15年　　　　D）10年
6. 网络交易平台提供者明知或者应知销售者或者服务者利用其平台侵害消费者合法权益，未采取必要措施的，依法与该销售者或者服务者承担（ ）。
A）按份责任　　　　　　　　　　　B）刑事责任
C）按份责任或连带责任　　　　　　D）连带责任
7. 出售公民个人信息的行为侵犯了公民的（ ）。

　　A）名誉权　　　　　B）隐私权　　　　C）肖像权　　　　D）姓名权

8.《中华人民共和国消费者权益保护法》将消费者定义为"为（　　）需要购买、使用商品或者接受服务的人"。

　　A）生活消费　　　　B）零售　　　　　C）批发　　　　　D）生产

9. 通过电子商务平台销售商品或者提供服务的是（　　）。

A）电子商务平台经营者

B）电子商务平台内经营者

C）通过自建网站、其他网络服务销售商品的经营者

D）通过自建网站、其他网络服务提供服务的经营者

10. 电子商务经营者向消费者发送广告时，应当遵守什么法的规定（　　）。

　　A）《中华人民共和国广告法》　　　　　B）《中华人民共和国电子商务法》

　　C）《中华人民共和国民法典》　　　　　D）《中华人民共和国消费者权益保护法》

三、简答题

1. 我国主要的电子商务基本法律有哪些？

2. 简述电子合同生效的条件。

3. 电子商务经营主体保护知识产权义务有哪些？

4. 简述电子商务活动中不正当竞争的种类。

5. 简述电子商务消费者权益的法律保护。

6. 简述电子商务争议解决方式有哪几种。

项目实训

实训项目1：电子商务法律法规对比分析

一、任务布置

班级：	实训人员：		
模块3	电子商务法律法规		
项目目标	通过访问中国电子商务法律网（http://www.chinaeclaw.com）的实践，查询相关电子商务法律法规，并能够进行比较分析，加深对电子商务法概念及我国电子商务立法情况的感性认识。		
项目背景	2004年我国第一部真正意义上的电子商务法——《中华人民共和国电子签名法》颁布。2018年8月31日，我国电子商务领域的首部综合性法律——《中华人民共和国电子商务法》正式出台，自2019年1月1日起施行。2020年5月28日，十三届全国人大三次会议表决通过了《中华人民共和国民法典》，自2021年1月1日起施行，对电子商务合同、电子商务中知识产权保护等电商法律新问题做出了明确规定。2021年8月20日，十三届全国人大常委会第十三次会议表决通过了《中华人民共和国个人信息保护法》，自2021年11月1日起施行，为电子商务中保护个人信息、规范个人信息处理活动、促进个人信息合理利用提供了法律依据。 　　访问相应网站，查询这些电子商务法律法规，并进行分类、比较分析每个电子商务法律法规的调整重点是什么。		
任务要求	任务1：访问中国电子商务法律网（http://www.chinaeclaw.com），查询相关电子商务法律法规，并进行分类； 　　任务2：对相关的电子商务法律法规进行比较分析。		

二、任务实施

实施过程	优化建议
任务1：访问中国电子商务法律网（http://www.chinaeclaw.com），查询相关电子商务法律法规，并进行分类	
任务2：对相关的电子商务法律法规进行比较分析	

三、任务评价

评价内容		评价标准	分值	得分
自我评价	工作态度	态度端正、工作认真、按时完成	20	
	知识技能	相关电子商务法律法规的比较分析	30	
	工作效果	对相关电子商务法律法规框架的了解	20	
	职业素养	是否具备初步的法律思维	30	
合计			100	

自我分析	遇到的难点及解决方法
	不足之处

综合评价	自我评价（20%）	小组互评（30%）	教师评价（50%）	综合得分

实训项目2：电子商务法律法规案例分析

一、任务布置

班级：	实训人员：
模块3	电子商务法律法规
项目目标	选择一个电子商务纠纷案例，依据事实与法律，分析该案例争议的焦点，运用相关的法律知识分析解决实际问题。
项目背景	随着电子商务的发展，在电子合同的签订履行及违约责任的承担、电子商务知识产权、电子商务消费者权益保护、电子商务不正当竞争等领域产生了大量的纠纷。 通过查阅相关资料，围绕某一个电子商务纠纷案例进行分析，开阔自己的分析思路，提出解决方案。
任务要求	任务1：简述一个电子商务纠纷案例； 任务2：查阅案例中所涉及的法律知识； 任务3：依据事实和法律分析解决问题。

二、任务实施

实施过程	优化建议
任务1：简述一个电子商务纠纷案例	
任务2：查阅案例中所涉及的法律知识	
任务3：依据事实和法律分析解决问题	

三、任务评价

评价内容		评价标准	分值	得分
自我评价	工作态度	态度端正、工作认真、按时完成	20	
	知识技能	案例分析的客观性与深度	30	
	工作效果	案例典型性与代表性	20	
	职业素养	学法、守法、用法	30	
合计			100	
自我分析	遇到的难点及解决方法			
	不足之处			

综合评价	自我评价（20%）	小组互评（30%）	教师评价（50%）	综合得分

模块 4

商品拍摄与视觉设计

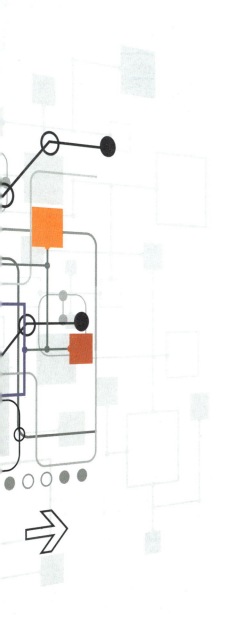

在电子商务活动过程中商家需要将商品信息按照消费者的浏览习惯进行展示，同时又要有一定的视觉效果，因此，商品拍摄与电子商务视觉设计成为电子商务活动过程中必不可少的工作内容。围绕着电子商务活动的本质，视觉设计无论从理念上还是在形式上都在发生着改变，由最初的商品信息的完整展示到商品信息展示具有一定的商业美感，再让商业美更简单，最终提出了设计链接新商业的理念。

电子商务视觉设计已渗透到每一处的商品信息展示中，优秀的视觉设计不仅可以避免消费者感官上的视觉疲劳，还可以延长消费者的浏览驻足时间，通过丰富的色彩搭配、符合调性的字体设计，加上高清质感的商品素材组合排版，成功传达商品信息，促成交易额的稳步持续上升。

 【思政导学】

思政点 1：通过电子商务视觉设计模块的学习提升美学素养，遵循商业美学的内在规律。

思政点 2：借助图文信息展示模块的学习塑造诚实、守信的品质，树立正确的人生观与价值观。

【知识导图】

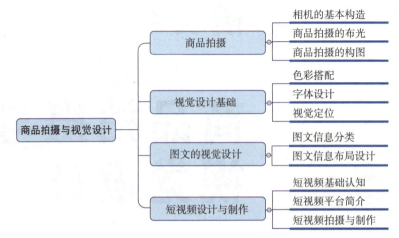

商品拍摄与视觉设计
- 商品拍摄
  - 相机的基本构造
  - 商品拍摄的布光
  - 商品拍摄的构图
- 视觉设计基础
  - 色彩搭配
  - 字体设计
  - 视觉定位
- 图文的视觉设计
  - 图文信息分类
  - 图文信息布局设计
- 短视频设计与制作
  - 短视频基础认知
  - 短视频平台简介
  - 短视频拍摄与制作

【知识目标】

1. 了解商品拍摄过程中的布光与构图技巧；
2. 了解色彩搭配与字体设计的基本方法；
3. 理解视觉定位在电子商务中的作用；
4. 掌握常见的图文信息布局设计思路；
5. 了解短视频拍摄与制作的基本方法；
6. 了解短视频平台的特点与规则。

【能力目标】

1. 初步具备图文视觉效果的鉴别能力；
2. 初步具备网店首页与商品详情页视觉效果的鉴别能力；
3. 初步具备短视频视觉效果的鉴别能力。

【素质目标】

1. 提升互联网商业场景下的视觉鉴别能力；
2. 具备基本的商业美学。

案例导入

端午节是中国传统的重大节日，也蕴藏着巨大的市场需求与商机。通过电子商务方式采购礼品已是最重要的方式之一，对于部分企业来说该渠道销售甚至远超线下渠道。那么通过怎样的方式让自己的商品在互联网平台上留住顾客的眼睛、激发顾客的消费欲望、顺利完成交易就是一门对所有商家来说都非常重要的必修课，作为商品、企业甚至文化展现的视觉营销设计就是首当其冲要完善的必要任务。

以端午节作为主题的 Banner 需要从哪些部分来搭建呢？

以简洁大气、有质感为首要调性，以中国风元素为背景，由粽叶绿色为主色调，结合中国风卷轴的红色进行撞色，点亮文案主题的利益点，文案呼应主题风格选用手写字体，商品选择上都是应季和端午节食材，食材的配色符合整体色调，这样一张具备营销视觉冲击力的设计作品就基本跃然屏幕上（如图 4-1 所示）。

图 4-1　端午节横幅海报

　　商品的可口诱人使消费者具有强烈的点击欲望，作为实际应用的营销视觉设计作品也确实为商家带来了巨量点击、转化、成交。由此可见，商品素材准备、视觉设计对于电子商务来说显得非常重要。

4.1　商品拍摄

↘ 4.1.1　相机的基本构造

　　线上商品齐全，选择多样，关键是可以货比三家，商品想要脱颖而出吸引更多客户关注，除了后期的设计制作，前期的商品拍摄过程也功不可没。一般用于网店素材照片拍摄的相机，目前主要是单反相机和微单相机两种。对于一些要求不高的网店，也可以使用卡片相机进行拍摄。

【拓展学习】摄影棚常用设备清单

　　（1）镜头

　　单反相机由机身和镜头构成，镜头可以随意更换。其中镜头是重中之重，网店商品的摄影师需要根据实际情况进行选择（如图 4-2 所示）。

　　在网店的商品摄影当中有一些镜头是几乎不会用到的，例如鱼眼镜头、移轴镜头，等等。这里着重介绍一下比较常用的广角镜头、大光圈镜头和微距镜头。

图 4-2　单反相机和镜头

　　①广角镜头

　　广角镜头的视场角为 60～80 度，是一种焦距短于标准的镜头。由于广角镜头的焦距短，视角大，在较短的拍摄距离范围内，能拍摄到较大面积的景物。但广角镜头不适合静物商品的拍摄，因为它会产生夸张的变形，导致商品的大小比例在照片中看起来和实物有较大的差别。

②大光圈镜头

大光圈镜头通常是指光圈大于 F/2.8 的镜头。之所以用大光圈镜头拍摄商品，主要是从景深的角度去考虑的。使用大光圈镜头，可以获得更浅的景深，从而不需要清晰展示的部分或者背景呈现出虚化的效果。

③微距镜头

微距镜头是一种比较专业的镜头，焦距在 50～200mm 这个范围内。微距镜头最大的特点是可以在极近距离进行拍摄，被拍摄的商品可以十分清晰地展现出细节，这种是普通镜头几乎不能实现的效果。

需要提醒的是，由于微距镜头拍摄时拍摄距离变短，因此景深范围也会变得极小，所以在拍摄的时候，要获取足够的景深往往需要用到极小的光圈才行，图 4-3 所示为不同光圈下不同景深的效果。

图 4-3　不同光圈下不同景深的效果

（2）快门与光圈

快门是用来调节、控制光线透过镜头到达感光面时间的装置。通俗地讲，快门决定了拍摄影像的时间，它遮挡在感光元件的前面，一般情况下处于关闭状态。只有在按动快门按钮的时候才会打开，其打开的时间就是根据设定的快门速度决定的。

光圈是一个用来控制光线透过镜头进入机身内感光面的光量的装置，它通常在镜头内，通过控制镜头光孔的大小来达到这一作用。当外界光线较弱时，就将光圈开大；反之，就将光圈关小。图 4-4 所示为光圈的镜头光孔大小。

表达光圈大小通常是用 F 值表示的。光圈 F 值越小，光圈开得越大，在同一单位时间内的进光量便越多。相机的光圈值范围越大，适应不同光线环境的拍摄能力越强。

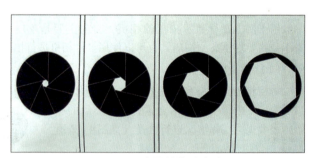

图 4-4　光圈的镜头光孔

光圈和快门的组合是控制曝光的主要因素，光圈及快门都是互相影响着决定曝光，即光圈及快门对曝光量的影响是可互相抵消的。一般情况下，保持一定的曝光量，光圈与快门为如图 4-5 所示的各种组合。

一般数码相机的机顶转盘上有 Auto/A/S/P/M 字样，代表的就是数码相机的曝光模式（如图 4-6 所示）。

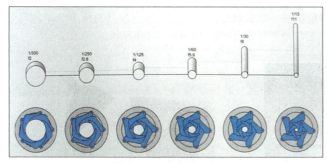

图 4 -5　光圈与快门

图 4 -6　数码相机的曝光模式

①Auto

顾名思义，这是全自动挡。在传统相机中 Auto 会根据内置测光表给定一个快门一个光圈，你所需要做的就是按下快门就可以了。当光线弱的时候，还会自动弹起闪光灯。

②A（AV）

这是光圈优先模式。设定需要的光圈，相机会自己选择正确的快门速度，这样可以利用光圈的大小来调节所需的景深范围，或者选择前景或背景模糊。

③S（TV）

这是快门优先模式。设定所需的快门速度，相机会自己选择正确的光圈。利用高速凝固移动的主体的动作，或者利用较慢的快门速度使主体朦胧。

④P

这是程序曝光模式，是一个 A 挡和 S 挡的组合。在这个挡可以调节白平衡，曝光补偿，测光模式，相机会根据内置测光系统给出一组合理的光圈快门组合，其他与 A/S 模式一样。

⑤M

M 挡就是全手动挡，在这个挡内内置测光系统不能控制光圈和快门，光圈速度随意调节，适合于当其他曝光模式难以获得所需要的效果时使用，此模式也可做长时间曝光。

4.1.2　商品拍摄的布光

首先来了解一下商品拍摄过程中的布光，布光是为了保证必须的光亮，可以让商品的颜色更鲜艳、细节更明显，颜色饱满才能更好地激发消费者的购买欲望。商品拍摄过程的布光不但要考虑布光的角度，同时也要考虑拍摄商品的一些特性。

（1）商品拍摄常用布光方法

①正面两侧布光

这种布光方法使正面投射出来的光全面均衡，商品表面不会有暗角，是商品拍摄中最常用的布光方法（如图 4 -7 所示）。

②两侧 45 度布光

这种布光方法使商品的顶部受光，正面没有完全受光。适合拍摄外形扁平的小商品，不适合拍摄立体感较强且有一定高度的商品（如图 4 -8 所示）。

图 4 -7　正面两侧布光

③前后交叉布光

从商品前后侧打光可以表现出表面的层次感，既表现出上面的层次又保全所有细节。单纯打开一侧灯光使产品显示不全面，所以前后交叉布光光照效果更好（如图4-9所示）。

图4-8　两侧45度布光

图4-9　前后交叉布光

（2）常见商品的特性

商品拍摄过程中还需要根据不同商品特性调整拍摄方法，以达到更清晰完整的素材图，常见有以下三种特性。

①吸光体

吸光体商品包括毛皮、衣服、布料、食品等，这些商品的表面通常不光滑。为了展现吸光体表面的层次质感，布光的灯位要以侧光、顺光、侧顺光为主，而且要相对采用较小光源，这样可以使其层次和色彩表现得都更加丰富（如图4-10所示）。

②反光体

反光体表面非常光滑，对光的反射能力比较强，犹如一面镜子，所以塑造反光体一般都是让其出现"黑白分明"的反差视觉效果（如图4-11所示）。

图4-10　对吸光体商品的布光

图4-11　对反光体商品的布光

③透明体

透明体顾名思义是一种通透的质感表现，而且表面非常光滑。由于光线能穿透透明体本身，所以一般选择逆光、侧逆光等方式为宜，光质偏硬，使其产生玲珑剔透的艺术效果，以充分体现质感（如图 4 - 12 所示）。

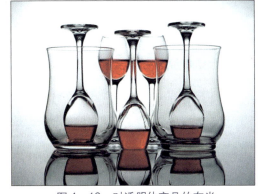

图 4 - 12　对透明体商品的布光

↘ 4.1.3　商品拍摄的构图

拍摄构图是指照片画面上的布局、结构，是运用相机镜头的成像特征和摄影造型手段，根据主题思想的要求，组成具有一定结构的画面，使客观对象比现实生活更富有表现力和艺术感染力，更充分更好地揭示一定的内容。

画面结构一般要做到明确主题、辨别主次、弃繁就简、布局适宜、主体突出，用陪体和背景恰当衬托，使画面既不杂乱，又不单调，多样而统一，鲜明而简练。简洁、多样、统一、均衡是构图的基本要求。商品摄影中静态的物品往往只能靠摄影师的审美与经验提前做好构图，大大提高商品拍摄和后期设计制作的效率。一个好的画面构图可以更好地凸显出商品，让视觉更加吸引眼球。

构图主要可分为横式、竖式、对角线式、对称式、井字形和三角形六类不同的形式。

①横式构图

商品在横式构图下更加简洁明了，常用于同系列多款式或同款式多颜色，这样的直接平铺横式构图，让商品一目了然，方便对比和快捷选择（如图 4 - 13 所示）。

图 4 - 13　横式构图

②竖式构图

商品用竖式构图一般是单个产品的排版，当然部分也是受商品本身的一定限制，竖长条状是产品常用的构图，以此展现直截了当、干净利落的视觉效果（如图 4 - 14 所示）。

③对角线式构图

商品在对角式构图下显得更为生动活泼和有延伸感，通常来说，条状的商品比较适合采用此构图，这是因为按照这样构图的摆放能够产生一种延伸的方向感（如图 4 - 15 所示）。

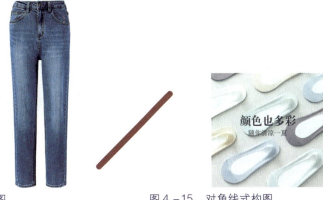

图 4 - 14　竖式构图　　　　　　　图 4 - 15　对角线式构图

79

④对称式构图

商品采用对称式构图一般是两件商品用来进行相互对比的，比如颜色和款式的区别，比较有对比的互动画面，视觉效果更强烈（如图4-16所示）。

⑤井字形构图

这种构图方式可以说是最保险的一种，是把主要商品放置在三等分线的交叉点上的一种构图

图4-16　对称式构图

方式。井字形构图法的四个交叉点可以看作是画面的黄金分割点，如此构图可以保证拍摄画面整体的和谐性，一直以来被广泛使用（如图4-17所示）。

⑥三角形构图

三角形构图可以是正三角形，也可以是斜三角形或倒三角形。其中斜三角形较为常用，也较为灵活，三角形构图具有安定、均衡、灵活的特性（如图4-18所示）

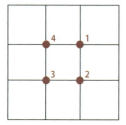

图4-17　井字形构图

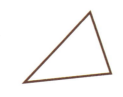

图4-18　三角形构图

4.2　视觉设计基础

【拓展学习】色彩搭配技巧

4.2.1　色彩搭配

色彩是一种极具视觉冲击力的传播工具，是一种光学物理现象，由受众的眼睛传递给大脑，由于人们长期生活在一个色彩的世界里，积累了许多视觉经验，一旦视觉经验与外来色彩刺激发生一定的呼应，就会在人的心理引出某种情绪。色彩的应用在电子商务视觉设计中尤为突出，网店的整体色调、色彩搭配是否得宜，宣传广告图是否抓住受众的眼球，都离不开色彩的应用。

色环就是在彩色光谱中所见的长条形的色彩序列，只是将首尾连接在一起，使红色连接到另一端的紫色，色环通常包括12种不同的颜色，分别是：红、红紫、紫、蓝紫、蓝、蓝绿、绿、黄绿、黄、黄橙、橙、红橙（如图4-19所示）。

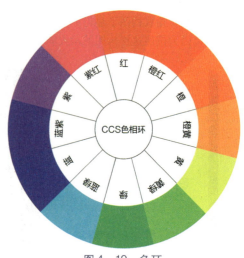

图4-19　色环

在色环中，相邻的颜色就是相似色，比如橙色的相似色就是黄色和红色。与某色夹角在 90 度内的颜色称为补色，而与某色构成 180 度角的颜色称为对比色。

↘ 4.2.2　字体设计

一个优秀的页面除了出色的色彩搭配、合理的布局以外，传递利益点的文字信息也十分重要。如果不懂商品的卖点和活动精髓，那么制作出来的页面效果就会不够理想。商业文案基本分为主文案、副文案和利益点文案三部分。根据设计需要，有效地应用好文字和文字组合，能够让设计看起来效果更棒。

【拓展学习】字体
设计技巧

汉字字体按照广告设计应用的角度来看，一般分为四类：宋体类、黑体类、书法体类和创意体类。在此着重强调一下，字体使用有版权规范与使用局限，需要根据不同平台情况具体确定，使用字体也一定需要具备版权意识，避免因违规带来处罚。

（1）宋体类字体

宋体是为适应印刷术而出现的一种汉字字体。笔画有粗细变化，而且一般是横细竖粗，末端有细节的装饰部分。因为宋体笔画比较细，不容易识别，因此在商业设计中，宋体一般只会出现在标题，正文内容中运用得比较少（如图 4－20 所示）。

图 4－20　宋体

（2）黑体类字体

由于黑体字笔画整齐划一，黑体字在字架上吸收了宋体字结构严谨的优点，在笔画的形状上成横竖笔画粗细一致，各种笔画很均匀，使人易于阅读。多用于标题或标识重点（如图 4－21 所示）。

图 4－21　黑体

（3）书法体类字体

书法体传统有五种，即行书体、草书体、隶书体、篆书体和楷书体，这类字体传统韵律比较强，所以在中国式传统类的设计对象中运用得非常广泛（如图 4－22 所示）。

韩绍杰行楷简体

陈代明硬笔体（首发）

图4-22　书法体

（4）创意类字体

在电子商务视觉设计中创意类字体使用较多，常见的创意类字体效果一般有折纸、渐变、字体变形和毛笔字等。

折纸效果和渐变效果一般运用于日常活动设计，简约但不会抢商品的视觉效果；字体变形效果是在大促活动或者游戏主题中使用更多；毛笔字效果在中国风主题或者展现文字刚劲有力的需求时运用较多（如图4-23所示）。

（a）

（b）

（c）

（d）

图4-23　创意类字体

（a）折纸效果；（b）渐变效果；（c）字体变形效果；（d）毛笔字效果

4.2.3　视觉定位

合理运用色彩、字体、构图展现视觉效果，从而营造出良好的销售气氛，同时，利用充分的视觉冲击力抓住顾客的眼球，提升顾客对店铺的好感和信任。从审美的角度去设计不同类目的广告，配色是能表达温度情绪的，比如红色、橙色给人传递热烈快乐的情绪，蓝色、绿色给人以权威安全感。

（1）不同色调的视觉效果

在海报视觉中，配色也有可遵循的规律，比如，任何一个色相均可以成为主色调，与其他色相组成互补色关系、对比色关系、邻近色系和同类色关系的色彩组织。而常用的配色方法主要是同一色相的配色、类似色相配色、相反色相配色和重色调配色。

通俗地讲，一般有冷、暖两种色调，在此基础上搭配不同的色系可以营造出不同的视觉效果，用于不同的类目。

①暖色调

暖色调中的粉色、粉橙色、紫系可以体现女性特有的柔美精致和浪漫氛围，一般可以用于美妆类目（如图4-24所示）。

在自然场景基础上做暖色调处理，可以体现纯天然、安全无添加等感觉，一般可以用于母婴类目（如图4-25所示），有些时候还可选用粉色、粉蓝色或者橙色等马卡龙色系。

图4-24　暖色调（1）

图4-25　暖色调（2）

在节日或大促类活动常用的暖色调的撞色或跳色，可以突出活动的热烈、快消氛围（如图4-26所示）。

在暖色调中除了日常的橙红色、绿色系等，偏金色更能体现品牌调性和质感效果，这种效果大多使用在VIP会员场景（如图4-27所示）。

图4-26　暖色调（3）

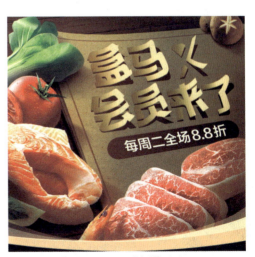

图4-27　暖色调（4）

②冷色调

冷色调中的蓝色系可以体现科技感和安全性能，一般可以用于数码类目（如图4-28所示），其他还可以选用蓝紫、蓝绿色系等。

由于医疗行业一般常用蓝色系，因此冷色调中的蓝色系一般也用于医美行业，图4-29所示以蓝色系凸显洁净牙垢、清新口气等效果，突出了护齿主题的效果。

图4-28　冷色调（1）

图4-29　冷色调（2）

（2）**活动海报的视觉效果**

电子商务营销活动可以分为一般的日常活动与大促活动。在电子商务视觉设计中，设计只是一个过程，最终是要配合营销活动达到既定的营销目的。

①日常活动

日常活动一般配色较为清新自然，配色饱和度相对较低，不会采用太强烈的视觉冲击力，以展现商品本色为主，排版结构稳定，空间感较强（如图4-30所示）。

②大促活动

电子商务的营销活动中除了日常活动之外也会有明确主题的大促活动，比如"6·18"年中大促活动、"双11"大促活动、节日主题的活动等，这些活动的宣传海报中所有元素都会围绕着主题展开，视觉冲击力会更强，文案利益点、折扣信息都会被突出放大，以营造活动的氛围为主（如图4-31所示）。

图4-30　日常活动海报

图4-31　大促活动海报

不管是商品素材还是整体排版，色彩搭配还是文案信息，在电子商务视觉设计中都不可或缺，能够把握好设计视觉，理解设计技巧，呈现出优秀设计作品，才能吸引流量，突显营销效果，带来商品销售额持续增长。

> **思政园地**
>
> 商业美学是运用美学基本原理、知识、方法于商业活动，商业美学对于提高商业经济效益、美化商业环境、促使消费者愉悦购物起到重要作用。
>
> 人的需求始终是商家每天都要思考的问题，在现代市场经济大潮冲击全球各个角落的时候，任何艺术设计都必须考虑其商业性，要迎合消费者的心理，获得消费者的喜爱，才能建立市场、推动消费，以美学思维逻辑为商业空间赋能。通过电子商务视觉设计模块的学习，提升美学素养，遵循商业美学的内在规律，让外形的物质材料的自然属性（色、形、声）以及它们的组合规律（如整齐、比例、均衡、反复、节奏、多样统一等）呈现出审美特征。

4.3　图文的视觉设计

图文信息随着电子设备，尤其是移动电子设备的普及越来越重要，使用场景也越来越多，在电子商务领域显得尤为重要，它可以让人们快速、简洁明了地抓住画面想要传达的信息，达到想要实现的目标。但是不太符合规范的操作，不但不能展现有效信息，有时会传递一些引起消费者误解的信息，甚至是错误信息。

【拓展学习】图片处理
常用工具介绍

↘ 4.3.1　图文信息分类

所谓图文信息是指一张图中既包含商品图又包含必要的文字，通过图片和文字的组合向消费者传递相关信息。根据图片与文字的主次来分可以将图文信息分为图片为主、文字为主与图文并重三种类型。

（1）图片为主的图文信息

设计这类图片时要求商品素材要高清、有质感，背景色要符合主题配色。文字只是辅助，画面占比相对较少，但文字内容更能直接突出利益点，一般应用于主图或侧边栏的图。

如图 4-32 所示的主图中商品图片占了大部分空间，但是"超级工厂""厂家直销"等少量文字画龙点睛地说明了该商品的性价比相当高。如图 4-33 所示的侧边栏图，"立即领"三个字说明了该商品可以随意领取。

（2）文字为主的图文信息

一般像通知、说明和公告往往以文字信息的内容为主。这类图文信息一般是通过字体的改变、字号大小的不同或是文字颜色的改变，再加上排版和配色设计区分文字的阅读层次，使得以文字内容为主的视觉画面更有温度和格调（如图 4-34 所示）。

图 4-32　图片为主（1）

86

图 4-33　图片为主（2）

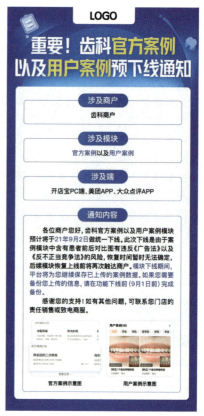

图 4-34　文字为主

（3）图文并重的图文信息

　　文字和商品素材约各占一半，文字内容结合商品进行较为细致描述，突出特点词汇的曝光，使消费者迅速了解并记住。这种图文信息一般应用于商品详情页（如图 4-35 所示）与 Banner 海报（如图 4-36 所示）中。

图 4-35　图文并重（1）

图 4-36　图文并重（2）

↘ 4.3.2 图文信息布局设计

（1）海报的布局设计

在电子商务促销信息展示中最常见的是 Banner 海报，例如我们日常接触的手机开屏、弹窗等都属于这种类型。Banner 海报的组成内容一般可归纳为背景、商品、logo 与文案。

Banner 海报的布局也分为多种类型，常见的有居中布局（如图 4-37 所示）、左右布局（如图 4-38 所示）、上下布局（如图 4-39 所示）以及左中右布局（如图 4-40 所示）。可以根据资源位规范不同、产品特征不同、运营要求不同分别对应适合的布局形式进行设计。

图 4-37 居中布局

图 4-38 左右布局

图 4-39 上下布局

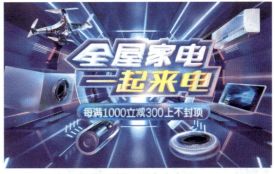

图 4-40 左中右布局

（2）网店首页的布局设计

通常顾客都是在平台进行搜索，通过主图进入详情页，在对详情页产生兴趣后进入该店铺的首页，所以首页布局一般来说主要有形象展示、商品搜索与商品推荐三个作用。

①形象展示

产品品牌、店铺品牌是一家店铺与其他店铺不同的特点，当顾客进入店铺后，能够对该店铺形成认知上的区分和对品牌的信任感。

②商品搜索

当顾客通过某款商品进入首页时，意味着顾客有可能对其他商品也有需求，当顾客有明确的购买需求时，首页的分类和导购的功能能帮顾客快速地找到所需商品。

③商品推荐

当顾客没有明确的购买需求时，需要一些推荐或活动来激发顾客的潜在购买需求，如新品上架、促销打折、搭配减价，如果店铺有活动都可以放在首页上吸引顾客下单。

一般来说网店首页包含了店招、导航、欢迎模块、广告区、促销区和商品展示区（如图 4-41 所示）。

网店首页布局可以由上至下依次展开，并且越分越细，有明确的层次感和主次感觉（如图4-42所示）。

图4-41 网店首页

图4-42 网店首页布局

（3）商品详情页的布局设计

顾客在浏览商品详情页的时候，通常情况下会把页面看作一个整体，然后才将视线定位到画面中比较突出或比较吸引人的位置上，常见的商品详情页面有中间对齐、对角线排列、棋盘式、对称式等布局模式。

①中间对齐的布局模式

这种布局模式一方面可以吸引顾客视线，但另一方面显得页面比较狭窄。通常情况下可以将留白部分的特色发挥出来，从而消除沉闷、狭窄的弊端，产生安静稳定的感觉（如图4-43所示）。

图 4 – 43　中间对齐

②对角线排列的布局模式

这种布局模式适合表达一种自由奔放、动态性的感觉，并且形成自然的 Z 字形视觉牵引效果，给人一种比较清爽利落的感觉（如图 4 – 44 所示）。

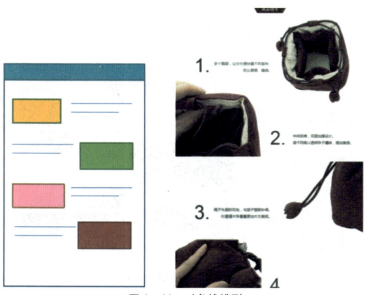

图 4 – 44　对角线排列

③棋盘式的布局模式

这种布局模式就是将图像按照棋盘表面的方格样式进行布局设计，把众多的图像一次性展示给顾客。这种布局适合用在展示商品的各个细节部分上，将众多的图像集合为一个整体（如图4-45所示）。

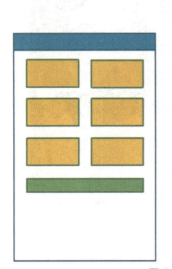

图4-45　棋盘式

④对称式的布局模式

这种布局模式是指画面的横向和纵向以中心线为轴，将页面组成要素按照彼此相对的方式进行两边布局，能够营造出一种文静和安定的整体气氛（如图4-46所示）。

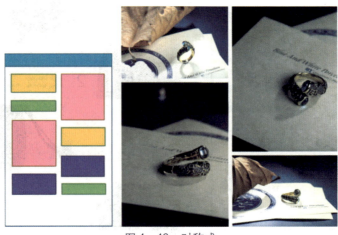

图4-46　对称式

思政园地

诚信是人类社会普遍的道德要求，是个人立身处世的基本规范，是社会存续发展的重要基石。把诚信作为社会主义核心价值观个人层面的价值准则之一，是社会主义道德建设的重要内容，是构建社会主义和谐社会的重要纽带。

在中国传统文化中，诚信形成了社会的重要道德观念和行为准则。人们只有树立真诚守信的道德品质，才能适应社会生活的要求，实现自己的人生价值。在商业活动中，商品信息的图文展示，不仅要进行艺术加工，使得信息展示的视觉效果能适应消费者的审美需求，同时更要注重商品信息的真实展示，塑造诚实守信的品质，树立正确的人生观与价值观。

4.4 短视频设计与制作

随着互联网飞速发展、5G时代的到来，短视频也渗透到各行各业，其内容融合了技能分享、幽默搞怪、时尚潮流、社会热点、街头采访、公益教育和商业广告创意等主题，成为各类新媒体平台内容传播的主要形式。

4.4.1 短视频基础认知

短视频是指在各种新媒体平台上播放的、适合在移动状态和短时休闲状态下观看的、高频推送的视频，时长一般在几秒到几分钟不等，是一种互联网内容的传播方式，随着移动终端普及和网络的提速，"短、平、快"的大流量传播内容逐渐获得各大平台、"粉丝"和资本的青睐，优质短视频需具备的五个要素。

（1）价值趣味

价值趣味是短视频的第一要素，也是基础要素，就是能给受众提供某种价值带有趣味性的感受。一个好的短视频不会让人感觉无聊乏味，而是能让人产生共鸣和受到启发。

（2）清晰画质

短视频的清晰画质能给受众带来最直观的良好用户体验。很多随手拍摄的短视频，上传平台后没有流量，大多是因为画面不清晰、质感不够好，现在很多短视频都在向电影的高清画质靠拢，以此增加可传播性和点击流量。

（3）优质标题

短视频的优质标题是增加短视频点击率的重要因素，好的文案是第一眼就能看到该短视频内容的主要关键词，即常说的快、准、狠抓住受众的"痛点"，针对文案分类推送给受众，更好地提升短视频点击率。

（4）音乐节奏

音乐节奏是决定短视频情绪基调的要素。短视频本身就是一种视听的表达方式，配乐作为声音元素的重要组成部分，通过画面动作与音乐的节奏卡点促进短视频内容与音乐风格类型的有效匹配，

从而更好地传递短视频创作者要表达的情绪，把受众更好地带入情境中。

（5）多维胜出

多维胜出是决定短视频综合价值的要素。能成为好的短视频，一定需要编剧、表演、拍摄、剪辑以及后期处理等多维度精细打磨。

↘ 4.4.2　短视频平台简介

短视频行业的发展离不开短视频平台的助力，目前的主流平台有抖音、快手、微信视频号、西瓜视频和腾讯微视，等等。每个短视频平台定位和功能都有所不同，但也有很多相似之处，以抖音平台为例简单介绍短视频平台的主要特点。

（1）平台定位

抖音从最开始面向年轻人群体到面向"银发族"上线了长辈模式功能，平台用户不断拓展。抖音以"抖音，记录美好生活"为宣传语让更多的用户加入这个社交平台分享生活、认识朋友、了解奇闻趣事等。其主要用户类型可以分为内容生产者、内容再生产者与内容消费者等三大类（如表4－1所示）。

表4－1　抖音用户类型

用户分类	特点	目标
内容生产者	富有热情、相对专业	个人品牌商业矩阵
内容再生产者	善于模仿、渴望表达	提高知名度增加收入
内容消费者	表达意愿低	消耗碎片时间获取信息

（2）平台功能

抖音主要功能分为拍摄作品和故事、直播、热搜和热门话题三类。

①拍摄作品和故事

抖音是短视频音乐平台，其很多特效与复杂功能都是围绕短视频制作，拍摄故事主要是拍摄长视频。基于本身的定位和短视频推荐算法而设计与制作的短视频被推荐的可能性会更大。

②直播

直播是互动性和引流"吸粉"最强大的途径之一，最熟悉的抖音直播电商是通过商品展示来吸引观众购买。抖音直播不局限于卖商品，还可以出售服务和知识，等等。

③热搜和热门话题

用户在首页顶部搜索栏可以看到"猜你想搜"和"抖音热榜"，这些功能增加了平台的社交性、互动性和热点实时性。

↘ 4.4.3　短视频拍摄与制作

短视频制作是将文本语言转换成镜头述说，在短视频拍摄过程中除了要掌握很多拍摄技巧外，还需要构图合理、光线清晰、背景整洁等。此外还要注意各平台的特点，如抖音平台的结构是竖屏，工具栏布局都在画面的右边和下面，所以我们的画面重心需要往左上微移，才能不被遮挡，展示完整内容。

（1）脚本撰写

短视频脚本编写的重要性就是短视频的"灵魂"。做好视频内容的前提就是要有一个完整的视频脚本，短视频脚本贯穿了前期准备、拍摄、剪辑等整个过程。短视频中每一句话、每一个镜头、每一个画面都需要精心设计，严格把控好节奏。

短视频脚本一般分为分镜头脚本、拍摄提纲、文学脚本等三大类。分镜头脚本是短视频平台中运用较广泛的，适合哪种类型可根据拍摄内容进行选择。短视频脚本在撰写过程中需要注意以下几点：

a. 以受众为出发点和核心；

b. 控制视觉、听觉的密集度来刺激情绪；

c. 通过镜头使用、音乐烘托、字幕潜入的整体细化情境，抓住受众心理。

（2）运镜技巧

想拍出个性的吸引流量的视频，需要让镜头来说话，这就是运镜的技巧，八大经典运镜技巧口诀是"推拉摇移，升降跟甩"（如图4-47所示）。

图4-47 运镜技巧

（3）短视频剪辑与制作

①短视频剪辑

剪辑就是借助视频剪辑软件进行镜头在逻辑结构上的转换衔接，后期操作形成不同表现力的新视频。现在常用的剪辑软件有剪映、快剪辑、videoLeap等。

②转场设计

转场就是两个画面进行特效处理完成场景切换的方法。纯熟的转场技巧不仅可以丰富镜头的表现力，还可将观众快速带入情境中。

转场特效一般包括叠化、淡入淡出、翻页、定格、翻转画面和多画屏分切等技巧。

③音乐选取

短视频剪辑完后，根据类型和内容匹配相应的音乐，音乐匹配得好能增加受众的停留时间，提升视频质感。一般可以通过音乐榜榜单、上传视频所推荐的音乐、上传自己原创音乐等渠道选择音乐。

④字幕添加

给短视频添加字幕可以让观众更好地了解内容，也可以补充由于口播时间限制而来不及展示的内容。

【拓展学习】短视频常用
设计制作工具介绍

⑤视频配音

高质量的短视频往往会进行后期配音，短视频配音一般有自己配音、专业人士配音和软件配音等。恰到好处的人声可以锦上添花，软件自动配音会相对生硬，容易使受众产生听觉疲劳。

94

基础练习

【参考答案】模块4
基础练习

一、判断题

1. 商品拍摄过程的布光只要考虑布光的角度，其他都是次要的。　　（　　）

2. 根据图片与文字的主次，可以将图文信息分为图片为主、文字为主与图文并重三种类型。

　　　　　　　　　　　　　　　　　　　　　　　　　　　　　　　　（　　）

3. 短视频脚本编写的重要性就是短视频的"灵魂"。　　　　　　　（　　）

4. 短视频脚本一般分为分镜头脚本、拍摄提纲、文学脚本三大类。（　　）

5. 一般来说网店首页包含了店招、导航、欢迎模块、促销区和商品展示。（　　）

6. Banner 海报的组成内容一般可归纳为背景、商品、logo 与文案。（　　）

7. 商品在竖式构图下更加简洁明了，常用于同系列多款式或同款式多颜色。（　　）

8. 暖色调中的粉色、粉橙色系可以体现食材精美可口和它的新鲜程度，一般可以用于小家电类目。

　　　　　　　　　　　　　　　　　　　　　　　　　　　　　　　　（　　）

9. 首页布局一般来说主要有形象展示、商品搜索与商品推荐三个作用。（　　）

10. 在电子商务视觉设计中创意类字体使用较多，常见的创意类字体效果一般有折纸、渐变、字体变形和毛笔字等。　　　　　　　　　　　　　　　　　　　　（　　）

二、单选题

1. 构图主要分为六种形式，横式、竖式、对称式、井字形、三角形与（　　）。

A）斜角式　　　　　B）并列式　　　　　C）对角线式　　　　　D）平行式

2. 想拍出个性的吸引流量的视频，需要让镜头来说话，这就是运镜的技巧，八大经典运镜技巧口诀是"推拉摇移，升降（　　）甩"。

A）晃　　　　　　　B）送　　　　　　　C）跟　　　　　　　D）追

3. 转场特效一般包括叠化、淡入淡出、（　　）、定格、翻转画面和多画屏分切等技巧。

A）翻篇　　　　　　B）翻页　　　　　　C）旋转　　　　　　D）推拉

4. 常见的商品详情页有中间对齐、对角线排列、（　　）、对称式等布局模式。

1）棋盘式　　　　　B）井字式　　　　　C）包围式　　　　　D）旋转式

5. 音乐选取一般可以通过音乐榜榜单、（　　）、上传自己原创音乐等渠道选择音乐。

A）听歌识曲　　　　　　　　　　　　B）网络宣传音乐

C）转发上传音乐　　　　　　　　　　D）上传视频所推荐音乐

6. Banner 海报的布局分为多种类型，常见的有居中布局、左右布局、上下布局、以及左中右布局，可以根据资源位规范不同、（　　）、运营要求不同分别对应适合的布局形式进行设计。

A）活动主题不同　　　　　　　　　B）投放平台不同

C）产品分类不同　　　　　　　　　D）产品特征不同

7. 抖音主要功能分为拍摄作品和故事、直播、热搜和（　　）三类。

A）巧用 Dou +　　　B）热门话题　　　C）热门　　　　　D）热门挑战

8. 在海报视觉中，配色也有可遵循的规律，任何一个色相均可以成为主色调，以下哪个不属于该色彩组织（　　）。

A）渐变色关系　　　　　　　　　　B）邻近色系

C）对比色关系　　　　　　　　　　D）互补色关系

9. 图文信息根据图片与文字的主次来分，可以将图文信息分为图片为主、文字为主、以及（　　）三种类型。

A）纯文字篇　　　B）纯图示意　　　C）图文并重　　　D）互补色关系

10. 商品拍摄构图中，以下哪个不属于商品构图形式？（　　）

A）对称式　　　　B）横式　　　　　C）正方形　　　　D）三角形

三、简答题

1. 请列举网店首页布局由上至下依次展开的分类模块。

2. 商品详情页的布局设计有哪些？

3. 在活动海报的视觉效果中，日常和大促风格的区别是什么？

4. 广告设计中汉字字体一般分为哪四类？

5. 优质短视频需具备哪五个元素？

6. 请简述短视频拍摄的八大经典运镜技巧。

项目实训

实训项目1：网店首页案例剖析

一、任务布置

班级：	实训人员：	
模块4	商品拍摄与视觉设计	
项目目标	综合运用所学知识剖析网店首页图，提升网店首页的视觉定位、布局设计的鉴赏能力，初步掌握网店首页的设计要素与注意事项。	
项目背景	高效利用流量成为卖家们关注的重心，除了通过各种方法与渠道获取流量外，如何利用店铺的优势来实现流量的价值，这就需要做好店铺的内功——网店装修。店铺首页如同实体店的门面，最大的作用应该是店铺流量的中转站，有利于提高访客的访问深度，统一的店铺设计和产品展示都会刺激消费者再次点击。同时，店铺品牌形象的整体展示要符合品牌和商品的定位，做最合适的用户体验。	
任务要求	扫描二维码打开网店首页图，完成以下任务： 任务1：简述网店首页图的风格定位； 任务2：阐述网店首页图的模块布局； 任务3：该网店的视觉定位是否能体现该商品类目的视觉传达需求	【案例剖析】网店首页图

二、任务实施

实施过程	优化建议
任务1：简述网店首页图的风格定位	
任务2：阐述网店首页图的模块布局	
任务3：该网店的视觉定位是否能体现该商品类目的视觉传达需求？	

三、任务评价

评价内容		评价标准	分值	得分
自我评价	工作态度	态度端正、工作认真、按时完成	20	
	知识技能	综合运用所学知识技能的能力	30	
	工作效果	案例剖析的客观性与深度	30	
	职业素养	结合商品品类的视觉定位素养	20	
合计			100	

自我分析	遇到的难点及解决方法
	不足之处

综合评价	自我评价（20%）	小组互评（30%）	教师评价（50%）	综合得分

实训项目 2：商品详情页案例剖析

一、任务布置

班级：	实训人员：	
模块 4	商品拍摄与视觉设计	
项目目标	综合运用所学知识剖析商品详情页，熟悉商品详情页思路、视觉设计与内容模块布局，掌握商品详情页的设计要素与注意事项。	
项目背景	商品详情页的设计与制作是电子商务运营中必不可少的重要环节，商品详情页主要用于展示单个商品的细节信息，它的精致程度与设计感直接影响买家对商品的认知，直接影响到商品的转化率。对于商品详情页而言，商品信息的编辑与设计尤为重要，商品图像与商品信息通过精心的设计与排版，能使商品详情页更加美观，从而更具吸引力。 　　除了展示商品本身的外观、性能等各种细节外，还可以让买家在商品详情页中更加直观地查看到网店的优惠信息，同时也可以看出整个网店的营销水平。	
任务要求	扫描二维码打开商品详情页图，完成以下任务： 　　任务 1：简述该商品详情页的内容模块； 　　任务 2：结合商品阐述该详情页在展示商品本身的优缺点； 　　任务 3：阐述该详情页在提升流量价值方面的布局设计。	【案例剖析】商品详情页图

97

二、任务实施

实施过程	优化建议
任务 1：简述该商品详情页的内容模块	
任务 2：结合商品阐述该详情页在展示商品本身的优缺点	
任务 3：阐述该详情页在提升流量价值方面的布局设计	

三、任务评价

评价内容		评价标准	分值	得分
自我评价	工作态度	态度端正、工作认真、按时完成	20	
	知识技能	综合运用所学知识技能的能力	30	
	工作效果	案例剖析的客观性与深度	30	
	职业素养	商品信息展示与流量价值提升的意识	20	
合计			100	

自我分析	遇到的难点及解决方法
	不足之处

综合评价	自我评价（20%）	小组互评（30%）	教师评价（50%）	综合得分

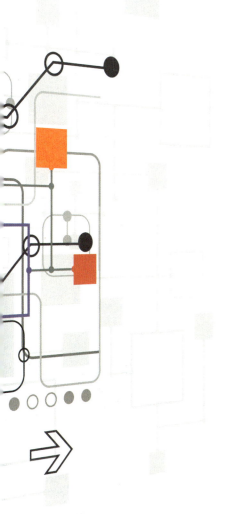

模块 5

网络营销与推广

　　网络营销产生于 20 世纪 90 年代，是 90 年代互联网媒体以新的方式、方法和理念，通过一系列网络营销策划，制定和实施的营销活动，可以更有效地促成交易的新型营销模式。简单地说，网络营销就是以互联网为主要手段，为达到一定的营销目的而进行的营销活动。随着互联网影响的进一步扩大，人们对网络营销理解的进一步加深，以及出现的越来越多网络营销推广的成功案例，人们已经开始意识到网络营销的诸多优点并越来越多地通过网络进行营销推广。网络营销不单单是一种营销手段，更是一种文化，信息化社会的新文化，引导媒体进入一个新的模式。

【思政导学】

　　思政点 1：借助故宫博物院营销案例阐述创新文创产品营销方式对于增强文化自信的意义。

　　思政点 2：通过网络营销的常用方法分析，树立网络营销诚信经营的意识。

　　思政点 3：通过对网店推广的了解，树立以人为本的意识。

【知识导图】

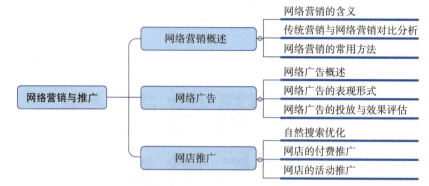

网络营销与推广
- 网络营销概述
  - 网络营销的含义
  - 传统营销与网络营销对比分析
  - 网络营销的常用方法
- 网络广告
  - 网络广告概述
  - 网络广告的表现形式
  - 网络广告的投放与效果评估
- 网店推广
  - 自然搜索优化
  - 网店的付费推广
  - 网店的活动推广

【知识目标】

1. 理解网络营销的含义；
2. 掌握网络营销的发展、特点及优势；
3. 了解网络广告的表现形式；
4. 了解网络广告的投放与效果评估；
5. 理解网店推广方式。

【能力目标】

1. 能对比分析传统市场营销与网络营销；
2. 会运用常用的网络营销方法；
3. 初步具备网店推广能力。

【素质目标】

1. 初步具备网络营销思维；
2. 具有创新意识及诚信意识。

案例导入

故宫博物院营销案例

随着时代的发展，故宫博物院从文创产品销售向文化服务提供转型，从线上服务、互动到线下活动延伸，形成了较为完整的以新媒体为首要接触渠道的产业体系。故宫博物院通过历史改编、组合激发、用户驱动等方式获得创新的天然素材，让一个个文创产品变得鲜活起来。

此外，故宫博物院还大力发展线下文化创意体验馆，让消费者与故宫文化"零距离"接触。在此基础上，故宫博物院向影视剧制作场景的历史化服务、明清物质文化教育等领域迈进，成为设计明清物质文化的大智库和大信息库。

故宫博物院不断发展互联网思维，在不同社交媒体及不同互联网平台上的曝光让故宫形象不断与消费者相遇。故宫博物院与消费者建立了紧密的品牌关系，以体验式营销为主，高度重视与消费者的相互沟通。在这个"网红"盛行的时代，故宫博物院通过互联网的传播，不断成为微信朋友圈的热点，多次登上热榜头条，进行品牌升级。

故宫博物院作为一个超级大 IP，有着庞大的受众基础和较高的流量，发

【案例赏析】穿上
军装 H5

展势头迅猛，不可阻挡。目前，故宫文创产品正以消费者喜闻乐见的方式发展壮大，并通过网络平台，以创新思维将产品营销巧妙地融入人们的生活之中，同时也凭借深厚的文化内涵走向年轻人、走向世界。

> ◗ **思政园地**
>
> 创新文创产品营销方式，增强文化自信。
>
> 随着互联网影响的进一步扩大，人们对网络营销理解的进一步加深，以及出现的越来越多网络营销推广的成功案例，人们已经开始意识到网络营销的诸多优点并越来越多地通过网络进行营销推广。中国文化底蕴深厚，中华优秀传统文化是坚定文化自信的强大底气。因此，通过文创产品的创新营销方式，使中国文化走向年轻人、走向世界。

101

5.1　网络营销概述

↘ 5.1.1　网络营销的含义

（1）网络营销的定义

网络营销是基于互联网络及社会关系网络连接企业、用户及公众，向用户及公众传递有价值的信息和服务，为实现顾客价值及企业营销目标所进行的规划、实施及运营管理活动。网络营销不是网上销售，不等于网站推广，网络营销是手段而不是目的，它不局限于网上，也不等于电子商务，它不是孤立存在的，不能脱离一般营销环境而存在，它应该被看作传统营销理论在互联网环境中的应用和发展。

从广义上说，企业利用一切网络（包括社会网络、计算机网络；企业内部网、行业系统专线网及互联网；有线网络、无线网络；有线通信网络与移动通信网络等）进行的营销活动都可以被称为网络营销。

从狭义上说，凡是以国际互联网为主要营销手段，为达到一定营销目标而开展的营销活动，都称为网络营销。

作为在互联网上进行的营销活动，网络营销不是僵化的概念。虽然它的基本营销目的与其他营销形式是一致的，但是随着信息技术的不断发展，网络营销的内涵和手段在不断发展演变。不同的人对网络营销的理解存在细微差异，为了领会网络营销的精髓，我们需要进一步了解网络营销的内涵。

（2）网络营销的发展

近年来，随着网络营销在企业营销中比例的增大，各类新技术不断涌现，网络营销的技术得到不断提高。

2009年，微博的出现标志着自媒体时代的开始。2011年，微信的横空出世更是在自媒体基础上将互联网全面推入移动互联网时代，网络营销的方式变得多姿多彩、精彩纷呈。移动互联网带来的是技术平台与传播方式两方面的颠覆式创新。从传播角度来看，与传统互联网相比，移动互联网的

不同体现在以下三个方面：一是语音、图片和影像视频为主代替了文字内容；二是自媒体代替了编辑主导；三是泛娱乐化和碎片化代替了深度思考。"语音、图片和影像为主"的表现就是视频化趋势，"自媒体代替编辑主导"的表现就是社交化趋势，"泛娱乐化和碎片化"的表现就是内容轻量化趋势，加上移动互联本身的移动化趋势，这四大趋势代表了当下移动互联网传播营销的发展方向。

2014年以前，网络营销以技术创新和流量获取为主，也就是常说的"流量为王"，企业通过流量实现盈利。2014年以后，在移动网络和新媒体的不断冲击下，网络营销的营销思维发生了颠覆性的改变，技术和流量的重要性逐步淡化。企业开展网络营销不再只关注如何发布产品，通过什么渠道发布产品，林林总总、铺天盖地的网络广告不再那么具有轰动性，取代它们的是品牌和"粉丝"，也就是常说的"粉丝经济"，企业主要依靠品牌影响力和"粉丝"忠诚度实现盈利。

可以预见，未来，网络营销将"以人为主"。网络营销的核心是人，网络技术、设备以及网页内容起到辅助性的作用，旨在关注客户价值，以客户价值为中心。企业在吸引"粉丝"关注的基础上，进一步建立客户与客户之间、客户与企业之间的价值关系网络，强调客户的价值，以便更好地满足客户多元化、个性化的需求。

（3）网络营销的特点

市场营销的本质是交换，成功实现商品交换的前提是买卖双方充分的信息沟通与交流。互联网的本质是一种信息传播与沟通的媒介，以互联网为技术手段的网络营销与传统营销相比较，具有以下十大特点。

①跨时空

营销的最终目的是占有市场份额，由于互联网能够超越时间约束和空间限制进行信息交换，所以市场营销超越时空限制进行交易变成可能，企业可以一年365天、每天24小时随时随地提供全球性的营销服务。

②富媒体

富媒体（Rich Media）是指具有动画、声音、视频和交互性的信息传播方法，富媒体可应用于各种网络服务中，如网站设计、电子邮件、旗帜广告、按钮广告、弹出式广告、插播式广告等，使得为达成交易进行的信息交换能以多种形式存在和进行，可以充分发挥营销人员的创造性和能动性。

③交互式

买方市场下的传统市场营销活动，一般是卖方主动而买方被动，但网络营销活动则是买卖双方交相互动的一种营销机制。互联网可以通过展示商品图像、建立商品信息资料库提供有关的查询，借助互联网实现供需互动与双向沟通；可以进行产品测试与消费者满意调查等活动；还可以为产品联合设计、商品信息发布及各项技术服务提供理想的工具。

④个性化

借助互联网，网络营销可以开展一对一的个性化营销活动。例如，互联网上的促销一般是一对一的、理性的、消费者主导的、非强迫性的、循序渐进式的、低成本与人性化的，有效避免了传统营销活动中推销员强势推销的干扰，并通过信息提供与交互式交谈，与消费者建立起长期良好的关系。

⑤成长性

互联网使用者数量快速成长并遍及全球，使用者多属年轻人且具有高教育水准的中产阶级。由于这部分群体购买力强而且具有很强的市场影响力，因此是极具成长性与开发潜力的市场渠道。

⑥整合性

网络营销可以实现由商品信息发布、交易磋商直至收款发货、售后服务的全过程整合。企业还可以借助互联网将不同的传播营销活动进行统一设计规划和协调实施，以统一的传播口径向消费者传达信息，避免不同传播中不一致性产生的消极影响。

⑦超前性

互联网是一种功能最强大的营销工具，同时兼具渠道、促销、电子交易、互动性客服等多种功能。它所具备的一对一营销功能，适应了市场营销定制营销与直复营销的发展趋势。

⑧高效性

互联网可传送的信息数量与精准度远超过其他媒体，并能迎合市场需求及时更新产品或调整价格，因此能及时有效地了解并满足顾客的需求。

⑨经济性

网络营销通过互联网实现买卖双方的信息沟通与交流，代替了传统的店铺销售，一方面可以减少印刷与邮递成本，实现无店铺销售，另一方面可以大大节约营销成本与费用及传统营销难以避免的损耗。

⑩技术性

网络营销是建立在高技术作为支撑的互联网的基础上的，企业实施网络营销必须有一定的技术投入和技术支持，改变传统的组织形态，提升信息管理部门的功能，引进懂营销与计算机技术的复合型人才，未来才能具备抢占市场的竞争优势。

（4）网络营销的优势

随着互联网技术发展的日渐成熟，互联网成本的大幅降低，以及互联网用户的普及，网络营销区别于传统市场营销，呈现出以下优势。

①网络铺设跨时空，营销机会成倍增

互联网具有超越时间约束和空间限制进行信息交换的特点与优势，使得网络营销脱离时空限制、冲破时空局限使交易成为可能，企业与顾客可以在更大的空间、更多的时间、更多的交换机会下进行营销活动。例如，在时间上，企业可以通过网络与顾客每周 7 天、每天 24 小时随时随地进行商品交换活动。电话是两个人的交流，因而效率为 1∶1；电视的信息传递效果是 1∶n；而在互联网上，一个人能与 n 个人进行信息沟通，n 个联结所产生的价值是 $n∶n$，即 n^2，这便是麦特卡夫（Metcalfe）定律，网络价值同网络用户数量的平方成正比（n 个联结能创造 n^2 的效益）。

②网络连接一对一，营销沟通可互动

在互联网出现之前，人类信息交流的主流媒介有两类，一类是以新闻报刊、广播电视为代表的广播式、点对面的公众信息媒介；另一类是以邮政、电信为代表的人与人之间的定向性、点对点的信息交流媒介。网络互动的特性使顾客真正参与到整个营销过程之中成为可能，顾客参与的可能性和选择的主动性得到提高。在这种互动式营销中，买卖双方可以随时随地进行互动式双向交流，而非传统营销中的单向交流。网络营销可以通过展示商品目录、连接商品信息数据库等方式向顾客提供有关商品的信息，供顾客查询，并且可传送信息的数量与精确度远远超过其他媒体，并能适应市场的需求及时地更新产品或调整价格，还能更及时有效地了解并满足顾客的需要。而且企业还可以通过互联网收集市场情报，进行产品测试与顾客满意度调查，为企业的新产品设计与开发、价格制定、营销渠道的选择、促销策略的实施提供可靠而有效的决策依据。

③网络介入全过程，营销管理大整合

互联网是一种功能强大的营销工具，同时兼具营销调查、产品推广与促销、电子交易、互动式顾客服务，甚至某些无形产品直接网上配送，以及市场信息分析与提供等多种功能。网络营销从商品信息的发布，直至发货收款、售后服务一气呵成，因此是一种网络介入全程的营销活动。企业可以借助网络将不同环节的营销活动进行统一的设计规划和协调实施，为各种企业资源的重新整合发挥更大的作用提供了可能，使得营销战略规划的整合功能得以前所未有的充分发挥。

④网络运行高效率，营销运作低成本

首先，网络媒介具有传播范围广、速度快、无时间地域限制、无时间版面约束、内容全面详尽、多媒体传送、形象生动、双向交流、反馈迅速等特点，有利于提高企业营销信息传播的效率，增强企业营销信息传播的效果，大大降低企业营销信息传播的成本；其次，网络营销无须店面租金成本，能减少商品流通环节，减轻企业库存压力；再次，利用互联网，中小企业只需极小的成本，就可以迅速建立起自己的全球信息网和贸易网，将产品信息迅速传递到以前只有实力雄厚的大公司才能接触到的市场中；最后，顾客可以根据自己的特点和需要在全球范围内不受地域、时间的限制，快速寻找能满足自己需要的产品并进行充分的比较与选择，这就较大限度地降低了交易时间与交易成本。当然，企业实施网络营销必须有一定的技术投入和技术支持，但从营销的角度来说，其回报率应该是很高的。

⑤网络终端遍世界，营销战略盖全球

互联网覆盖全球市场，通过它企业可方便快捷地进入任何国家的市场，网络营销为企业架起了一座通向国际市场的绿色通道。网络营销可以帮助企业构筑覆盖全球的市场营销体系，实施全球性的经营战略，加强全球范围内的经济合作，获得全球性竞争优势，增强全球性竞争能力。同时，互联网使用者数量快速成长并遍及全球，而且使用者年龄较轻、收入能力消费水平相对高、知识水平受教育程度比较高，因而这部分群体有着较强的购买力、很强的市场影响力和明显的消费示范功能，所以，对企业来说，这无疑是一个极具开发力的潜在市场。

网络营销作为一种全新的营销方式，与传统营销方式相比具有明显的优势。它具有强大的生命力，但也存在着诸多不足。例如，网络营销尤其是网络分销无法满足顾客社交的心理需要，无法使顾客通过购物过程来满足显示自身社会地位、个人成就或支付能力等方面的需要。尽管如此，网络营销作为21世纪势不可当的营销新方式，将成为企业实施全球性竞争战略的锐利武器。

↘ 5.1.2　传统营销与网络营销对比分析

网络营销作为一种全新的营销理念和营销方式，凭借互联网的特性将对传统营销方式产生巨大的冲击，但这并不等于说网络营销将完全取代传统的市场营销模式。网络营销与传统市场营销必将是一个相互配合、相互协调、相互融合，以至逐步整合的过程。

（1）传统营销与网络营销的不同

①营销理念的不同

传统营销理念，如生产观念、产品观念、推销理念等，主要是以企业的利益为中心，未能充分考虑客户的需求，单纯追求低成本的规模生产，极易导致产销脱节现象的产生。而在网络营销中，企业的营销理念从原来的以企业为中心转变为真正以客户需求为中心。该理念从客户的个性和需求出发，寻找企业的产品、服务与客户需求之间的差异和共同点，并在适当时候通过改变企业的营销策略来满足客户的需求。

②信息沟通模式和内容的转变

传统营销争取客户的手段多为单向的信息传播方式（如电视、杂志、广播、传单宣传等），营销人员在与客户沟通时，倾向于说服客户接受自己的观念和企业的产品，此时客户处于被动地位，他们只能根据企业提供的固定信息来决定购买意向。但网络营销采用了交互式双向信息传播方式，企业与客户之间的沟通及时而充分，客户在信息传播过程中可主动查询自己需要的信息，也可以反馈自己的意见。

③营销竞争方式的差异

传统营销是在现实空间中厂商之间进行面对面的竞争，网络营销则通过网络虚拟空间进入企业、家庭等现实空间。从实物到虚拟市场的转变，使具有雄厚资金实力的大规模企业不再是唯一的优胜者。在网络营销条件下，所有的企业都站在同一起跑线上，这就使小公司实现全球营销成为可能。

④营销策略的不同

在传统营销策略中，4P营销策略，即产品、价格、渠道和促销成了企业经营的关键性内容，利润最大化是企业追求的目标。其出发点是企业的利润，没有将客户的需求放到与企业利润同等重要的地位上来。而网络的互动性使客户能够真正参与整个营销过程，而且其参与的主动性和选择的主动性得到了加强。这就决定了网络营销首要先把客户整合到整个营销过程中来。营销环境发生了变化，没有了地域限制，宣传和销售渠道统一到了网上，价格策略的运用也受到了很大限制，这就促使传统的 4P 营销策略向客户的需求和欲望、成本、便利与沟通的 4C 营销策略方向转变。

（2）**网络营销与传统营销的整合**

网络营销与传统营销并不矛盾，它是传统营销的继承和超越，具体表现在以下几个方面。

①结合传统媒体与网络媒体

互联网条件下，移动电视、数字报刊、微信、微博、手机短信、手机媒体、博客等新媒体逐渐崛起，其影响力不断增强。而新媒体与传统媒体在互联网时代下的发展，并不是此消彼长的过程，新媒体的出现让传统媒体正视自身的传统思维，对其传播方式与能力进行改革与创新；而传统媒体的严谨性，更让新媒体认识到自身的不足，从而加强传播信息的真实性与准确性。所以企业应将新媒体与传统媒体这两种方式进行有效的融合，才能充分发挥二者的优势，并通过互补互助提升营销效果。

②进行网上市场调研

调研市场信息，从中发现消费者的需求动向，从而为细分市场提供依据，是企业开展市场营销的重要内容。一般企业开展网上市场调研活动主要有两种方式。

一是借助专业网络市场研究公司的网站进行调研。这对于那些市场名气不大，自身网站或平台不够引人注意的企业是一种有效的选择。

二是企业在自己的网站或平台上进行市场调研。就知名企业而言，其网站或平台的常客多是一些对该企业有兴趣或与企业有一定关系的网民，他们对企业有一定的了解，这将有利于为企业提供更准确有效的信息，也为调研过程的及时、双向交流提供了便利。

③结合传统营销渠道与网络分销渠道

尽管电子商务发展迅猛，但相比传统营销，其份额仍然是有限的。企业传统的营销渠道仍然是企业的宝贵资源，但互联网所具有的高效、及时的双向沟通功能的确为加强企业与其分销商的联系提供了有利的平台。企业通过互联网构筑虚拟专用网络，将营销渠道融入其中，可以及时了解营销过程的商品流程和最终销售状况，这将为企业及时调整产品结构、补充脱销商品、分析市场特征、实时调整市场策略等提供帮助，从而为企业降低库存创造条件。而对于传统营销渠道而言，网络分销也开辟了及时获取畅销商品信息、处理滞销商品的巨大空间，从而加速销售周转。

④整合传统营销关系

互联网是一种新的市场环境，这一环境会对企业的组织、运作及管理观念产生重大的影响。一些企业已经迅速融入这一环境，依靠网络与原料商、制造商、消费者建立密切联系，并通过网络收集、传递信息，从而根据消费需求，实现产品设计、制造及销售服务的全过程，以此达到整合传统营销关系的目的。

【拓展阅读】O2O 营销模式

↘ 5.1.3　网络营销的常用方法

（1）**搜索引擎营销**

搜索引擎是指根据一定的策略，运用特定的计算机程序从互联网上搜集信息，为用户提供检索服务的系统。搜索引擎可以检索海量的信息，是当前人们生活和工作中必不可少的工具之一。目前，比较常用的搜索引擎有百度、搜狗、360 搜索等，大多企业都选择与这些具有实力的搜索引擎合作，

105

开展搜索引擎营销。

搜索引擎营销就是基于搜索引擎高效、便捷、智能检索功能的网络营销方式。利用人们对搜索引擎的使用习惯，在人们检索过程中将推广信息传递给目标用户，让目标用户发现信息，主动点击信息，并进一步了解信息。企业利用搜索引擎进行推广时，可以让目标用户直接与企业客服交流，最终实现交易。概括起来，搜索引擎营销是围绕用户进行的一站式营销活动。其流程大体为用户使用企业品牌或产品名称等相关关键词进行搜索，然后点击搜

【拓展阅读】搜索引擎
营销

索结果中的企业品牌或产品信息，进入企业相关网站购买产品，之后跟踪物流配送信息并获得产品。

（2）微博营销

微博随国外媒体平台"推特"的发展而兴起，是一个通过关注机制分享简短实时信息的广播式社交网络平台。网络上很多的最新动态几乎都是通过微博分享产生的。微博的用户数量非常大，发布信息和传播信息的速度也非常快。微博主通过每天更新微博内容，发布"粉丝"感兴趣的话题，可以与"粉丝"保持良好的互动，培养坚实的"粉丝"基础。如果微博主拥有数量庞大的"粉丝"群，则发布的信息可以在短时间内传达给更多其他用户，甚至

【拓展阅读】欧莱雅
微博营销

形成爆炸式的病毒推广效果，因此不管是企业还是个人，都可将微博作为主要营销平台之一。

（3）微信营销

微信营销是移动互联网时代企业或个人的一种营销模式，是伴随着微信这一超级应用的火热而兴起的一种网络营销方式。微信不受时空的限制，用户注册微信后，可相互加好友，微信好友间形成一种联系，可以在朋友圈发布动态信息，也可以主动选择查看自己所需的信息。商家则可以通过个人号或微信公众号提供用户需要的信息，推广产品，从而实现点对点的营销。

微信营销主要体现在以安卓系统、苹果系统的手机或者平板电脑中的移动客户端进行的区域定位营销。商家通过微信公众平台，结合微信会员管理系统展示商家微官网、微会员、微推送、微支付、微活动，已经形成了一种主流的线上、线下微信互动营销方式。

（4）社群营销

社群就是一个群体基于某个点（如兴趣、爱好、身份、需求等）而衍生的社交关系链。对于品牌营销来说，在进行口碑传播、收集用户需求、提高用户忠诚度等方面，社群有着其他渠道无法比拟的天然优势。一个高质量、运营出色的社群甚至能够通过社群进行产品销售，或者是让用户直接参与产品研发。

社群以一种自组织形态，借助社交工具聚合关系链，并形成社群组织中的主导者，让主导者以"失控"的模式打造品牌传播力，与社群成员一起分享观点，引起彼此之间的共鸣，进而实现商业变现。

社群营销是在网络社区及社会化媒体的基础上发展起来的用户连接及交流更为紧密的网络营销模式，主要通过连接、沟通等方式实现用户价值。社群营销是一种基于圈子和人脉的营销模式，通过将有共同兴趣爱好的人聚集起来，打造一个共同兴趣圈并促成最终的消费。社群营销的本质是口碑传播的过程，其人性化的营销方式不仅广受用户欢迎，还可以通过用户口碑继续汇聚人群，让用户成为继续传播者。

（5）直播营销

直播营销是在现场随着事件的发生、发展同时制作和播出的视频营销方式，以直播平台为载体。网络信息的形式十分丰富，与图文相比，视频具有更加直观的场景表现力。特别是视频直播，可以与用户进行实时互动，快速引起情感共鸣。直播形式的多样化发展，使直播这种新兴的营销机会被各大企业关注，快速涌现出了一批直播平台。企业通过这些直播平台可以更加立体化地展示企业文

化，传递品牌信息，开展各种营销活动，与用户间开展更加直观的互动。

（6）**二维码营销**

二维码营销是移动营销的重要组成部分。企业通过对二维码图案进行传播，引导用户扫描二维码，可了解相关的产品资讯或推广活动，从而刺激用户进行购买。随着智能手机的普及和移动互联网的发展，二维码成为一种极具潜力的营销方式。它是打通线上与线下的重要方式，可以直接在互联网上发布、传播，也可以通过传统线下途径进行传播，然后将用户引至线上消费。

【拓展阅读】淘宝直播

思政园地

互联网时代，市场信息日益透明，诚信是商家的核心资产，信誉好坏直接决定其生存发展。从某种程度上来讲，网络经济的本质就是口碑经济、诚信经济，信用是其发展壮大的重要基石。只有坚守诚信底线，诚实经营，童叟无欺，为广大消费者提供信得过的产品，方能经得住市场考验、赢得未来。

5.2　网络广告

↘ 5.2.1　网络广告概述

广告是商品经济发展的产物，是一种以推销商品、获得盈利为最终目标的商业行为。广告向目标消费者展示商品的性质、质量、功用、优点，进而打动和说服消费者，影响和改变消费者的观念和行为，最后达到商品被推销出去的目的。

【拓展阅读】网络广告发展史

网络广告是指以数字代码为载体，采用多媒体技术设计制作，通过互联网传播，具有交互功能的广告形式。2001 年 4 月北京市工商局颁布的《北京市网络广告管理暂行办法》界定"本办法所称网络广告，是指互联网信息服务提供者通过互联网在网站或网页上以旗帜、按钮、文字链接、电子邮件等形式发布的广告"。

↘ 5.2.2　网络广告的表现形式

网络广告采用先进的多媒体技术，拥有灵活多样的广告投放形式。目前网络广告投放形式主要有以下几种。

（1）**横幅广告**

横幅广告又称"旗帜广告"，是最常用的广告形式。它通常以 Flash、GIF、JPG 等格式定位在网页中，同时还可使用 Java 等语言使其产生交互性，用 Shockwave 等插件工具增强表现力。横幅广告开始是静态的广告，用户可以点击进入广告主的网站，后来逐渐发展为互动广告。图 5－1 所示的中心图片为横幅广告。

图5-1　横幅广告

（2）按钮广告

按钮广告又名"图标广告"，是标语式广告的一种特殊形式，其制作方法、付费方式、自身属性与横幅广告没有区别，仅在形状和大小上有所不同。其由于尺寸偏小，表现手法较简单，一般只由一个标志性的图案构成，通常是商标或厂徽等，它的信息量非常有限，吸引力也相对差一些，只能起到一定的提示作用。图5-2所示为网易严选的按钮广告。

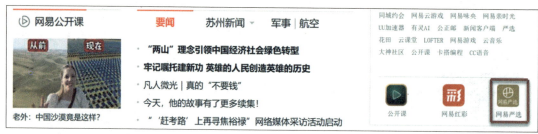

图5-2　按钮广告

（3）文本链接广告

文本链接广告是以一排文字作为一个广告，点击之后可以进入相应的广告页面。这是一种对浏览者干扰最少，却较为有效的网络广告形式。有时候，最简单的广告形式效果却最好。

（4）电子邮件广告

电子邮件广告具有针对性强、费用低廉的特点，而且广告内容不受限制。它可以针对具体某一个人发送特定的广告，为其他网上广告方式所不及（如图5-3所示）。

图5-3　电子邮件广告

（5）竞赛和推广式广告

竞赛和推广式广告又名"赞助式广告"，广告主可以与网站一起合办认为公众感兴趣的网上竞赛或网上推广活动。赞助式广告的形式多样，在传统的网络广告之外，给予了广告主更多的选择空间。

（6）软性广告

广告与内容的结合可以说是软性广告的显著特征，从表面上看它们更像网页上的内容而并非广告。在传统的印刷媒体上，这类广告一般都会有明显的标示，而在网页上通常没有清楚的界限。

（7）插播式广告

插播式广告又名"弹出式广告"，在访客请求登录网页时强制插入一则广告页面或弹出广告窗口，类似电视广告，都是打断正常节目的播放形式，强迫公众观看。插播式广告有各种尺寸，有全屏的也有小窗口的，而且互动的程度不同，从静态广告到全部动态广告都有。浏览者可以通过关闭窗口不看广告（当然电视广告是无法做到的），但是它们的出现没有任何征兆，肯定会被浏览者看到。

（8）富媒体广告

富媒体广告是一种不需要受众安装任何插件就可以播放的整合视频、音频、动画图像、具有双向信息通信和用户交互功能的新一代网络广告形式。它具有大容量、交互性的特性，拥有更大的创意空间，可以更好地展现品牌形象，而其带来的高浏览率、高点击率、高转化率，更使其成为网络营销不可错过的广告形式。

（9）其他类型广告

其他类型广告主要包括分类广告、视频广告、巨幅连播广告、对联广告、撕页广告等。

↘ 5.2.3　网络广告的投放与效果评估

（1）网络广告的投放

网络广告投放尽管看起来是一个非常简单的工作，只要出钱购买广告即可，但是网络推广人员想要做好网络广告投放并不简单。

①确定广告目标

SEM专员想要高效地投放网络广告，首先要确定付费推广目标，比如销售额、会员注册量、转化率、App下载量等。注意，目标的确定至少应该遵循以下两个原则。

一是目标是可以达成的，不能不靠谱。比如新上线的网站，在没有任何资源和优势的情况下，仅投放几千元的广告，想要达成日均IP几十万是不可能的。长远目标可以切割细分为短期目标，这样可量化和预估。

二是目标是可以量化的。销售额不管是100万元还是1000万元，实现目标的时间是3个月还是5个月，SEM推广专员可以根据目标的大小和完成时间制定详细的阶段性目标。

目标分解得越细越好，细致到每周甚至每天。目标越细，就意味着考虑越周全，这样就更容易达成。

②确定广告预算

网络广告预算不是盲目确定的，也不是拍脑袋想出来的，而是根据投放广告目标来确定的。简单来说，单目标成本决定了广告预算。

比如广告目标是每月开发100个用户，而每个用户的开发成本是50元，那么每月的广告预算应该是5000元。那么，单目标成本是如何得来的呢，有哪些方法？

一是根据经验制定。一般来说，有过网络广告投放经验的SEM推广人员，完全可以根据以往的

项目经验去合理制定。

二是根据相关数据制定。单目标的成本数据可以由两个渠道获取，一个是行业报告，通常在这些行业报告中会说明单目标的成本，并且这些报告数据有一定的参考价值。另一个是在群里发个红包向同行或其他公司索取数据，毕竟通过实践得出来的数据，更具有指导性。

三是测试后制定。测试是获取数据最直接和有效的方法，也最直观。比如投放前，选择 10 家相关媒体进行小额度的试投，然后根据广告效果算出平均成本，以此作为正式的投放依据。

四是根据传统渠道的比例。众所周知，网络广告比传统广告省钱，而传统广告在数据方面非常成熟和齐全，所以我们可以根据传统广告的相关数据来制定单目标的成本预算。比如说传统广告获得一个有效目标的成本是 10 000 元，那么我们可以在这个数据上除以 3、4 或 5。

③选择媒体平台

网络广告预算确定后，正式开始寻找媒体平台投放。那么媒体平台的选择有什么原则和技巧呢？

一是围绕目标用户选择媒体。目标用户是谁，有哪些特点和行为，比如年龄、性别、文化程度、职业特征以及生活习惯、消费习惯、网络行为等。SEM 推广人员可以根据这些信息，分析目标用户主要聚集在哪个网站，或通过哪些网站找信息及相互交流。比如腾讯、新浪、头条、百度等，这些用户集中的平台就是首选媒体。

二是分析不同媒体的流量。经过初步筛选，我们手上已经有许多目标媒体，但预算有限，媒体选择只能择优而投。那么什么样的媒体才算优质媒体呢？

■ 网站整体流量评估

流量是网站的核心数据，真实数字通常都不会对外公布。但我们可以借助 Alexa 工具来完成。Alexa 是目前同类排名中最权威、知名度最高的工具。它会对网站的流量进行评估，虽然数据不够精准，但具有参考价值，我们也可以据此来推算同类网站的流量比例。

■ 二级频道流量评估

Alexa 除了对网站的整体流量进行评估外，还会对网站的各个频道进行流量评估（只统计带有二级域名的频道），实际上现在的站长 SEO 查询工具都能统计二级域名的流量，以站长和爱站 SEO 工具的参考价值最高。

三是分析广告位所在的页面内容。通过上面的步骤，我们可以推算出在同等网站中，哪些网站的整体流量和频道流量最高。流量高的不意味着效果好，关键是这些媒体的用户是否适合我们。SEM 推广人员可以通过媒体输出的内容来分析用户是什么人，特别是具体广告位所在的页面内容，什么样的内容吸引什么样的人，具体问题具体分析。除了文章外，还有网站的评论、论坛的帖子等，通过这些内容可以分析出该媒体的用户特点和行为，然后找到目标用户所在的媒体平台并进行投放。

四是集群作战，长尾效应。如果资金预算充足，可以考虑集群作战，在同类媒体平台显眼位置都投放广告。至于平台的具体效果，只要衡量这些网络广告中的投资回报率就行了。因为多平台发力，用的就是长尾策略。而且在同类平台投放广告，目标用户群的覆盖率是最高的，而且对品牌的提升也有一定的帮助。

④制作广告创意

网络广告创意的制作，应该符合以下几个要点。

一是广告要有足够的冲击力，能引起用户注意。

二是广告语要画龙点睛，用一句话让用户知道我们能带给他们什么，帮他们解决什么问题，要体现出产品的特点。这样才能增加广告的精准度，特别是按点击付费的广告，如果广告语写得不明确，则会增加无效点击，造成资金浪费。

三是广告内容要有一定的可读性，充满亲和力的内容才能打动用户。如果广告是动态格式，请注意控制广告时间，过长的广告会让用户失去观看兴趣。

四是广告尺寸要灵活，不同媒体广告尺寸不相同，所以创意要具有灵活性，可以适应不同大小的广告。

五是多准备几套创意。如果是长期投放网络广告，应该多准备几套不同的创意，这样可以避免用户审美疲劳，致使广告效果大打折扣。

六是广告落地页。它是决定最终广告效果的关键要素，用户最终能不能转化，很大程度上取决于落地页能不能打动用户。

⑤广告投放测试

经过前面四步的准备，投放媒体渠道大概确定，广告创意也已经制作完毕，接下来就要开始正式投放前的测试工作了，主要测试两方面内容。

一是测试不同媒体的效果。尽管投放媒体渠道已经初步筛选完毕，但是具体效果无法预估，所以良家佐言建议对所选择的媒体进行一次效果测试，用事实说话，找出最佳获客渠道。

测试方法：在所选媒体投放相同的广告创意，广告落地页也用相同的内容。

二是测试不同广告位的效果。每个获客渠道都有不同的广告位置，每个位置的广告位效果也不相同，想要看看哪个广告位置投放效果最佳，我们可以选择在不同广告位上投放相同的广告创意，落地页也使用相同的内容。

（2）网络广告效果评估

①网络广告效果评估的含义

网络广告效果评估是指网络广告活动实施以后，通过对广告活动过程的分析、评价及效果反馈，检验广告活动是否取得了预期效果的行为。

网络广告效果同传统广告效果一样具有复合性，包括经济效果和传播效果。网络广告经济效果是指网络广告活动在促进产品、服务及增加企业利润等方面的作用。网络广告传播效果是指网络广告活动在消费者心理上引起反应的作用。网络广告通过对产品、服务和品牌的宣传，客观上强化或改变着人们的认知、态度和行为，从而对人们的心理产生一定的影响。

②网络广告评估指标

网络广告效果的评估指标有以下几种，广告主、网络广告代理商和服务商可结合自身广告效果评估的要求，运用这些指标进行效果综合评估。

一是点击率。点击率是指网上广告被点击的次数与被显示次数之比。它一直都是网络广告最直接、最有说服力的评估指标之一。点击行为表示那些准备购买产品的消费者对产品感兴趣的程度，因为点击广告者很可能是那些受广告影响而形成购买决策的客户，或者是对广告中的产品或服务感兴趣的潜在客户，也就是说是高潜在价值的客户，如果准确识别出这些客户，并针对他们进行有效的定向广告和推广活动，可以对业务开展有很大的帮助。

二是二跳率。二跳量与到达量的比值称为广告的二跳率，该值初步反映广告带来的流量是否有效，同时也能反映出广告页面的哪些内容是购买者所感兴趣的，进而根据购买者的访问行径，来优化广告页面，提高转化率和线上交易额，大大提升网络广告投放的精准度，并为下一次的广告投放提供指导。

三是业绩增长率。对一部分直销型电子商务网站，评估它们所发布的网络广告最直观的指标就是网上销售额的增长情况，因为从网站服务器端的跟踪程序可以判断买主是从哪个网站链接而来，购买了多少产品、什么产品等情况，从而对广告的效果有最直接的体会和评估。

四是回复率。它反映了网络广告发布期间及之后一段时间内客户表单提交量，公司电子邮件数量的增长率，收到询问产品情况或索要资料的电话、信件、传真等的增长情况，等等，回复率可作为辅助性指标来评估网络广告的效果，但需注意它应该是由于看到网络广告而产生的回复。

五是转化率。"转化"被定义为受网络广告影响而形成的购买、注册或者信息需求。有时，尽管顾客没有点击广告，但仍会受到网络广告的影响而在其后购买商品。

（3）网络广告效果评估方式

①访问统计软件

使用一些专门的软件（如 WebTrends、Accesswatch、SiteFlow – M 等），可随时监测广告发布的情况，并能进行分析、生成相应报表，广告主可以随时了解在什么时间、有多少人访问过载有广告的网页，有多少人通过广告直接进入广告主自己的网址，等等。

②广告管理软件

可从市场研究监测公司购买或委托软件公司专门设计适合需要的广告管理软件，用以对网络广告进行监测、管理与评估。

③反馈情况

统计 HTML 表单的提交量以及 E – mail 的数量在广告投放后是否大量增加来判断广告投放的效果。如果投放之后目标受众的反应比较强烈，反馈大量增加，则可以认为广告的投放是成功的。一般而言，成功的网络广告具有以下几个特征：从外界发回的企业的电子邮件的数量增加 2 ~ 10 倍；在 2 个月、3 个月的周期内，向企业咨询广告内容的电子邮件和普通信件明显增多；广告发布后 6 个月至 2 年，由广告带来的收益开始超过广告支出。

（4）**评估方法**

在广告的效果评估中，我们使用最多的就是 DAGMAR 方法，下面根据使用评估指标的情况可以将评估方法大体分为以下两大类，但是 DAGMAR 方法一直贯穿其中。

①单一指标评估法

单一指标评估法是指当广告主明确广告的目标后，应该采取适当的单个指标来对网络广告效果进行评估的方法。当广告主所追求的广告目标是提升和强化品牌形象时，只需要选择那些与此相关的指标，如浏览量、访问量、停留时间等指标来衡量；当广告主所追求的广告目标是追求实际收入时，只需要选取转化次数与转化率、广告收入、广告支出（成本）等相关指标进行评估。

②综合指标评估法

所谓综合指标评估法就是在对广告效果进行评估时所使用的不是简单的某个指标，而是利用一定的方法，在考虑几个指标的基础上对网络广告效果进行综合衡量的方法。下面介绍两种综合指标评估方法，其评估结果从不同方面反映了网络广告的效果。

一是传播效能评估法。所谓传播效能就是指随着网络广告的刊登，其广告宣传对象的信息也在不断传播，从而产生了对品牌形象和产品销售潜力的影响，这种影响侧重于长期的综合的效果。而传播效能评估法就是对网络广告刊登后的一段时间内，对网络广告所产生的效果的不同层面赋予权重，以判别不同广告所产生效果之间的差异。这种方法实际上是对不同广告形式、不同投放媒体或者不同刊登周期等情况下的广告效果比较，而不仅仅反映某次广告刊登所产生的效果。

二是耦合转化贡献率评估法。广告主在以往网络广告的经验基础之上，会产生一个购买次数与点击次数之间的经验比例数值，根据这个比例即可估算广告在网站刊登时，一定的点击次数可产生的购买转化次数，而该网站上的广告的最终转化次数可能与这个估计值并不完全吻合，由此产生了实际转化次数相对于预期转化次数的变化率，我们称之为该网络广告与该网站的耦合转化贡献率。

（5）**评估意义**

①完善广告计划

通过网络广告效果的评估，可以检验原来预定的广告目标是否正确，网络广告形式是否运用得当，广告发布时间和网站的选择是否合适，广告费用的投入是否经济合理，等等。从而可以提高制订网络广告活动计划的水平，争取更好的广告效益。

②提高广告水平

通过收集消费者对广告的接受程度，鉴定广告主题是否突出，广告诉求是否针对消费者的心理，广告创意是否吸引人，是否能起到良好的效果，从而可以改进广告设计，制作出更好的广告作品。

③促进广告业务

网络广告效果评估能客观地肯定广告所取得的效益，可以增强广告主的信心，使广告企业更精心地安排广告预算，而广告公司也容易争取广告客户，从而促进广告业务的发展。

5.3　网店推广

↘ 5.3.1　自然搜索优化

搜索引擎优化（Search Engine Optimization，SEO）是利用搜索引擎的搜索规则来提高网站或者网店在搜索引擎中的自然排名，以获得自然搜索流量。网店 SEO 主要分为两种：第一种是网店在站外搜索引擎（如百度等）中的优化；第二种是提升网店在淘宝网内的自然搜索排名，通过优化网店商品标题、类目、属性、上下架时间等来获取较好的排名，从而获取淘宝网搜索流量。搜索引擎优化对提升网店自然搜索流量起着至关重要的作用。

（1）网络平台搜索引擎优化的影响因素

①违规因素

违规因素是商家商品参与搜索排名的必要因素，商家一旦触犯平台规则，商品就没有资格参与搜索排名，在影响搜索排名的规则中比较有代表性的就是虚假交易规则。以淘系为例，规则明确指出触犯虚假交易规则的商品将面临搜索降权的处罚：涉嫌虚假交易（不论次数和笔数）单个商品降权 30 天。另外，淘系还明确规定搜索作弊行为包括虚假交易、重复铺货、广告商品、错放类目和属性、标题滥用关键词、价格不符、邮费不符等，此类行为一旦被发现，商品都会被降权。

②文本因素

文本因素是指在商品发布的过程中，在遵循商品特质的基础上，商家要围绕客户搜索关键词来布局商品标题和属性，乃至店铺相关内容，因为搜索引擎优化工作是以关键词搜索为基础的，淘系搜索引擎优化也不例外。从搜索原理分析，如果标题和属性中没有对应关键词，那么商品几乎不可能出现在对应搜索结果中。

③人气因素

人气因素主要是指商家商品在客户搜索结果中的点击率、收藏率、加购率、转化率、熟客率、流量、销量等因素。准确地说，在诸多因素满足的情况下，人气因素是决定商品搜索排名的核心因素，而且人气因素的原理也适用于直通车、钻石展位、超级推荐等诸多场景。

④类目因素

类目因素主要是指商家在商品发布过程中一定要精准选择类目，填写的精准与否会直接影响到商品信息的排名。在网络商业行为中，类目划分是常规分类管理的初始，是淘系商品关键词分类的基础，也是客户查找信息的一项重要依据。例如儿童配饰发梳，从商品的角度讲，它可以选择很多类目，首选类目是"饰品/流行首饰/时尚饰品新 > 发饰"；但从应用场景的角度讲，它应该归属于"童装/婴儿装/亲子装 > 儿童配饰 > 发饰"类目。一旦放错类目，就会在本应该展示的类目中失去排名优势。

⑤服务因素

服务因素指商家服务客户过程中涉及的各种因素，表现指标有投诉率、纠纷率、退款率、旺旺响应时效等一系列因素，综合表现为后台操作中对应的 DSR 指标、综合体验星级、基础服务考核分等。当这些指标达到类目平均水平以上的时候，平台会给予对应的店铺商品优先排序；反之，则对商品排序起到反作用。

⑥个性化因素

个性化因素是指淘系在统计分析的客户购买偏好（个性化标签）基础上，往往会把商品优先展示在其对应标签的客户浏览结果中。其影响因素包括但不限于：客户成交价格区间、店铺偏好、属性偏好、品牌偏好、类目偏好等。如果客户经常在某个店铺购买商品，当客户搜索同类商品的时候，该店铺商品在排序结果中就会有更突出的表现。例如某客户经常购买高客单价的商品，低客单价的商品在其搜索结果中排名就不会表现很突出。目前，由于淘系大数据分析愈加完备精准，千人千面式的个性化展示已被广泛地应用在淘系的各个领域，如手淘首页、搜索结果页等。

当然影响平台搜索引擎优化排名的因素还有很多，如店铺动销率、主营类目权重、新品标签等，尤其是随着网络环境的变化，这些排名因素会不断地调整，在过去的排名机制中，下架时间、橱窗推荐也有一定加分因素，但从 2018 年以来，淘系基本淡化了这些因素的权重。

（2）常用优化技巧

①上下架时间的优化

上下架时间对于集市卖家尤为重要，那么如何来优化上下架时间，主要有两个步骤：

第一步，流量趋势的分析：工作日全网流量分析；周末全网流量分析。

工作日是趋势集中在下午，周末是趋势集中在晚上。分析流量趋势重点是要看有没有细化到每一天，如果做到了，那么流量分析这一块就会做好。

第二步，竞品调研的分析：竞品错架上位，在商品上架时，要看看商品的旁边的情况，如果有不利于自己竞争的商品存在，马上调整商品上下架时间。

②商品标题优化

要想让商品被买家搜索到，重点应该是优化商品标题。在影响淘宝站内搜索结果排名的诸多要素中，商品标题描述绝对是最重要的一个。卖家要把商品的优势、特色、卖点融入标题。

一是收集关键词渠道。主要收集渠道有人气商品标题采集、淘宝首页（类目）推荐词、搜索框下拉菜单词、淘宝排行、淘宝指数、数据魔方（淘词）、量子恒道关键词报表、直通车词表，当然还有一些其他渠道。

二是编辑标题五大原则。

可读性原则：标题通顺流畅；前部吸引眼球（"N 次断货""×××同款"等）。

等效原则：有些不一样的关键词可以达到同样的搜索效果。

符号原则：易读性符号：空格、"/"等；强调性符号："【】""＊☆"等。

拆分原则：英文以字母为单位，汉字以淘宝数据库中的词组为单位，优先展示不需要拆分含该词的宝贝。

无序原则：关键词排列顺序不对搜索产生影响。

标题优化是个循环往复的过程，并非一蹴而就。

③商品主图优化

主图是商品的展示图，买家搜索商品时首先看到的就是商品主图。主图优化对于提高商品的点击率很重要，因为展现在买家眼前的并不是一件商品，而是几十件商品，如何在这几十件商品中脱颖而出，让买家去点击自己的商品，这就是主图优化的作用。主图优化有以下几个注意点。

一是巧选配色。人体对产品的第一印象是产品的颜色，因此要做好配色。配色没有绝对性，是有相对性的，要突出自己的产品颜色。

二是妙用文案。在商品主图上加文案要适当，不可太多，而且要切记，尽量不要覆盖产品本身。

三是突出卖点。文字一定要突出产品的卖点，否则图片上加文字的作用就不大了。突出卖点的同时，注意信息不要太多，不要将信息粗暴地累积，否则会引起搜索降权，那就得不偿失了。

四是契合视觉心理。主图优化主要目的是提高点击率，可以参考同行比较优秀的展示形式，尽量和其他商家主图形成差异，突出本产品的优势，并且契合消费者视觉心理。

5.3.2　网店的付费推广

在各类电商平台上免费的自然流量已经不能满足日益加快的店铺发展，所以为了赋予店铺更多的活力和转化率，付费推广就应运而生。

按照当下广告扣费的形式划分，主要有以下几种：

- 点击计费推广（Cost Per Click，CPC）。
- 千人展现成本推广（Cost Per Mille，CPM）。
- 交易收费推广（Cost Per Sales，CPS）。

（1）点击计费推广（Cost Per Click，CPC）。

CPC 广告的推广原理是基于竞价排名的，排名规则主要考虑广告质量得分和出价两个因素。广告质量得分是根据广告的相关度、点击率、着陆页质量等因素计算出来的，得分越高，广告排名就越靠前。出价则是广告主愿意为每次点击支付的最高价，出价越高，广告排名也会越靠前。淘宝直通车、京东快车、多多搜索等就是 CPC 推广的典型代表。

CPC 广告的扣费方法是按照每次点击的价格进行扣费，也就是说每当有用户点击广告时，广告主就会被扣除一定费用。具体的扣费方式是由广告平台提供商决定的。淘宝直通车的扣费公式如式（5-1）所示：

$$扣费 = 下一名出价 \times 下一名质量分/我的质量分 + 0.01 \tag{5-1}$$

（2）千人展现成本推广（Cost Per Mille，CPM）

CPM 广告是指在广告投放中广告主需要支付一定的费用，让广告在一定的展示量内展示出来，通常以每展示 1 000 次的价格计算。在做 CPM 广告时广告主需要先选择广告投放的平台、广告投放的时间、广告投放的位置等因素，然后进行广告的创意制作和投放。广告平台会按照广告主的设定，将广告展示给一定数量的目标受众，当广告展示次数达到一定量时，广告主就需要支付一定的费用。

CPM 广告通常是按照广告主出价的高低进行排名。出价高的广告会排在前面，出价低的广告会排在后面。从网络资讯平台到零售平台，CPM 从未缺位过，淘宝平台的钻石展位、京东平台的京选展位、头条广告、腾讯体系的广点通及各大平台的信息流广告都有 CPM 的基因。

（3）交易收费推广（Cost Per Sales，CPS）

CPS 是指按照商品销售金额进行计费的一种推广方式，具体实现方式是以链接形式将商品推广给消费者，当消费者通过该链接购买商品时推广者将获得一定的佣金，佣金计算公式如式（5-2）所示：

$$佣金 = 成交金额 \times 佣金比例 \tag{5-2}$$

淘宝客、京挑客是业内具有代表性的 CPS 推广形式。

除此之外，还有淘系超级推荐、拼多多场景等各式的付费推广。

5.3.3　网店的活动推广

在营销体系中，促销活动是激活老客户、拉动新客户的有力手段，促销活动的实施不仅可以大大促进店铺销售转化，而且有助于商家迅速提升其品牌影响力。在网店运营的发展过程中，从淘系的天天特价、淘金币、聚划算开始，促销活动运营已成为网店运营日常工作的一部分，尤其是淘系"双11"的示范效应将营销活动推向高潮，京东、苏宁易购、唯品会、拼多多等纷纷效仿，促销活动运营已成为提升平台活跃度的常规手段。

（1）平台活动

网店的推广仅有店内推广是远远不够的，站内的推广同样重要。对网店进行店内促销和推广后，买家只有进到网店才能看到相关产品的促销信息，那么如何让买家点击进入网店呢？这就需要站内的大力推广，增加网店的曝光度，所以一些刚起步的网店，虽然开展了店内促销和推广却点击率不高，就是由于曝光度不高，顾客进入网店太少造成的。因此做好店内推广的基础工作后，就要着力打造站内的促销和推广，以此来提高网店的曝光度。

一方面平台引导商家按要求参与各种活动，另一方面平台在站内各大主要栏目及站外进行宣传推广，拉动客户参与。由于平台拥有广泛的受众群体及活动宣传影响力、诱惑力，因此商家适度地参加活动对促进销量、积累客户、提升影响力都有明显的拉动效应。目前，在网络零售平台上比较突出的活动有淘系的聚划算、"双11"购物狂欢节、"双12"大促活动、天猫"6·18年中大促"，京东系的秒杀、每日特价、大牌闪购等，拼多多的年货节、秒杀、爱逛街、断码清场等，苏宁易购"8·18"购物节等。

下面主要以淘系为例，系统介绍官方促销活动。

淘系官方促销活动主要包括品牌型活动、行业型活动、节庆类活动。

品牌型活动：聚划算、淘抢购、淘金币、全球购、极有家、天天特价、阿里试用等活动属于品牌型活动。这类活动面向整个淘系平台，在PC端、移动端首页及主要栏目都有流量入口，受众广、流量大，因此其销量拉动和品牌推广的效果比较明显。

行业型活动：行业型活动即面向行业的专场活动，如女装、男装、女鞋、男鞋、运动户外、母婴、美妆、家居百货、家电数码等常规类目的活动，中国质造、潮电街、淘宝美食、农村淘宝等特色市场类目的活动，这类活动流量入口主要分布在类目频道页，虽然没有品牌型活动影响力大，但客户针对性更强。

节庆类活动：如面向淘宝商家的"淘宝嘉年华""双12""双11""6·18年中大促"及"女王节""年货街"等活动，尤其是"双11""双12""6·18年中大促"专场可以算得上是影响整个互联网的大型活动。

（2）店铺活动

店内促销活动是运营网店最基本的促销活动，目前官方推荐的常见的促销工具有限时打折、搭配套餐、满就送、店铺优惠券等。

①限时打折

限时打折顾名思义就是在短期内的打折促销活动，利用对时间的界定来激发买家的购买欲望，比如周末、节假日或者某个特殊的时间段，把网店的部分产品以特价出售，这些商品可以是即将下架的尾货商品，可以是正在热销的爆款商品，也可以是刚刚上新的新款商品，都可以做促销活动。商品设置限时打折是卖家常用的一个促销手段，也是最简单且易见成效的促销手段，而限时打折通常以降价促销和折扣促销为主。限时打折活动创建步骤有以下三步。

第一步，设置促销时间。

订购之日起往后1个月内，总计活动时间不能超过240小时，单次活动不得低于3小时。活动时间可以根据活动力度来决定，活动力度大，价格下调力度大，时间就可以相对短些，反之，时间可以略长些。时间越短、价格越低，对顾客的刺激也就越大，活动效果也相对会更好，这种限时打折适合我们提高浏览量，扩展顾客群。而时间略长、价格略高，比较适合我们进行回馈顾客活动。

第二步，选择商品。

在商品的选择上，我们可以选择店铺中部分商品参加限时打折活动，单个活动最多 20 件，一个商品只能添加到一个活动中，且商品的在架时间要大于活动时间。选择商品时要尽可能选择具有竞争优势的商品，从而达到吸引顾客关注的效果，使得活动事半功倍。

第三步，设置限时打折。

折扣的力度决定活动的关注度。活动中可以分别对每一件商品设置优惠折扣和买家限拍数量。只要是同一个时间段内优惠的商品，都可以放到一个活动里。在对某件商品设置限时打折优惠时，要求优惠价格必须比其他优惠价格低。保证该商品的限时打折价，是给买家最低的优惠价格。并且，在商品页面上只显示限时打折优惠价。在活动期限内成交价格，就是限时打折优惠价格。

活动设置完成后，也可以重新进入设置页面进行修改或删除。图 5 - 4 为限时折扣设置完毕的商品页面，在商品一口价下面有产品的促销信息、标识、价格以及促销时间。

图 5 - 4　限时折扣商品页面

②搭配套餐

搭配套餐是由几个商品组合成为一个商品，降低几个商品的价格总和，达到关联销售的促销活动。商品以搭配的形式组合销售，在一定程度上可以提高卖家的自主性，同时也为买家提供搭配和选择。商品设置搭配套餐时进入设置的商品页面，看到搭配套餐的显示如图 5 - 5 所示。这是第二屏最上面的位置，是仅次于第一屏最好的展示区域，能有效地吸引顾客的关注，引导他们浏览更多的商品页面，挖掘出客户潜在的消费需求。

③"满就送"

当买家消费满一定金额或者商品件数达到标准后，卖家会免费送赠品或服务给买家。满就送活动最适合价格比较高但降价幅度不能太大的商品，比如笔记本电脑、手机等。卖家利用赠送活动进行变相降价，最好能赠送相关的商品，比如买手机送内存卡、贴膜等。当然，赠品要赠品超值新颖，如果赠品价值不高，买家占不到便宜就会降低购买积极性，就不会刻意去凑够金额换赠品了。如果买家在店铺里消费满 2 000 元，只能得到一张贴膜，买家是没有兴趣参加"满就送"活动的。"满就送"有八种形式：满件送礼、满元送礼、满减包邮、满元包邮、满件打折、满元打折、满件减价和满元减价。

"满就送"的设置入口与"搭配套餐"不同，从"我的淘宝"→"我是卖家"→"管理我的店铺"进入"店铺管理平台"，点击"店铺促销工具"，显示出"满就送"服务的设置页面，按照我们的促销力度去填写相应的内容后，点击"完成设置"按钮，"满就送"服务的设置即告完成。

117

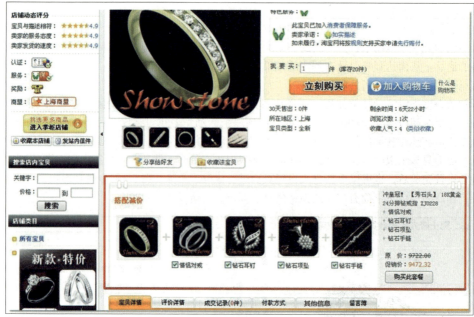

图 5-5 搭配套餐商品页

设置好"满就送"服务以后，店铺每一件商品页面第二屏的最上面，也就是前面提到显示"搭配套餐"的位置，就会显示出店铺推出的"满就送"促销活动。可以复制代码，粘贴到店铺首页或者其他页面去做活动推广，也可以如图 5-6 所示，结合店铺促销区的设计来推广"满就送"活动，使促销活动的优惠力度表达得更加直观，而且将赠送的礼物用漂亮的图片展示出来，在视觉上对顾客更容易产生刺激作用，活动的效果也会更上一层楼。

图 5-6 "满就送"商品页

④优惠（抵价）券

淘宝的抵价券是由淘宝网设立的一种购物优惠券，获得抵价券的顾客在有效期以内购买支持此券优惠的商品，可以享受一定的购物优惠，而相应的优惠费用、成本均由商家承担（如图5-7所示）。

图5-7 优惠（抵价）券页面设置

店内促销作为网店最基本的促销，是每个开网店者都必须熟练掌握的技能，灵活运用各种店内促销手段，盘活网店所有商品，网店才能越办越好。

思政园地

社会经济发展驱动消费理念升级，以人为中心实现品质化、个性化等消费模式，消费行为由功能式消费向体验式消费转变，消费对象由物质消费向精神消费延伸。以消费者为中心，以消费者的态度体验为前提，用于打造商家和用户之间的良好商业关系。

 基础练习

【参考答案】模块5基础练习

一、判断题

1. 与传统营销相比，网络营销的流程发生了根本性的变化。 （ ）
2. 网络为消费者提供便利的交易平台，也促进了消费者对便利性的更高追求。 （ ）
3. 撰写调研报告是整个网络营销调研活动的最后阶段。 （ ）
4. 企业进行网络事件营销的最终目的是要与公众建立良好的关系。 （ ）
5. 网络直接调研法是调查者通过互联网直接收集二手资料的方法。 （ ）
6. 网络营销调研的第一步骤是制订可行的营销调研计划，包括确定资料来源、调研对象、调查方法、调查手段等。 （ ）

7. 微博需要加好友，才能传递信息，是一种面对面的交流。　　　　　　　（　　）

8. 微博营销可以利用文字、图片、视频等多种展现形式，灵活多变的表现形式，使得微博营销更具表现力。　　　　　　　　　　　　　　　　　　　　　　　　　　（　　）

9. 微信信息传播是通过广泛点击和转发，营销更多的是借助转发、分析、评论数量等，曝光率低。　　　　　　　　　　　　　　　　　　　　　　　　　　　　　　　　（　　）

10. 网络营销不仅是单纯的网上销售，还是企业现有营销体系的有利补充，是4P营销理论的必然产物。　　　　　　　　　　　　　　　　　　　　　　　　　　　　　　　（　　）

二、单选题

1. 营销活动促销的本质是（　　）。

A）免单　　　　　　　　　　　　B）秒杀

C）折扣　　　　　　　　　　　　D）销售

2. 推广工具中按成交付费的工具是（　　）。

A）直通车　　　　　　　　　　　B）淘宝客

C）钻石展位　　　　　　　　　　D）微淘

3. 下面流量中，不属于免费流量的是（　　）。

A）淘宝收藏　　　　　　　　　　B）淘宝客

C）淘宝搜索　　　　　　　　　　D）淘宝论坛

4. 网络时间营销获得成功的首要条件是（　　）。

A）良好的创意　　　　　　　　　B）公众的关注

C）抓住时机，善于"借势"　　　　D）力求完美

5. 微信是哪个公司在2011年推出的一个为智能终端提供即时通信服务的免费应用程序？（　　）

A）阿里巴巴　　　　　　　　　　B）百度

C）腾讯　　　　　　　　　　　　D）搜狐

6. 网络广告1994年诞生于（　　）。

A）中国　　　　　　　　　　　　B）日本

C）英国　　　　　　　　　　　　D）美国

7. 互联网最为传统的广告形式，又名"横幅广告"的是（　　）。

A）按钮广告　　　　　　　　　　B）分类广告

C）旗帜广告　　　　　　　　　　D）视频广告

8. 网络广告策划的首要关注是（　　）。

A）确定网络广告目标　　　　　　B）进行市场调研

C）确定网络广告的目标受众　　　D）选择网络广告发布渠道

9. 2016年之后，我国的网络营销发展进入（　　）。

A）萌芽阶段　　　　　　　　　　B）发展应用阶段

C）高速发展阶段　　　　　　　　D）多元化与生态化阶段

10. 下列不属于社会化营销的经典媒介的是（　　）。

A）论坛　　　　　　　　　　　　B）微博

C）微信　　　　　　　　　　　　D）返利网

三、简答题

1. 在确定网络广告目标时应遵循哪些原则？

2. 微信营销的技巧有哪些？

3. 网络营销的内容主要包括哪些方面？

4. 网络营销调研中查找一手资料的主要方法有哪些？

项目实训

实训项目 1：网店活动推广

一、任务布置

班级：	实训人员：	
模块 5	网络营销与推广	
项目目标	通过查阅资料，围绕网络活动推广案例进行分析，提升自己的网络营销与推广思维，并试着给某女装店铺写网络营销计划。	
项目背景	网上购物逐渐成为人们非常热衷的一种购物方式，在其购物方便快捷的同时，在购买到心仪的产品时，还可以得到不同幅度的优惠。在网购良好发展态势的大前提下，越来越多的人看到了网上开店的商机。对很多新卖家来说，掌握网店营销活动推广是很有必要的，因为在淘宝上，卖家云集，买家的选择面很广。你要战胜其他卖家，吸引买家，获得成交，就必须有好的活动推广策略。 　　请你通过查阅资料，围绕网络活动推广案例进行分析，提升自己的网络营销与推广思维，并试着给某女装店铺写网络营销计划。	
任务要求	任务 1：从淘宝网找出一些使用直通车、超级钻展、超级推荐等营销方式的商品，讨论使用这些营销方式的条件和技巧； 　　任务 2：请总结案例，选择一家女装店铺，为其写一份网络营销计划。	

二、任务实施

实施过程	优化建议
任务 1：从淘宝网找出一些使用直通车、超级钻展、超级推荐等营销方式的商品，讨论使用这些营销方式的条件和技巧	
任务 2：请总结案例，选择一家女装店铺，为其写一份网络营销计划	

三、任务评价

评价内容		评价标准	分值	得分
自我评价	工作态度	态度端正、工作认真、按时完成	20	
	知识技能	网店营销推广方法的理解程度	30	
	工作效果	女装店铺网络营销方案的可执行性	30	
	职业素养	网店营销推广的综合能力	20	
	合计		100	

自我分析	遇到的难点及解决方法
	不足之处

综合评价	自我评价（20%）	小组互评（30%）	教师评价（50%）	综合得分

122

实训项目 2：网络市场细分及定位策略

一、任务布置

班级：	实训人员：
模块 5	网络营销与推广
项目目标	熟悉企业网络市场细分及定位策略
项目背景	网络营销市场可以分成若干个细分市场，每个细分市场都由需求和愿望大体相同的消费者组成。在同一细分市场内部，消费者需求大致相同，不同细分市场之间，则存在明显差异性。市场是一个综合体，是多层次、多元化的消费需求的集合体，任何企业都不可能满足所有消费者的需求。企业网络营销要取得理想的效果，就得定义自己的目标市场，为自己定义的目标市场中的客户服务。网络营销市场细分是企业进行网络营销的一个非常重要的战略步骤，是企业认识网络营销市场、研究网络营销市场，进而选择网络目标市场的基础和前提。
任务要求	任务 1：选择一家企业，通过查阅相关资料了解其市场细分及定位策略； 任务 2：描述此公司的市场细分及定位策略。

二、任务实施

实施过程	优化建议
任务 1：选择一家企业，通过查阅相关资料了解其市场细分及定位策略	
任务 2：描述此公司的市场细分及定位策略	

123

三、任务评价

评价内容		评价标准	分值	得分
自我评价	工作态度	态度端正、工作认真、按时完成	20	
	知识技能	市场细分与定位方法	30	
	工作效果	市场细分与定位策略的完整性	30	
	职业素养	市场定位重要性的认知度	20	
合计			100	

自我分析	遇到的难点及解决方法
	不足之处

综合评价	自我评价 （20%）	小组互评 （30%）	教师评价 （50%）	综合得分

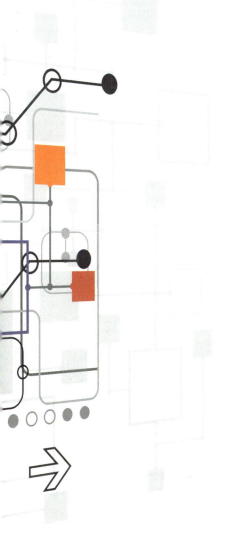

模块 6

网络客户服务与管理

随着互联网的普及，我国网民人数不断增长，短视频、直播用户、网络购物、外卖等网络用户也相应持续增长，同时，工业互联网和电子政务的发展，对网络客户服务提出了新的要求，企业应明确网络客户的定位，多渠道开发客户，加强网络客户服务和管理。

 【思政导学】

思政点 1：数字经济时代，以数据提升服务客户水平。

思政点 2：遵守国家法律，遵守网络道德，防范网络安全风险。

思政点 3：处理客户投诉要学会运用马克思主义矛盾分析法。

思政点 4：客服岗位需要弘扬爱岗敬业精神。

【知识导图】

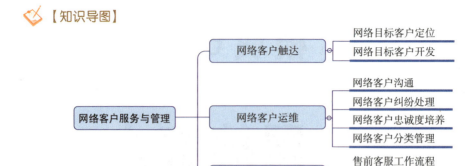

```
                                          ┌─ 网络目标客户定位
                        ┌─ 网络客户触达 ─┤
                        │                 └─ 网络目标客户开发
                        │
                        │                 ┌─ 网络客户沟通
                        │                 ├─ 网络客户纠纷处理
网络客户服务与管理 ─────┼─ 网络客户运维 ─┤
                        │                 ├─ 网络客户忠诚度培养
                        │                 └─ 网络客户分类管理
                        │
                        │                 ┌─ 售前客服工作流程
                        └─ 网店客服 ─────┤
                                          └─ 网店客服工作职责
```

【知识目标】

1. 了解网络客户的含义；
2. 理解网络目标客户定位；
3. 掌握网络客户忠诚度；
4. 熟悉售前客服的工作流程；
5. 了解客服工作职责。

【能力目标】

1. 能开发网络目标客户；
2. 能够处理网络客户纠纷；
3. 会进行网络客户分类。

【素质目标】

1. 初步具备网络客户思维；
2. 具有培养网络客户忠诚度意识。

案例导入

数字化客户经营的本质：以客户为中心＋以数据驱动增长

数字化客户经营通过全方位客户数据、智能服务工具，形成丰富的客户信息全景地图，深入刻画客户属性，形成客户需求精准洞察；以客户为中心，提升全旅程和全周期客户服务体验，打造客户经营数字化闭环，用数据资产驱动企业业务新增长。

里面有两个关键词：以客户为中心，以数据驱动增长。简单来说，客户经营的数字化是企业经营理念的全新升级：通过实现"生产、采购、渠道、营销、销售、运营、服务"等经营过程中各个场景的客户数字化，打造从客户需求出发的各个场景的链接。

以网易云商为例，它主要以"营销"和"服务"两大场景为抓手，进行数字化客户经营的实践。

【案例赏析】网易云商合作
蚂蚁特工：客户管理更便捷体系

思政园地

充分发挥海量数据和丰富应用场景优势，以数据提升服务客户水平。

在数字经济发展道路上，持续解锁数字应用新场景，积极推动数字经济与实体经济深度融合，不断探索智慧新模式，让市民真正感受到科技支撑下城市生活的安全和温暖。

6.1　网络客户触达

↘ 6.1.1　网络目标客户定位

网络客户服务是基于互联网的一种客户服务工作，是网络购物发展到一定程度下细分出来的一个工种，跟传统商店售货员的工作类似，分为售前客服、售中服务、售后服务、销售客服、技术客服及中评差评客服等，工作内容主要包括引导客户购物、解答客户问题、提供技术支持、消除客户不满情绪等。

（1）研究企业业务和经营模式，找准客户群体

从理论上讲，所有的消费者都可能成为企业的客户，但在现实中，任何企业都有自己的经营范围，企业的产品或服务都有其特定的客户群体，因此只有对目标客户精准定位，寻找合适的目标客户，客户服务工作才能有的放矢、事半功倍。

①企业经营模式分析

通过研究企业的业务范围、经营模式，利润构成等，来了解企业的消费者、受益者等方式，了解潜在的客户群体。例如企业是制造业还是批发商，或者零售商，它们的目标客户群是个人还是企业组织，或兼而有之，了解这些问题，决定了企业客户群体的主要特点。

产品特点与客户群体特点最接近的才叫准，如"训练鞋"是你的产品，如果你把需要运动鞋的客户群体定位成自己的目标客户群体，就是不正确的。产品的特点是"训练鞋"，那么直接针对的目标客户群体就是对训练鞋有需求的，其他运动休闲鞋、跑步鞋等都不是他们最根本的需求，"训练鞋"是专门为这个目标客户群体特意定制的。

②客户群体特征分析

企业真正要找准客户的活动范围，需要做详细的分析，可以从他们的性别、年龄、职业、消费能力、兴趣爱好等进行入手。分析客户的兴趣爱好和性格特征，是为了帮助企业做有针对性的宣传。由于性格、爱好过于宽泛，企业分析客户群体的爱好就足够，比如，年轻学生喜欢款式好看的衣服，这就是一个群体的爱好。

③网络用户匹配度分析

网络用户匹配度分析非常关键。分析和锁定目标受众就是要找到目标受众经常出现和聚合的网络平台，找到他们圈内的语言和符号，加入他们，进行影响。网络用户匹配度分析对于网络广告投放策略、事件策划主题、营销方法的选择有着非常关键的指导作用。

在做互联网营销计划时，为了提高效率和转化率，我们主要是考虑到网络上的目标受众，主要是从网民的各种特征去分析，以便发现哪些网民属于企业推广的目标受众，哪些网民正好是企业的目标消费群体。分析方法主要是根据网民浏览信息的偏好、收入等进行。根据这样一些标准，可以针对精准的网民作为推广对象有针对性地展开营销宣传工作。在网民中去发现，同时还要从线下的客户群体中去发现，以便采用不同的传播内容，依托精准的媒体平台来影响这些分散在各处的客户群体。

（2）分析现有客户，整理客户资料

对于企业客服人员来说，在拓展客户渠道及开发新客户之前，应认真分析和研究现有业务客户。

127

例如判断这些客户是否已经得到了满意的服务，分析客服工作的症结和问题存在，如何制定切实可行的改进策略。对于这一系列问题的深入思考，是挖掘现有客户价值和提高客户服务效率的重要途径。

①对现有客户进行合理分类

通过对客户信息进行分类，可以对企业客户的总体情况，如性别结构、年龄结构、地域分布、消费情况、需求类型、个性偏好等，进行统计分析，得出一系列有重要商业价值的数据，这将有利于后续客服工作的开展（如表6-1所示）。

表6-1　客户分类

分类标准	客户比例			
性别构成	男性		女性	
年龄构成	18岁以下所占比例	18~45岁所占比例	46~60岁所占比例	60岁以上所占比例
消费情况	100元以下比例	101~500元比例	500~1 000元比例	1 000元以上
偏好购物方式	摊点零售比例	市场批发比例	厂家批发比例	网络购物比例

②客户区域分布及产品销量分析

在企业现有客户中不同的区域市场对企业贡献存在显著差别，为此客户服务工作应制定恰当的服务策略，确定合适的工作重点。同时在对企业客户分析的过程中，还应进一步明确企业为客户提供的产品或服务系列中，每种产品对企业销售额和利润贡献率的大小（如表6-2、表6-3所示）。

表6-2　客户区域分布及销售额占比

年度：

年度项目	区域	客户数量	占客户总数的比例/%	占该区域总销售额的比例/%

审核：　　　　　　　　　　　　填写：　　　　　　　　　　　　编制：

表6-3　每种产品对企业销售额和利润的贡献率

年度：

客户名称　　　销售额/万元　　　产品	A产品	B产品	C产品	D产品	E产品	合计
张三						
李四						
合计						

审核：　　　　　　　　　　　　填写：　　　　　　　　　　　　编制：

③客户关系的评估及管理

在企业客户中，每一客户的价值是不一样的。在对现有企业业务进行分析的基础上，客服人员应对客户进行恰当的评估，并制订不同的联络和拜访计划（如表6-4所示）。

表6-4 客户价值评估

制表人：   填写日期：

客户名称		
详细地址		
拜访对象		
注意事项	成长率	
	信用度	
	总利润率	
	综合评价	
	顺序评核	
	业界地位	
	其他	
已解决的问题		
以后应该注意的事项		

↘ 6.1.2 网络目标客户开发

持续开发新客户就可以在激烈的市场竞争中占据主动。因此，任何一家成长型企业，都必须通过市场调研来发现潜在客户，并通过制定有针对性的客户开发战略来争取目标客户。

（1）利用网络开发目标客户

搜集客户信息办法很多，可以通过传统的电话黄页查找，也可以通过其他平面媒体如杂志、报纸查找，还可以通过亲朋好友提供等，但对于客服人员来说，在互联网高速发展的时代，熟练应用互联网手段，不仅可以广开客源，给现在和潜在的客户提供源源不断的信息资源，更是可以创新服务模式、开发新客户的有效手段。

①利用搜索引擎搜集客户资料

根据一定的策略、运用特定的计算机程序从互联网上搜集信息，在对信息进行组织和处理后，为用户提供检索服务，将用户检索相关的信息展示给用户的系统。可以通过关键字搜索产品或服务使用者相关信息，从而建立潜在客户数据库，为新客户开发提供重要的第一手资料。

搜索关键词的原则是首先要明确计划达到的目标。资料性的文档，还是某种产品或服务？目标客户究竟是谁？批发商、零售商，还是代理商？不同目标客户需要采用不同的关键词，找好关键词就能迅速定位要找的信息，从而找到要开发的客户或潜在的客户。由于中文词汇丰富，因此选择关键词的时候，同义词或近义词、行业用词、习惯用词、地方用词都要考虑到，如土豆又称马铃薯、洋芋、山药蛋、薯仔（香港、广州人的惯称）等；笔记本电脑的别称为便携式计算机、笔记本、掌上电脑等。

②通过专业网站搜集客户资料

访问行业协会、专业网站及一些综合性商务网站等，这些网站上集聚了大量的商业客户信息。除此之外，政府机构类网站、行业领先的网站、黄页网站等都汇聚了大量的客户信息资料，有待客服人员的挖掘和利用。在这些网站上都需要选择适当的关键词，直接查找潜在客户发布的求购信息。

通过网络渠道搜集客户资料另一个重要手段就是通过企业官方网站搜集信息，通过对企业网站访客，尤其是注册用户的深度分析，也可以获得大量有价值的客户资料。

③利用网上的供应信息找客户

在网络上供应信息是非常丰富的，因此也可以通过供应信息找到自己的客户。

一是寻找下游生产企业。这种方式多用于原材料和半成品的销售。即了解产品的最终用途或深加工用途，除了专门的原料采购商以外，寻找那些在网上发布了这些下游产品销售信息的商家，与之联系。通常，销售信息比购买信息要容易查找，联系方式等也更开放。

二是寻找经销企业。无论是批发商还是零售商，他们既需要购买进货，也需要销售出货。寻找那些在网站上销售的商家，虽然他们没有发布求购信息，但既然他们销售，就肯定需要货源。当然，他们肯定已经有了现成的货源渠道，但并不意味着你没有机会，因为即使有了货源渠道，多数买家并不介意多寻找合作的供货商，以降低风险，择优比较或讨价还价。更何况，很多产品类别一样而款式不同，完全可以向他们推荐多款产品。

除了专业性很强的产品，很多产品特别是工艺品和家居日常消费品类别，其潜在客户面是非常广的。当获知一个客户信息的时候，即使他采购的产品并不是你生产的产品，但只要类别接近，仍不妨一试，不管是产品功效接近还是材质接近。比如，向求购木相框的客户推介金属相框，向玻璃杯的买家推销彩绘玻璃碟等。

开拓产品外延，争取交易机会。特别注意的是，找到了客户，推销方式不宜急切。因为客户已有预计的采购项目，急切反而引起反感。最好是比较平和地提供建议和资讯，只做介绍，不急于成交，争取客户主动提出进一步了解的要求，就成功了一半。

④利用网络社区信息找客户

一是利用论坛。各类专门社区、专业博客、专题论坛因其权威性和专业性，凝聚了大量的网上人气，也是网络客户成长与成熟、学习互助的重要交流渠道。很多商业论坛里活跃的都是生意人，在论坛里活跃的人经常能找到自己的客户。在论坛上认识的人多了，或者知道自己的人多了，那么潜在客户也就多了。

二是利用 IM 群。古时就有"物以类聚，人以群分"之说，现在的腾讯 QQ、阿里旺旺、微信等都建立了大量的群，群里的人大部分都是关注某个共同信息的人，可以通过关键词找到相关的群加入，这是非常好的资源。有些群需要审批，所以要首先和群主沟通好，表明自己学习和交流的态度。而且，加入群后一定避免发硬广告，建议以交流的方式寻找潜在客户。

（2）开展市场调查，发掘潜在客户

通过市场调研来发现潜在用户，并制定有效客户开发战略。只有通过深入的客户调查，真正了解客户的需求，才能为新客户开发提供第一手资料和丰富的信息资源。

①确定客户调查的主题

与客户相关的资料非常丰富，涉及面非常广，客服人员在进行调查之前，需要先阅读一些相关资料，与专业人士进行深入交谈，通过交流可能会发现进一步研究的线索，其内容可作为调查的主题。

大多数情况下，客户调查的目的有多重性，如了解客户的实际需要，喜欢的服务方式，引起某些问题的原因，解决问题的措施。研究的具体目标通常以研究问题的方式出现，如客户购买力下降，则调查的目标是寻找提高客户购买力的方法和措施，具体可细分为：客户的总体购买力情况；其他企业客户购买力状况；企业客户的经营状况、地域分布等。

②明确客户调查内容

企业进行客户调查时，大体需要掌握客户的个人基本情况及家庭人口情况；收入、支出、储蓄及家庭财产情况；住房情况；消费偏好；信用情况；需求及对本企业产品的认知程度；客户经营情况及管理水平；客户主要合作伙伴情况等。对企业客户进行调查时，通常采用客户信息调查表的形式（如表6-5所示）。

表6-5 客户信息调查表

客户负责人：   审核人：   调查员：

				地址			
客户名称				地址			
客户电话				传真			
接洽人员	法人代表		年龄		文化程度		性格
	负责人		年龄		文化程度		性格
	接洽人		职务		负责事项		性格
经营状况	经营方式	□积极 □保守 □踏实 □不定 □投机					
	业务状况	□兴隆 □成长 □稳定 □衰退 □不定					
	业务范围						
	销货价格	□合理 □偏高 □偏低 □销价					
	销量	旺季	月	月销量	淡季	月	月销量
	企业性质	□国有企业 □股份有限公司 □合伙企业 □合资企业 □其他					
同业地位及付款细则	组织员工	职员	人	管理层	人	合计	人
	地位	□领导者 □具有影响力 □一级 □二级 □三级					
	付款期限						
	方式						
	手续						
与本公司往来情况	时间	主要采购产品		旺季每月金额	淡季每月金额		总金额

③选择客户调查方法

询问法：是用询问的方法收集市场信息资料的一种方法。它是调查和分析消费者的购买行为和意向的最常用的方法。它的优点是能够在较短的时间内获得比较及时可靠的调查资料。询问法中询问的主要内容，一般是要求被询问者回答有关的具体事实、什么原因、有何意见等方面的问题。询问法可分为面谈法、电话调查法、邮寄调查法和留置问卷法。

观察法：是指研究者根据一定的研究目的、研究提纲或观察表，用自己的感官和辅助工具去直接观察被研究对象，从而获得资料的一种方法。科学的观察具有目的性和计划性、系统性和可重复性。常见的观察方法有：直接观察法；行为记录法；痕迹观察法、亲身经历法。观察一般利用眼睛、耳朵等感觉器官去感知观察对象。由于人的感觉器官具有一定的局限性，观察者往往要借助各种现代化的仪器和手段，如照相机、录音机、显微录像机等来辅助观察。

实验法：是指在一定条件下，对所研究的对象的一个或多个因素进行控制，以测定这些因素之间的关系。在因果性调研中，实验法是一种非常重要的工具。

头脑风暴法：又称智力激励法、BS法、自由思考法，是由美国创造学家A. F. 奥斯本于1939年首次提出、1953年正式发表的一种激发性思维的方法。当一群人围绕一个特定的兴趣领域产生新观点的时候，这种情境就叫作头脑风暴。

由于团队讨论使用了没有拘束的规则，人们就能够更自由地思考，进入思想的新区域，从而产生很多的新观点和问题解决方法。当参加者有了新观点和想法时，就会大声说出来，然后在他人提出的观点之上建立新观点。所有的观点被记录下但不进行批评。只有头脑风暴会议结束的时候，才对这些观点和想法进行评估。

头脑风暴的特点是让参会者敞开思想，使各种设想在相互碰撞中激起脑海的创造性风暴，可分为直接头脑风暴和质疑头脑风暴法，前者是在专家群体决策基础上尽可能激发创造性，产生尽可能多的设想的方法；后者则是对前者提出的设想、方案逐一质疑，发现其现实可行性的方法，这是一种集体开发创造性思维的方法。

④实施调查方案

调查目标需要通过调查方案的实施才能实现，调查方案的设计主要涉及资料搜集手段的选择、调查问卷的设计、样本的选择、调查预算的制定及时间安排等。

⑤分析调查资料

搜集资料后需要对调查资料进行整理和分析，整理时要及时舍弃不必要及不可靠的资料，分析资料要对资料进行逻辑性推理或归纳，得出合乎逻辑、合乎事实的结论，运用图表的形式，将结论简明扼要、客观公正、重点突出、前后一致地表现出来。

⑥新客户开发及管理

根据所搜集的资料，应对潜在客户进行筛选，然后制定个性化新客户开发方案并实施。

一是新客户的选择。新客户的选择应遵循一定原则。首先新客户应当有较强的财务能力，并且具有积极合作的态度；其次，因考虑企业本身是否拥有满足客户质量要求的设备和技术，具有为新客户按时、按质、按量提供产品或服务的能力。对于所选择的新客户应制作相应的潜在客户名录，并逐一评估潜在客户情况，然后选择信用状况良好经营业绩优良的客户作为重点开发对象，并为新客户开发提供背景资料，然后填制客户开发计划表（如表6-6所示），为后续开发工作做好准备。

表6-6　客户开发计划表

姓名：

客户名称	拜访对象	地址	电话		拜访时间安排												备注
				1月	2月	3月	4月	5月	6月	7月	8月	9月	10月	11月	12月	
			计划													
			实际													
			计划													
			实际													
			计划													
			实际													

二是新客户的开发实施。首先，在进行新客户开发前，要做好个人礼仪资料和样品等准备工作。在与客户接触过程中，一方面要力争与其建立业务联系，另一方面要对其进行信用及经营销售能力等方面的调查。其次，在访问客户前或进行业务洽谈后，要及时记录下来，将每天的进展情况、取得的成绩、存在的问题及时向企业相关领导反映。最后，对于新开拓的客户应填制新客户开发报表（如表6-7所示），以呈报主管部门设立客户资料管理卡。

表6-7 新客户开发报表

客户开发专员：　　　　　　　　　　　　　　　　　　　　日期：　　年　月　日

客户名称		电话	
企业地址		传真	
工厂地址			
负责人员			
推销产品			
第一次交易额及品名			
开发经过			
备注			
批示			

主管：　　　　　　　　　　　　　　　　　经理：

思政园地

引导学生理性地对网络数据信息进行辨别，培养学生在信息搜集过程中的信息意识、信息道德、爱国主义精神、创新与务实精神，全面提升学生的媒介素养，锻炼学生思辨能力，培养学生的家国情怀。

6.2 网络客户运维

6.2.1 网络客户沟通

网络沟通是指基于信息技术计算机网络来实现信息的沟通活动。网络沟通与传统沟通最根本的区别在于沟通媒介的不同，它凭借的是信息技术，特别是计算机网络及无线移动技术。

（1）网络客户沟通的主要形式

①电子邮件

电子邮件是一种用电子手段提供信息交换的通信方式，是互联网应用最广的服务。通过电子邮件系统，用户可以用非常低廉的价格、非常快的方式，与世界上任何一个角落的网络用户联系。电子邮件是直接提供人与人、点与点之间信息交流的系统，其数据的发送方和接收方都是人，所以极大满足了广泛存在的人与人之间通信的需求。

在使用电子邮件的沟通的时候应当注意主题要明确，使用恰当的语气、适当的称呼和敬语；注意邮件正文的拼写和语法的正确；不要随意转发电子邮件，尤其是不要随意转发带附件的电子邮件。如果不是工作需要，尽量避免群发邮件，特别是不要参与发联欢信这种活动。群发邮件容易使收件

人的地址相互泄露，因此最好使用邮件组或者是暗送。在给不认识的人发送邮件时，要介绍一下自己的详细信息，或者在签名时注重自己的身份。

②网络电话

网络电话（Internet Phone，IP）按照工业和信息化部的电信业务分类目录，实现 PC to Phone 是具有真正意义的 IP 电话。系统软件运用独特的编程技术，具有强大的 IP 寻址功能，可穿透一切私访和层层防护网，实现计算机到计算机的自如交流，无论身处何地双方通话时完全免费；也可通过你的计算机拨打全国的固定电话和手机，和平时打电话完全一样，输入对方区号和电话号码即可享受电话的最低资费标准，语音清晰，流畅程度完全超越现有 IP 电话。

③网络新闻发布

网络新闻是突破传统新闻传播概念，在视、听、感方面给受众全新的体验。它将无序的新闻进行有序的整合，大大压缩了信息的厚度，让人们在最短的时间内获得最有效的新闻信息。网络新闻的发布可省去平面媒体的印刷出版，电子媒体的信号传输、采集声音图像等流程。

④即时通信

即时通信（IM）是指能够即时发送和接收互联网消息等的业务。自1998年面世以来，特别是近几年迅速发展，即时通信的功能日益丰富，逐渐集成了电子邮件、博客、音乐、电视、游戏和搜索等多种功能。即时通信不再是一个单纯的聊天工具，它已经发展成集交流、资讯、娱乐、搜索、电子商务、办公协作和企业客户服务等为一体的综合化信息平台。

⑤微信、微博交流

庞大的活跃用户直接形成了非常丰富的微信、微博交流方式，如微信直接通话，发送图片、文字、视频或几种方式相结合，微信朋友圈，微信小程序，公众号，服务号等，可通过这些方式与客户进行沟通交流，了解客户，加强客户联系，并开发新客户。微博则通过发布博文引发客户关注，博文可以是短视频、图片或文字。

⑥短视频、直播等交流

短视频和直播是近年发展非常快的沟通方式，直接引发了大众关注和参与。短视频可以对主播和品牌进行更好的形象的打造，直播互动性及时性更强，会让"粉丝"产生购买欲望，这样可以大大提高直播消费的转化率。"短视频+直播"的相互配合已经成为越来越多的企业与品牌的营销标配，也是与客户沟通最好的方式。

思政园地

遵守国家法律，遵守网络道德，增强对网络不良信息的抵抗能力，防范网络安全风险，筑牢网络安全屏障。

（2）有效开展网络沟通

客户对于服务的感知和体验很大程度取决于他与企业直接或间接相遇的每个真实时刻或每个接触点，尤其是最早接触的客服人员对他需求的理解与认同程度。不同的客户及需求千差万别，因此在接待客户的每一个时刻，客服人员面临的挑战就在于清楚定位每位客户的个性化需求，并为之提供差异化的高品质服务。

①了解网络客户的沟通类型

网络购物日渐普遍，网购人群也自有特点。根据沟通的风格不同，可以将网购客户分为友善大方型、谨慎分析型与自我独断型。

友善大方型：这种类型的特点是性格随和，网购比较随意，没有太高的要求，一般选好商品后咨询例行问题或几乎没有问题就直接下单成交了。针对这一种类型应当提供最好的服务，不能因为对方的宽容与理解而放松对自己的要求，这类客户最容易发展成为忠实的客户。

谨慎分析型：这种类型的特点是情感细腻，有很强的逻辑思维能力，对选购商品也非常在行，通常是货比三家，最不能接受不公平或不合理待遇，如果自身的利益受到损害，擅长用法律手段保护自己。对这种类型的客户需要真诚对待，公平公正地对待客户的需求，对问题做出合理解释，尽量争取对方的理解。

自我独断型：这种类型的特点是以自我为中心，缺乏同情心，有很强的决断能力，不善于理解别人，也不会站在别人的立场去想问题，对自己的付出要获取回报，不允许自己的利益受到任何损害，性格敏感多疑。对这种类型的客户要以礼相待，让客户感受到尊重，在不违反原则的情况下，尽可能满足对方的需求，如有过失则要真诚道歉。

②做好接待客户前的准备

网购的特殊性使网络客服接待无比重要。一个成熟的客服人员，必须准备一套标准的接待流程，还需要准备一个常见问答语，拟定若干常用话术，遇到问题时才不会慌张。可以根据常见问答的内容来回复顾客，以保证店铺内所有接待人员对同一问题的答复口径一致。

③识别客户的真正需求

识别客户需求的一个重要方法就是提出高质量的问题，不过，有很多客户经理或服务人员只会介绍产品，不会提问也没有意识去提问。

激发客户需求的询问可以从这几个方面进行：获取客户基本信息的询问，如公司有多少台计算机，业务主要包括哪些方面，主要负责哪些方面等；客户需求的产生是存在需要解决的问题，发现问题的询问如哪些事情使您很头疼，哪些事情占用您太多时间。发现客户对现状不满之处后，可进行询问，如您的老板如何看待这一问题？提高客户解决这一问题的紧迫性，激发客户需求。然后提出引导客户解决问题的询问；当客户明确表达这是需求时，应了解客户的具体需求，从而识别客户的真正需求。客户的需求应该是明确的而非潜在的，明确的需求是客户主动表达出来的要解决他们问题的愿望。清楚地识别客户的需求，就是要找到客户需求产生的原因，而原因就是需求背后的需求，是真正驱动客户采取措施的动因，找到动因将对引导客户决策有很大帮助。

④满足客户期望

在需求的基础上，客户还会有一些期望。满足客户期望就要换位思考，将心比心。帮助自己了解客户的内心世界和处境情况，也可以表明我们对客户的重视，从而建立信任感。也只有认真倾听，才能听出客户的弦外之音，才能了解客户深层次的欲望。然后客服人员通过有针对性地提出一些问题，帮助客户做出相应的判断，这样可以提升理解客户的效率。随后就是复述听到的内容。向客户宣传的结果也要进行最后的确认，这一点非常重要又常常被忽略。确认过程应遵循 KISS（Keep It Short and Simple）原则，即简洁明了，也是再次确认双方商定的内容，强调交易中的重要事项，表达对客户要求的重视。

6.2.2　网络客户纠纷处理

以客户需求为参照，探寻与管理客户的抱怨，清晰界定客户的不满、抱怨及投诉，构建完善的客户反馈系统，提升异议和投诉的处理能力，是塑造和保持服务竞争优势的核心和关键。

（1）处理客户异议

客户异议是客户针对客服人员及营销推广活动所做出的一种反应，是客户对推销品、客服人员、推销方式和交易条件的怀疑、抱怨、质疑，提出的否定或反对意见。真正的异议，需要客服或者销售人员去深入发掘。异议的内容五花八门，可以归纳为：需求异议、价格异议、产品异议、购买时间异议、客服人员异议、服务异议和支付能力异议。只有真正了解异议产生的原因，才能化解异议。原因可能在于客户，也可能在于客服人员，如举止不当、夸大不实、过多的专业术语、不当的沟通，

等等。

①处理异议的原则

一是事前做好准备。客户的异议是有一定规律的，因此客服在与客户交流之前，就要将客户可能提出的异议罗列出来，然后考虑一个完善的答复。对于客户的拒绝，事前有准备就可以从容应付，事前没有准备就可能不知所措，或不能给一个满意的答复。企业可以组织专家搜集客户异议，制定标准应答语，要求客服人员记住并熟练应用。

二是选择恰当的时机。懂得在何时回答客户，客户经理会取得更好的成绩。异议答复的时机选择有以下四种情况：第一是异议尚未提出时回答，防患于未然是消除客户异议的最好办法。第二是提出后立即回答。对客户异议及时反馈，可以促使客户购买，也是对客户的尊重。第三是客户提出后过一段时间再回答，或者让其他经验丰富的客服人员来接待。第四是不予回答。许多异议不需要回答，可以沉默，假装没听见，答非所问，转移对方的话题或幽默一番，最后不了了之。

三是不要与客户争辩。不管客户如何批评，客服人员永远不要与客户争辩。争辩不是说服客户的最好办法。

四是要给客户留"面子"。客户的意见无论对错，是深刻还是幼稚，客服人员都不能表现出轻视的样子，如不耐烦、走神儿、东张西望、耷拉着头，而要双眼正视客户、面带微笑，表现出全神贯注的样子。

②处理异议的步骤

一是采取积极的态度。很多时候客户异议不是简单的抱怨，而是蕴含着丰富的内容。有经验的客服人员知道，最困难的是面对那些保持沉默、不愿意交流的客户，那些提出异议的客户，实际上是对产品感兴趣的人，因此，客服人员要控制好自己的情绪，积极看待客户异议。

二是认同客户的感受。认同的作用是淡化冲突，然后提出双方需要共同面对的问题，以利于进一步解决异议。认同并不等于赞同，认同是认可对方的感受，了解对方的想法。一个有效的认同方法是重复客户的反对意见并将语气淡化。

三是使客户异议具体化。认同客户的想法和感受后，客服人员要尽最大努力使客户的反对意见具体化，即了解客户反对的细节是什么，有哪些因素导致了客户的反对，这将有助于彻底找出导致客户异议的真正原因。

四是给予补偿。处理异议的前三个步骤都是基于一个目的，找出客户持反对意见的真正原因。给予客户补偿是解决问题、达成交易的一种有效途径。补偿法又叫以优补劣法，如果顾客反对意见切中了产品或服务缺陷，千万不要回避或直接否定。明智的方法是肯定有缺点，然后淡化处理，利用产品优点来补偿甚至抵消这些缺点。这样使顾客的心理达到一定程度的平衡，有利于顾客做出购买决策。

（2）解决网络客户投诉

投诉是指客户针对企业的产品质量和服务方面的不满意，所提出的书面或口头上的抱怨、抗议、索赔和要求解决问题的行为。它是客户对企业管理和服务不满的一种比较正式、明确、强烈的表达方式。作为客服人员，应该积极看待客户投诉，因为它是企业有价值的信息来源，可以为企业创造许多机会。可以利用客户投诉的时机赢得客户的信任，把客户的不满转化为满意，稳定他们对企业和产品的忠诚，获得竞争优势。

①分析投诉产生的原因

客户投诉的原因可以从产品的角度、服务的角度或其他角度进行分析。客服人员应注意区分客户投诉的原因，从而采取正确的应对和补救措施。对客户投诉进行有效的处理，化解客户的不满，改善客户体验。客户投诉的心理主要有发泄、尊重、补救、认同、表现和报复等几种形式。客服人员务必深入洞察客户心理状态，培养准确分析客户心理的能力，然后给予合理的解决。

②了解客户投诉的类型

客户投诉可以按严重程度划分为一般投诉和严重投诉。一般投诉是投诉的内容性质比较轻微，没有造成比较大的损害或影响不大。严重投诉则涉及的问题比较严重，对投诉人造成了较大的物质或精神上的伤害，引起投诉人愤怒，进而出现对企业不利的言行。可以按照投诉的行为划分为消极抱怨型、负面宣传型、愤怒发泄性和极端激进性；也可以按照投诉原因划分为产品质量投诉、服务投诉、价格投诉和诚信投诉；还可以按照投诉目的划分为建议性投诉、批评性投诉和控告性投诉。

③确定投诉处理的流程

明确投诉处理步骤并进行合理优化，可有效缩短服务时间，提高服务效率。客户投诉处理的步骤如图6-1所示。

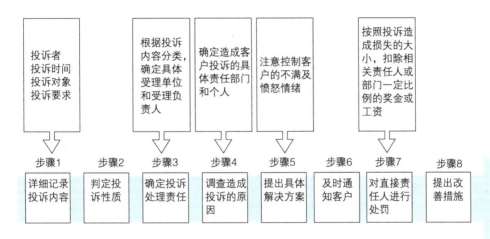

图6-1　客户投诉处理的步骤

在实际操作中，客服人员要根据客户投诉的实际情况，对处理客户投诉的每个环节进行细化。

一是快速反应，以诚相待。处理客户投诉的目的是获得客户的理解和再度信任，这就要求处理客户投诉时必须以诚相待。如果处理能让客户满意，客户不仅不会抛弃你，还会更加坚定地忠实于你。

二是明确身份，承担责任。接到客户投诉后，如果你不能直接帮他解决，决不能用借口搪塞，不能将责任强加给其他部门或其他方面，而应该帮助客户找到公司相关负责人，并确保其能够处理。为客户服务是每个人的责任，要让客户确信他是在一个与运作协调的组织接洽，而非是在与各自为政的部门打交道。

三是询问事实，分析原因。客服人员在接待客户投诉时要询问清楚事实，准确理解客户所说的话，切忌在掌握所有信息之前妄下结论。客服人员可利用客户投诉分析表所列项目内容对客户投诉进行具体分析（如表6-8所示）。

表6-8　客户投诉分析表

客户名称		受理日期	
投诉类型		承诺期限	
投诉缘由			
客户要求			
处理中可能遇到的困难			
应对策略			

续表

客户期望是否达成	
采取的主要措施	
客户投诉主管建议	
客户投诉专员建议	

制表人：　　　　　　审核人：

四是判断客户类型，寻找解决方案。根据投诉客户个性特点的不同，可以将投诉客户分为四种类型：完美型客户、力量型客户、活泼型客户和和平型客户。对于完美型客户，商家应表现诚意，晓之以理，动之以情；对力量型客户的处理反应要快，短时间内拿出解决方案；对活泼型客户要先处理心情，后处理事情；对和平型客户，要让客户感觉"替他着想"，用激将法。

五是提供超值回报，放弃另类客户。优秀的客服人员要好好利用这一机会，将投诉客户转变为企业的忠实客户。当与客户就处理方案达成一致后，还应该追加一些赠品或小礼物，以超出客户预期的方式真诚地道歉，同时再次感谢客户。哪些客户属于企业的标准客户？哪些客户属于优质客户？哪些客户本来就不属于企业的目标客户？客服人员要心中有数，并在服务过程中灵活应对。

六是强化过程管理持续投诉反馈。处理客户投诉不仅要求结果令客户满意，还要求处理过程令客户满意，因此在客户提出投诉后，商家一定要对投诉进行持续反馈、追踪和回应。投诉处理完成后，企业应在最短时间内主动给客户打电话或发传真或亲自回访，了解客户对解决方案还有什么不满意的地方，是否需要更改方案，等等。这样就可以使客户信任成倍增长，从而形成再次购买或正向的人际传播。

④掌握投诉的处理技巧

一般投诉的处理技巧：一般投诉可以采用 LSCIA 处理法，较好解决客户的投诉问题。LSCIA 是 Listen（倾听）、Share（分担）、Clarify（澄清）、Illustrate（陈述）、Ask（要求）这五个英文单词的首字母。即当客户投诉时要首先倾听，做好记录，弄清问题的本质和事实。客服可以采用分担的形式安抚客户，然后对问题加以定义：是产品的问题还是客户使用不当。在投诉问题得到确认后，可以提出处理方案，同时感谢客户。在解决问题后，还要两次询问有无其他要求，以诚恳的态度告诉客户，可以随时联系自己。

严重投诉的处理技巧：对出现的投诉，首先要进行是否为严重投诉的识别。对于严重投诉来说，来投诉的客户往往心情不好，有很大一部分客户情绪激动，甚至失去理智。采用令客户心情开朗的 CLEAR 法，也称客户愤怒清空法，可以较好地解决问题。CLEAR 是 Control（控制）、Listen（倾听）、Establish（建立共鸣）、Apologize（道歉）、Resolve（解决）这五个英文单词的首字母。

【案例赏析】某国际酒店客户服务案例

思政园地

处理客户投诉要学会运用马克思主义矛盾分析法，学会一分为二看待客户投诉，即要看到是与非、善与恶、美与丑、正确与错误、主题与客体两个方面，若能正确对待，就可以变危机为良机，重新赢得客户信赖。同时要善于抓重点、抓关键，即矛盾分析法要求的注意抓主要矛盾或矛盾的主要方面。

↘ 6.2.3　网络客户忠诚度培养

（1）识别忠诚客户

①客户忠诚度定义

客户忠诚度，又可称为客户黏度，是指客户对某一特定产品或服务产生了好感，形成了"依附性"偏好，进而重复购买的一种趋向。客户忠诚是指客户对企业的产品或服务的依恋或爱慕的感情，它主要通过客户的情感忠诚、行为忠诚和意识忠诚表现出来。具体表现为：

a. 客户忠诚是指消费者在进行购买决策时，多次表现出来的对某个企业产品和品牌有偏向性购买行为。

b. 忠诚的客户是企业最有价值的顾客。

c. 客户忠诚的小幅度增加会导致利润的大幅度增加。

d. 客户忠诚营销理论的关心点是利润，建立客户忠诚是实现持续的利润增长的最有效方法。企业必须把做交易的观念转化为与消费者建立关系的观念，从仅仅集中于对消费者的争取和征服转为集中于消费者的忠诚与持久。

顾客满意度与顾客忠诚度之不同在于，顾客满意度是评量过去的交易中满足顾客原先期望的程度，而顾客忠诚度则是冲量顾客再购及参与活动的意愿。

②客户忠诚度测评

客户忠诚度的测评是指对客户忠诚度的考察、分析与把握，是客户服务工作的一项重要技能。客户忠诚度是客户忠诚的量化指数，为了了解企业的客户忠诚状况，企业可以运用以下几个指标来对客户忠诚度进行衡量。

a. 客户的重复购买次数及重复购买率。一定时间内，客户对某一产品或服务重复购买的次数越多，说明客户忠诚度越高；反之，则越低。企业为了便于识别和纳入数据库管理，一般将忠诚客户量化为3次或4次以上的购买行为，但现实中，不同消费领域、不同消费项目有很大区别，因此不能一概而论。

b. 产品或服务购买的种类、数量与购买百分比。这是指客户经常购买某一产品或服务的种类、数量，以及在最近几次购买中，客户购买各种品牌所占的比例。一般来说，客户经常购买的品牌数量越少，或者在最近的几次购买中，某一品牌产品所占比例越高，说明客户对该品牌越青睐，对该品牌的忠诚度也就越高。

c. 客户购买挑选的时间。客户购买都要经过产品的挑选，因而在其购买某产品时所花费的挑选时间能够反映出客户对某种产品或服务信任程度的差异。一般而言，客户对某企业或品牌产品挑选的时间越短，说明他对这个企业或品牌产品越偏爱，忠诚度就越高；反之，则越低。

d. 客户对价格的敏感程度。客户在选择产品或服务时，价格是一个重要的考量因素，而且对于不同产品或服务价格的敏感程度是不同的。一般而言，对于客户喜爱和信任的产品，即便价格波动很大，客户也会选择继续购买，他们对其价格变动的承受能力较强，即价格敏感度较低；相反，对于不信任和不喜欢的产品，价格稍微波动就会影响他们的选择，他们对价格变动的承受能力较弱，即对价格敏感度较高。通常，对价格敏感程度高的客户，说明客户对品牌的忠诚度较低；反之，则较高。但是我们在使用此标准判断客户忠诚度时，需要注意排除该产品或服务对于客户的必需程度、产品供求情况以及产品竞争程度这三个因素的影响。

e. 客户对竞争产品的态度。客户如果转换产品供应商，那一定是经过对相关企业的产品或服务比较之后决定的。一般来说，对某种品牌忠诚度高的客户会自觉排斥其他品牌的产品或者服务，因而，可以通过客户对竞争产品的态度来判断其对某一品牌产品或服务的忠诚度。如果客户对竞争产

品的促销活动或降价与促销行为越不敏感，则客户对现有企业品牌的忠诚度就越高；反之，则越低。

f. 客户对产品质量事故的承受能力。产品出现质量问题时，客户的态度可以表现其对产品或企业的忠诚度。一般来说，客户对出现的质量事故越宽容，其对产品或品牌的忠诚度越高；相反，若客户对出现的产品质量问题强烈不满，并要求企业给予足够补偿，甚至可能会通过法律途径来解决，则表明客户对企业的忠诚度较低。

g. 客户对产品的认同度。客户对产品的认同度可以通过向身边的人士推荐产品，或通过间接评价产品表现出来。如果客户经常向身边的人推荐产品，或在间接评价中表示认同，则表明忠诚度高。

（2）提升客户忠诚度

客户对产品或企业的忠诚是用额外的服务赢来的。企业必须了解目标客户的个人需求，然后决定怎样才能在与其他竞争对手的较量中胜出，给予客户最好的服务。

①把分内的服务做精

分内的服务就是那些意料之内、情理之中的服务。要把分内的服务做精应该做到从内心尊重和关注客户，不问责任，先帮客户解决问题，始终以客户为中心，迅速响应客户需求，持续提供高品质服务。

②把额外的服务做足

额外的服务是指那些意料之外、情理之中的服务。也就是客户有需要但没有预期到的服务。例如企业提供的各种增值服务、定制服务，以及针对个别客户的个性化服务，等等，都属于额外的服务。这些服务如果没有做好，客户也不会太责怪，但如果做好了，客户就会非常满意，并形成一定的客户忠诚度。只有把额外的服务做足了，才能赢得客户的信任。

③把超乎想象的服务做好

超乎想象的服务是指那些意料之外、情理之外的服务及客户并没有预期甚至都没有需求的服务。当然并不是说客户真的不需要，而是还没有意识到或者只是客户潜意识里的需求。如果这部分需求能得到满足，就超越了客户的期望，就会令客户感动，从而形成真正的客户忠诚。把超乎想象的服务做好，那么首先要挖掘客户潜意识里的需求，注意每一个服务细节，从每一个服务细节中发现客户潜在的需求和期望优质的服务，一定是每一个细节都会让客户感动。同时企业要建立一切为了客户的企业文化，从高层领导到基层员工所想所为都为了客户，只有形成这样一个文化，才有可能做好超乎想象的服务。

↘ 6.2.4 网络客户分类管理

客户分类是在对客户信息库分析的基础上，根据客户的显著特征，对其进行的类别划分，如年龄、性别、区域等。此外，借助分类结果，应该基于客户最近的交易时间、交易频率、每次购买价值等多项指标对客户进行分级与管理。

（1）客户分类

合理划分客户层级，对客户进行恰当分类，是为了对不同的客户提供合适的服务，例如在航空公司举办的提升客户忠诚度的活动中，最佳客户可以获得以下待遇：

◇ 优等服务（快速换票，最后登机）

◇ 商务贵宾休息室

◇ 优先合作伙伴待遇

◇ 回赠点数

◇ 更多的认可

◇ 更好的支持服务

客户分级按照价值一般分为三类，分别是一般客户、潜在客户和关键客户（如表6-9所示）。一般客户就是企业主要通过让利给客户，即从网店中通过优惠或者打折促销的方式成交的顾客，他们在购买产品时获得了利益的满足感。潜在客户是希望从企业建立的关系中提高价值，还希望从企业那里得到附加的财务利益和社会利益，他们是经营活动中企业与客户关系的核心。关键客户是指一些除了希望从企业建立的关系中提高价值外，还希望从企业那里得到社会利益，如成为客户俱乐部的成员等，从而体现一定的精神满足，他们是企业比较稳定的客户，虽然比例上不占多数，但是对企业的贡献高达80%左右，是企业最重要的客户。

表6-9 客户价值分类表

客户层次	比重/%	档次	利润/%	目标性
一般客户	80	低	5	财务利益
潜在客户	15	中	15	附加价值
关键客户	5	高	80	社会利益

对于不同层级的客户，需要采用不同的管理思想和管理策略。在客户细分的过程中，找出某一客户层级与利用客户层级的差异具有非常重要的价值。不同层级客户的需要、欲望和感觉各不相同，他们对服务质量的定义也存在差异，对企业的感觉也不尽相同。如果客户需要不同的产品，那么企业影响不同层级的客户，提供不同属性组合的产品。企业一般会选取特定层级的客户作为目标市场。不同层级客户对服务质量的反应不尽相同，高层级客户对服务质量改善的回报率更大一些。

（2）客户分组管理

在企业中根据关键客户和合适客户的需要，进行客户化设计、制造和服务，使客户的多种多样需求同时得到满足，使客户价值最大化，这是客户的需要，也是营销管理的动力源。那么如何使客户价值最大化呢，我们按照客户对网店销量的贡献度分为优质客户和劣质客户（如图6-2所示）。

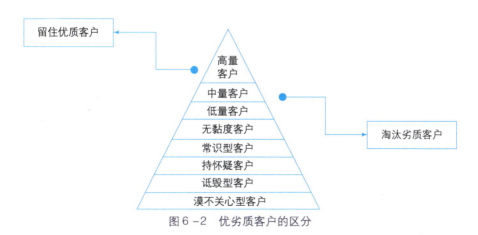

图6-2 优劣质客户的区分

在客户服务中合理地区别分类客户，给不同类型的客户不同的服务，做到因人而异，力求把所有客户都归类合理化，最终提升网店的整体业绩。

6.3 网店客服

网店客服一般分为售前客服、售中客服与售后客服，售前客服的工作内容主要是导购、促成下单，售中客服的工作内容主要是帮助客户在收到商品之前的信息查询，而售后客服的工作内容主要是处理一些退换货、投诉等售后问题。客服工作的每一个环节一般都有比较固定的工作流程，这里以售前客服为例阐述一般的工作流程。

↘ 6.3.1 售前客服工作流程

网店客服工作中，售前客服合理的工作流程不但可以提高工作效率，而且以往成功案例的经验也可以帮助我们减少重复的失误，语言的恰当表达使我们的服务更加规范和专业，统一的工作流程能够养成严谨的工作作风，快速达到一个优秀销售客服的标准。

那么网店售前客服的工作流程怎样才算合理呢？我们一般分为八步流程，即：进门问好—接待咨询—推荐产品—处理异议—促成交易—确认订单—礼貌告别—下单发货（如图6-3所示）。

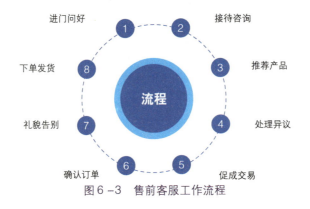

图6-3 售前客服工作流程

（1）进门问好

良好的第一印象是成功的沟通基础，无论是售前还是售后服务，进门问好的好坏都会影响到你处理的结果。客户第一次打招呼，要做到"及时答复，礼貌热情"。

当客户来咨询时，先来一句"您好，欢迎光临"，让客户觉得有一种亲切的感觉。不能单独只回一个字"在"，给买家感觉"你很忙，根本没空理我，太冷漠了"，也不能买家问一句，我们答一句，这时候有可能会跑单。可以运用幽默的话语、旺旺的动态表情进行回复，这样便可以增添不少交谈的气氛，能够让客户知道我们客服的热情和亲切，从而增添对掌柜的好感，这对交易的成功实现有所帮助。当客户来咨询时，要第一时间回复，因为客户买东西都会货比三家，可能同时跟几家联系，这时候谁第一时间回复，谁就占了先机。

有效利用旺旺签名设置的技巧，可以帮助店铺传达给客户很多信息。在旺旺的功能设置中，可以同时设置多条不同的信息，也可以把多条想要展示的信息滚动轮播显示。轮播的信息应该限制在

3～5 条，不然客户很容易错过最重要的信息。为了达到最佳的传播效果，一般选择最短的间隔为 5 分钟即可。

（2）接待咨询

迎接客户之后，我们就要准备接待客户的咨询，接待咨询需要"热心引导，认真倾听"。

为了更好地接待咨询，我们要做一些工具方面的准备工作。在旺旺的"基本设置"的"聊天设置"中包含很多功能，这些功能可以提高我们在日常沟通中的工作效率。

我们先来看"消息提醒"这一部分，一些信息是必须第一时间知道的，而有些没必要的信息就可以设置免打扰，例如"联系人上（下）线通知"可以取消、"闪屏振动"这一项去掉勾选。因为大多数时候我们是被动地接受客户的呼入咨询，忙起来根本没有时间去关注客户的上下线并和他们进行沟通，旺旺后台设置准备如图 6－4 所示。

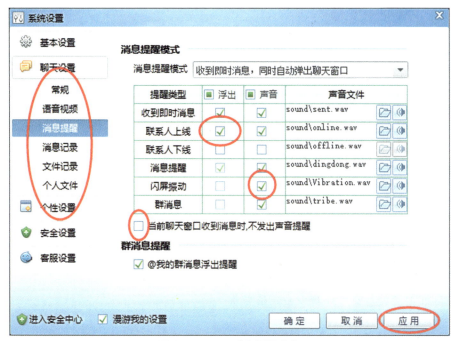

图 6－4　旺旺后台设置准备

使用卖家版的旺旺并选择客服工作台设置，这样可以把所有咨询客户罗列在同一个对话框内，减少客服在窗口内来回点选的次数，提高回复咨询的效率。客服工作台的其他重要设置，一是勾选并设置"客户等待多少秒以后提醒我"；二是当已接入咨询人数达到多少个以后，用预先设定的"自动回复"回复新接入的客户。一般来说，客服的回复速度决定了客户在店里能够停留多久，可以设置为接入人数达到 5 个时使用自动回复。图 6－5 所示为旺旺客服工作台及快捷短语设置。

由于不能用表情、不能用声音，也不能用手势，在很多情况下特别容易造成误解，因此，在线沟通相对线下沟通而言，有很大的局限性。在线沟通需要学会使用旺旺表情来替代人的表情和手势，可以说旺旺表情就是在线沟通的代言者。一个合适的旺旺表情，能够让客户对卖家增加亲切感，拉近彼此的距离。

接待咨询中的五大注意要点：

a. 客户呼入的前 6 秒称为"黄金 6 秒"，只有迅速地回复客户的咨询，才能及时地留住客户，获得下一步向客户推荐商品的机会。

图6-5　旺旺客服工作台及快捷短语设置

b. 网络对话没有语气、语调，很容易使客户感觉简单生硬，所以在一些回复中使用"哦""嗯""呢"等语气词，有助于提升客户体验。

c. 让客户在店铺里留得更久的方法不是拼命向客户推荐商品，而是能先和他们交朋友，试着去接近他们的内心，让客户放下戒备，产生信任。

d. 在体现专业服务形象的同时，千万记得还要注意网络交易安全，不要随意接收客户发来的文件和图片，更不要打开没有安全标识的网络链接。

e. 如果能在文字沟通中，适当地加入有趣的旺旺表情，代替客服表情展现在客户面前，可以为亲和力加分，离成功更进一步。

（3）推荐产品

向客户推荐产品，要"体现专业，精确推荐"。先要用简单的语言表达来了解客户的喜好，一般都是选择好产品后咨询，如果客户有打消买这款商品的念头，客服要在第一时间推荐顾客喜欢的其他商品，这就要学会能根据客户的需求方向去说。向客户介绍商品，继而要引发这个客户对商品的兴趣，并且根据他的反应调整推荐商品的方向。我们来看一个通过成功地向客户介绍产品，达成有效关联销售的案例（如图6-6所示）。

向买家推荐商品，并不是说只要一味地、没有技术含量地硬性推荐就可以了，这样只会让客户反感而离开。在沟通案例中可以看到：这位客服在向买家推荐商品的时候，先是根据客户的要求去查看了一下他已经拍下的商品，目的一是帮助客户确认订单，二是了解客户的需求。

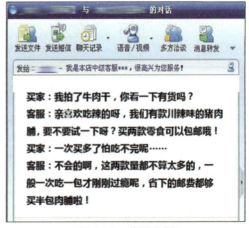

图6-6　沟通案例

这个成功说服客户的沟通案例，实际上用到了在线销售中很重要的一个技巧，就是"关联商品推荐"。关联商品推荐的关键就是商品之间要有共性。在客户进来咨询的第一件商品和客服向他推荐的商品之间，一定要考虑这两样东西之间是不是有共性，这样才能更精准地做出推荐。那么如何才能做到更有针对性和说服力地向客户推荐商品呢？

a. 明确自身优势，包括货源的优势、质量的优势以及价格的优势。

b. 参考一些店内的历史数据，有意识地把店铺当中销售的商品进行统计和划分。从营销上来说，永远要推荐给客户库存充足的商品，但是又要从心理上让客户觉得这是最适合的。

c. 在推荐的原则中，第一重要的就是客户的利益，站在客户的立场解决问题，自然可以做到买卖双方获得双赢。

（4）处理异议

在规范、公平、明码标价、坚持原则不议价的情况下，适当优惠或赠小礼品以满足个别客户追求更加优惠的心理。如果客户说贵的话，这个时候可以顺着客户的意思，承认自己的产品的确是贵，但是要委婉地告诉客户全方位比较，一分钱一分货，还要看产品的材质、工艺、包装、售后等。还有，当话语很长的时候，不要一次性打很多字，因为客户等久了，可能就没有耐心了，可以一行为一段，接着发出去，这样就不会让客户等太久了。

还有一些在线客服则更聪明，他们懂得利用商品的一些特性，来巧妙地做价格拆分来规避客户关于价格的异议。例如客户挑选的东西全部买一共是785元，显然这个客户觉得总价还是挺贵的，所以提出了"少买一点"的异议。于是客服巧妙地利用了将成本摊到天的分拆方法，对买家进行引导和心理暗示，让他感觉到每天3元就可以保持健康真的是不贵的，于是客户愉快地决定下单购买了。

在处理异议的时候，还需要注意以下几点：

a. 要及时回应客户，尤其是当客户有异议的时候，永远使用自动回复时买家很反感。

b. 回复客户时显得极不耐烦或者是喜欢用反问句，很容易使客户产生反感，因为反问句是含有质疑和攻击对方的意图的。所以在回复客户异议的时候，能用陈述句就别用疑问句，如果一定要用疑问句也选一些不会引起客户反感的语言，而且最好不要用反问句。

c. 很多在线客服都不太注意的一个细节是喜欢用感叹号或者刺目的字体颜色，这种做法也是欠妥的，感叹号只有在强化感情色彩的时候才用，所以不要轻易频繁地使用。而带刺目颜色的字体会让客户看着不舒服，同时也会有种本店客服不专业的感觉，在线客服使用的文字颜色，建议不要过于刺目或者过于浅淡，这两种颜色会让客户感觉视觉疲劳，或者产生抗拒心理。在文字的字体方面，建议不要使用过于花哨的字体，尽量用宋体、黑体、幼圆体这类看上去感觉比较正式、专业的字体。

d. 在处理议价的时候，首先态度要亲切，不要因为对方在还价而让他感觉到你很反感；其次解释要得体，用语要规范，同时还要使用一定的沟通技巧。

（5）促成交易

随着在线交易步骤的深入，客服要在第一时间搜集客户职业身份、性格脾气，以及购买力、交易历史等信息。在整个沟通过程中不断察言观色，去了解客户的性格，说客户爱听的话，挖掘客户的潜在需求，同时激发购买意向。在沟通中了解客户心理是非常重要的事情。

①优惠心理

买东西的人很多都希望得到优惠，不要一听客户要求优惠就很反感，应该把这看成是一个正常交易流程，并且正确去处理，最好能站在客户的角度去思考，给他们规划一项最划算的方案。

②攀比心理

期待被重视、被尊重、得到额外的关怀和优惠，这是每个客户的基本心理。这也就是为什么要建立VIP会员制度的原因，就算是一些本来就应该给到的优惠，如果也能让他感觉是额外给他的，他反而会特别高兴。

③恐惧心理

人对自己不了解的人、事、物，往往都会有恐惧的心理，尤其是网上购物。他们担心吃亏、担心买错了、担心被骗，等等，所以我们就要在沟通当中给他们一些安全感，消除客户的担心和顾虑，给他们最亲切的感受。

④好奇心理

人还会很容易产生好奇的心理，总想了解更多其实和他不相干的情况，会问东问西的。那么我们能回答的问题尽力回答，不能回答的也要做到礼貌婉拒。

⑤自拥心理

最后很关键的一点，所有的人都是爱听顺言、爱听赞美的，所以但凡是可能的时候不要吝啬你的赞美，也许依据赞美能够帮助你留住一个客户。

（6）确认订单

"及时核实，买家确认"，确认订单是重要的一步，又是我们常忽略的，很多问题的产生就是由于没有多确认一下。客户拍下产品后，我们应该及时跟客户核实地址、电话等个人信息是否准确，另外，特别关注个性化留言，做好备忘录，有效避免错发、漏发等情况，尽可能控制售后不必要的麻烦和纠纷。

（7）礼貌告别

"热情道谢，欢迎再来"，无论成交与否，都要表现出大方热情，特别是因为议价没有成交的，要让客户明白卖家不议价的经营模式。因为卖家的诚恳热情，回头再购买的概率也是很高的。在成交的情况下，可以这样回答客户：您好，谢谢您选购我们的产品！您就等着收货吧，欢迎再次光临，祝您生活愉快！

（8）下单发货

下单发货可以作为一个工作流程的交接，一般就是把已经成交付款的有效订单录入 ERP 订单管理系统，让库房的同事下载打印发货单，进入发货的流程。

↘ 6.3.2　网店客服工作职责

网店客服是指在开设网店这种新型商业活动中，充分利用各种通信工具并以网上即时通信工具（如旺旺、千牛）为主的，为客户提供相关服务的人员。这种服务形式对网络有较高的依赖性，所提供的服务一般包括：客户答疑、促成订单、店铺推广、完成销售、售后服务等几个方面。

①塑造店铺形象

对于网店而言，客户看到的商品都是一张张图片，既看不到产品本身，也看不到商家本人，无法了解各种实际情况，因此往往会产生距离感和怀疑。因此，客服的重要性就凸显出来了，客户通过与客服的交流，可以逐步了解商品的性质和商家的服务态度，客服人员一个表情笑脸或者一声亲切的问候，都能让客户真切地感受到与一个善解人意的人在沟通。每个客服人员通过自己贴心、周到、高效的服务，塑造店铺的整体形象，在客户群体中建立起专业、高效、负责任、值得信赖的品牌和店铺形象。

②提高成交率

客服必须熟练掌握公司产品信息和产品交易流程，并且能够热情地为客户解答问题，热情是每个客服必备的职业素养，通过文字和表情的传递，快速且耐心的解答，使顾客有一种宾至如归的感觉，客服服务重点是根据客户的需求为客户合理推荐款式和尺码，促使达成交易。

③提高客户回头率

当客户在客服的良好服务下，完成了一次良好的交易后，客户不仅了解了卖家的服务态度，也对卖家的商品、物流等有切身的体会。当客户需要再次购买相同商品的时候，就会倾向于选择所熟悉和了解的卖家，从而提高了客户再次购买的概率。

④更好的售后服务

在网店售出商品后，总会有各式各样的售后问题，一般客户都会带点情绪说话，因此客服人员尽量用平和的语气去回复客户，并且耐心细致地帮客户解决售后问题。人走茶不凉，好的售后服务是下一次成交的奠基石，只有售后服务达到客户的满意度，才能有回购率。

思政园地

客服岗位需要弘扬爱岗敬业精神，一名优秀的客服人员，首先应具备强烈的爱岗敬业精神、饱满的工作热情和认真的工作态度，而后练就善于倾听客户、了解客户、沟通客户的扎实基本功，同时应修炼良好的心理素质、较强的抗压能力、沟通协调力、洞察判断力、坚韧执着力和自制自控力。

基础练习

【参考答案】
模块6 基础练习

一、判断题

1. 只要调查手段恰当、调查方法科学，调查搜集到的资料就能及时、准确和全面。（　　）

2. 头脑风暴法又称集体思考法和智力激励法，是1939年奥斯本首先提出的。（　　）

3. 不同层级的客户对服务质量的反应不尽相同，低层级客户对服务质量改善的回报更大一些。（　　）

4. 客户的需求必须经客户自身证实，经过客户的亲手亲口证实，而不只是客服人员自己个人的猜测或主观臆断。（　　）

5. 提议被客户反对时，应马上反驳客户的意见，以维持沟通的主动性。（　　）

6. 倾听时即使客户偏离主题或不能理解所说的内容，也不要打断客户的谈话。（　　）

7. 快速地进行文字录入是客服人员的基本要求。（　　）

8. 把分内的服务做精就要求客服人员能够做到不问责任在谁，先帮客户解决问题。（　　）

9. 客户对商品的期望过高有可能会导致中差评。（　　）

10. 客户忠诚度的核心是精心设计客户体验，通过体验实施来达到所期望的结果。（　　）

二、选择题

1. 虽然宏观环境对企业竞争具有一定的影响，但对企业竞争带来最直接、最关键影响的是（　　）。

A）微观环境　　　B）行业环境　　　C）政治环境　　　D）社会环境

2. 搜集客户信息的方法很多，主要有（　　）。

A）网上搜索　　　　　　　　　B）通过黄页查找

C）通过其他平面媒体查找　　　D）通过亲属朋友提供

3. 在市场调查中，询问法是获取资常用的方法，询问法具体的方式主要有（　　）。

A）面谈调查法　　　B）电话调查法　　　C）邮寄调查法　　　D）问卷调查法

4. 以下不属于客服人员基本品格要求的是（　　）。

A）具有诚信待客的要求　　　　　B）具有熟悉商品知识的要求

C）具有耐心待客的要求　　　　　D）具有细心处理顾客提出的问题的要求

5. 下述不属于售前客服的主要工作内容的是（　　）。

A）快递信息查询　　　B）咨询回复　　　C）推荐营销　　　D）商品导购

6. 客户经理对客户异议答复时机的选择有下列几种？（　　）

147

A）异议尚未提出时回答   B）异议提出后立即回答

C）异议提出后过一段时间在回答   D）不予回答

7. 以下哪几项可以对客户忠诚度进行测量？（   ）

A）重复购买次数   B）购买挑选时间

C）对产品包装的选择   D）对产品质量的承受力

8. 客户忠诚体现在（   ）。

A）客户满意度高   B）客户关系的持久性

C）客户对企业有很深的感情   D）客户花在企业的消费金额提高

9. 客户忠诚给企业带来的效应包括（   ）。

A）长期订单   B）回头客   C）额外的价格   D）良好的口碑

10. 以下不属于额外服务的是（   ）。

A）增值服务   B）"定制"服务

C）持续提供高品质服务   D）个性化服务

三、简答题

1. 简述头脑风暴法，这种方法有哪些优势？

2. 简述 LSCIA 处理法。

3. 介绍客户异议处理的一般操作流程。

4. 简述客户忠诚度和满意度的区别。

5. 简述客服人员如何做到把分内的服务做精。

项目实训

实训项目1：客户倾听技能的诊断与改善

一、任务布置

班级：	实训人员：
模块6	客户服务与管理
项目目标	通过这个新技能的训练，提升客户服务人员的倾听技能。

项目背景	下面的训练很有趣，它可能会改变你认为自己是一个很好的倾听者的看法。请组成三人的沟通训练小组，每个人将轮流充当说话者（S）、倾听者（L）、观察者的角色，这样每个人都能判断他人的倾听技能，从体验中获得感悟。
	    请每一个参与者都选择一个具有鲜明的自我观点的话题，如"我认为为了保护环境应当禁止使用所有小汽车"这种每个人基于常识就能讨论的话题。不管选择什么话题最重要的是你必须坚持自己的观点。在以下三次演练开始的时候，扮演倾听者的人会告诉说话者自己所选择的话题，他们对此所持有的观点。然后说话者就开始围绕这一话题反驳倾听者的观点（限时5分钟）。说话者的任务是强有力而非漫无边际地反驳倾听者的观点，阐明新观点的合理性或推翻倾听者的观点。
	    倾听者的任务就是仔细倾听，5分钟后对说话者所陈述观点做出总结。
	    观察者的任务是向倾听者反馈其所表现的倾听技能和概括的准确度。观察者不需要对说话者的表现做出任何评价。

任务要求	任务1：开展三轮演练； 任务2：小组作简单体会交流； 任务3：将个人心得和体会填入表。

二、任务实施

实施过程	优化建议
任务1：开展三轮演练	
任务2：小组做简单体会交流	
任务3：将个人心得和体会填入表	

倾听技能的诊断及改善

行为观察要点		做到了吗？	观察者评语
倾听	80：20 比例（S：L）		
	L 没有打断对方说话		
	将跑题的 S 拉回主题		
	做笔记		
确认是否理解	提出问题，澄清不明之处		
	给予精当的概括		
	对不喜欢的话题也能坚持听下去		
表明正在倾听	目光交流		
	身体姿势		
	语言语调		
建立人际关系	允许 S 发泄不满		
	能够换位思考		
	用 S 的名字来称呼他		
诊断式倾听	不要争辩、反驳或寻找借口		
	勇于承认错误并做出道歉		
	不妄下结论		
	想办法解决问题，而不是为困难寻找借口		
训练总结			

三、任务评价

评价内容		评价标准	分值	得分
自我评价	工作态度	态度端正、工作认真、按时完成	20	
	知识技能	讲述的条理性与深度	30	
	工作效果	分角色任务完成度	20	
	职业素养	合格的倾听者	30	
合计			100	
自我分析	遇到的难点及解决方法			
	不足之处			

综合评价	自我评价 （20%）	小组互评 （30%）	教师评价 （50%）	综合得分

模块 7

电子商务
物流管理

电子商务时代，由于企业销售范围的扩大、销售方式及最终消费者购买方式的转变，送货上门等成为一项极为重要的服务业务。物流服务的质量与消费者的购物体验紧密相关，是提高电子商务企业竞争力的重要保证，蓬勃发展的电子商务活动也促使物流行业的兴起，很多物流企业紧密围绕电子商务活动的需求，积极运用新技术，帮助企业实现各种商品的线上销售方案。很多大型超市、品牌厂商等实体企业纷纷开辟多个渠道展开线上销售业务，大型电器、家具、生鲜食品、宠物、绿植、药品等都能实现电子商务模式的销售，其中物流发挥了至关重要的作用。线上订单需要通过合适的物流来完成，可以说物流是电子商务活动得以实现的重要基础。

很多企业也正是看到了物流对电子商务业务发展的重要性，纷纷将物流管理提升到战略管理的高度。比如京东在很早就布局自己的物流系统，事实证明，京东利用自建物流系统实现"隔日达、当日达"的目标，提高了客户购物的满意度。阿里巴巴积极布局菜鸟网络，持续加大投入，积极布局新零售与物流全球化，构建数字化、智能化、社会化的物流网络。

✍ 【思政导学】

思政点1：电子商务与物流企业将服务社会、保障民生视为己任，利用自己的资源优势与技术优势，积极主动地持续贡献应有之力，保障国家与社会的稳定，体现了物流企业的社会担当。

思政点2：通过对电子商务物流技术的介绍与展望，理解创新精神对提升我国物流供应链的科技实力、应对全球激烈竞争的重要作用。

思政点3：通过电子商务物流包装类别与包装功能的介绍，理解在供应链推行绿色可持续发展理念的意义。

思政点4：理解稳定的合作伙伴关系对企业发展的重要性，企业在供应链管理中要明确发展价值取向，发挥自己的积极作用，推动国家产业链的发展与稳定。

思政点5：理解逆向物流的概念与电子商务逆向物流产生的原因，企业要积极承担社会责任，深入推进循环经济发展，减少浪费，走可持续发展之路。

【知识导图】

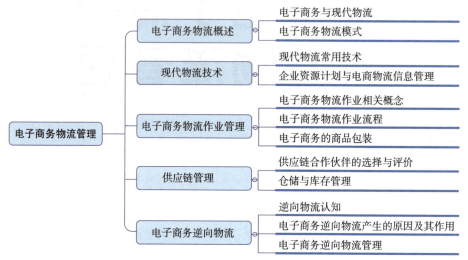

【知识目标】

1. 掌握电子商务物流模式；
2. 了解现代物流技术；
3. 掌握电子商务企业的物流作业流程与作业内容；
4. 理解电子商务环境下"零库存"管理目标的实现方法；
5. 理解逆向物流的概念和产生的原因。

【能力目标】

1. 初步具备电子商务物流技术应用能力；
2. 具备电子商务企业的仓储、库存控制等作业操作能力与初步管理的能力；
3. 初步具备电子商务供应链管理能力；
4. 初步具备电子商务逆向物流管理的能力。

【素质目标】

1. 具备吃苦耐劳与团队协作精神；
2. 具备良好的职业道德与社会责任感；
3. 具备开拓创新精神。

案例导入

顺丰积极探索区块链、大数据、人工智能等技术，用科技辅助管理，提升决策效率，简化决策和管理流程，积极推动提升物流行业智慧化水平。

一、区块链技术——丰溯、丰证

我国大力开展药品食品安全溯源体系建设，建成了重点食品质量安全追溯系统国家平台和多个省级平台，覆盖了的企业包括乳品企业、乳制品企业、酒类企业、药品企业、肉菜等，安全溯源正在加快推广，并向深度应用拓展。

丰溯是顺丰商品溯源平台。丰溯利用区块链技术，联合第三方质检机构、政府部门共建区块链溯源联盟链，解决了传统溯源的数据中心化存储、产品窜货等痛点。通过打通数据物流，确保寄递产品一物一码，让客户能获知目标快件的相关信息，并对货品进行溯源。

丰溯溯源将满足政府监管作为目标之一，已在农产品、药品等 20 余种业务场景落地，覆盖种植/生产、运输、仓储、配送、逆向物流等 10 余个环节，实现多业态溯源管理，保障商品的真实性。

在药品行业，丰溯使用物联网自动化技术采集留存覆盖从生产线到医院的相关原料来源、生产过程、购销记录等信息，保证药品全流程可追溯，推动药品生产流通企业落实主体责任。

在酒水行业，为解决酒水假货串货现象严重、物流成本较高、销售无法监控等痛点，顺丰提出丰溯 – 区块链酒水溯源解决方案，打通酒水生产信息、仓储物流信息和末端派送信息，记录酒水运输全程信息，满足企业对供应链下游的管控要求解决信息孤岛和对过程把控的问题，为消费者提供可信赖的酒水产品。

丰证是基于区块链技术，结合密码学和隐私保护机制，实现高效、安全的电子数据存证的区块链存证平台。目前丰证已与司法机构实现对接，保证存证的公信力，确保相关信息与数据的安全得到有效保护。丰证技术已在电子合同、供应链存证等方面得到了有效运用。

二、中转管理系统

中转管理系统是顺丰为中转环节管理与运营打造的一站式平台，通过打通各环节人员、运力、场地、快件、设备等数据信息，利用 AI 视觉识别、大数据运筹算法、机器学习、边缘云计算等技术，实现业务提前预测、车辆智能调度、资源精准投放、全程 3D 可视，帮助场地管理人员对事前生产计划、事中生产监控、事后生产总结改善进行有效把控，大幅提升中转效能和质量。

三、慧眼神瞳

顺丰重视站场的运营和管理。慧眼神瞳通过摄像头等各类传感器对场地内相关运营数据进行全面采集，利用人工智能技术构建实时计算平台、可视化分析平台、运维管理平台，达成对人、车、物、场进行全环节智能检测与分析，实现顺丰站场的生产要素数字化、经营运营可视化、运维服务可控化，避免物流快件在运输途中发生损坏，同时降低安全隐患带来的风险，降低维护成本。

四、巩固供应链科技底盘

供应链科技底盘基于各环节系统，形成订单、仓储、运输、结算等全流程闭环，可根据服务对象和需求差异进行横向协同，实现高效的物流服务。同时，辅以大数据系统，达成供应链全链路透明化，预测与分析更加准确，协助企业高效合理运营。

五、推出专业寄递方案助力实现高质量产业发展

顺丰针对各行物流痛点，研究量身定制专业的电商物流方案，帮助企业实现高质量发展。如预制菜行业的寄递方案，针对预制菜的行业痛点，顺丰打造了统仓共配和 B2C 全渠道一盘货两大解决方案。统仓共配解决方案可通过统仓多温串点共配、智能排线及全程实时温控，实现多商家、多商圈共同运作；一盘货解决方案则可实现全渠道库存共享，统仓运作，统一入库、存储、分拣、打包、配送，加快商家库存周转，降低库存压力及备货成本。顺丰首创行业全链路一体化物流解决方案，打造食品溯源系统和全程仓储运输温湿度实时可视化监控系统，实现从"菜篮子"到"菜盘子"。

顺丰还积极研究并打造自己冷链物流系统助力生鲜电商，保证产品在生产、贮藏运输、销售，

直到消费前的各个环节的保鲜保质。蔬菜、水果、肉、禽、蛋、水产品、花卉产品、速冻食品、包装熟食、冰激凌和奶制品、快餐原料等都实现了电商模式销售。

> **思政园地**
>
> 很多电子商务与物流企业如京东、顺丰等，密切关注国内、国际形势，将服务社会、保障民生视为己任，发挥在时效性、稳定性方面的优势，调动更多资源应对突发情况。这些企业动用科技力量，投入无人机、无人车等高效运输及配送工具，开通专线专班全力为生产物资、生活物资等的运输提供安全高效的运送服务，向世界展现中国企业的实力与应有的社会担当。

7.1 电子商务物流概述

↘ 7.1.1 电子商务与现代物流

国家标准（GB/T18354—2001）将物流定义为：物品从供应地向接收地的实体流动过程，即根据实际需要，将运输、储存、装卸搬运、包装、流通加工、配送、信息处理等基本功能实施有机结合。对物流管理定义为：为达到既定的目标，对物流的全过程进行的计划、组织、协调与控制。

"物"是指一切物质资料，包括生产资料和生活资料；"流"是一个过程，表现为物质实体的相对停滞和空间转移，以及有关信息的传递。

基本物流活动包括运输、配送、装卸、包装、仓储、加工、信息处理等活动领域，现代物流的工作内容如表7-1所示。现代物流服务的核心目标是在物流全过程中以最小的综合成本来满足顾客的需求，是创造时间价值和场所价值的经济活动。

表7-1 现代物流的工作内容

内容	描述
客户服务管理	掌握客户的需求动态，根据客户的要求和企业营销战略，确定顾客服务水平，及时提供物流服务
需求预测	对生产、装运、销售等方面有可能产生的流量做出预示或估计
物流信息交换	物流信息在相关部门之间的流动传递，提高物流作业效率
库存控制	在保障供应的前提下，为使库存物品的数量最少而进行的有效管理的技术经济措施。库存控制是建立在对市场的科学预测基础之上的，是物流管理的核心
物料装卸搬运	在物流的过程中，在保管和运输两端场所对物料进行的装车、卸车、移动、取货、分拣等作业活动
订单处理	接收订单信息、按照订单组织进货
售后服务	为已售出产品提供配件服务以及维修服务

内容	描述
工厂和仓库布局	确定物流节点的数量和位置。工厂（包括商店等）和仓库（包括配送中心等）的位置及其数量直接关系到物流网络的基本格局，影响到物流的走向、流量等
物资采购	主要是指根据生产经营计划和库存状况，向供应商下订单以补充库存
工业包装	为保证物流过程中货物不发生损坏、便于运输和保管而进行的包装活动，也称为运输包装和物流包装
退货处理	将不合格货物和多余货物退还给供货部门的活动
废弃物处理	物流过程中的废弃物的回收活动
运输	运输是物流的主要功能，即实现物资空间位移。合理安排运输，充分利用各种运输方式的优势，实现门到门的多式联运，对运输过程进行实时控制（GPS、货物跟踪系统、往返货物配载系统等），开展集装运输等是现代物流在运输领域的重要特征
仓库管理和保管	对仓库内的人出库、装卸等作业实施的管理活动以及对库内物料进行妥善保管的相关作业活动
流通加工	在流通领域从事的简单生产活动。流通加工不改变商品的基本形态和功能，只是完善商品的使用功能，提高商品的附加价值
配送	末端物流节点向最终用户进行的货物运输活动，具有小批量、多品种等特点

（1）电子商务与物流的关系

电子商务活动的顺利进行需要各类物流活动的支持，物流是实施电子商务的根本保证。电子商务物流虽然只是电子商务若干环节的一部分，但它往往是商品和服务价值的最终体现。在电子商务中，信息流、商流、资金流均可通过计算机和网络通信设备实现，但对于物流，只有诸如电子出版物、信息咨询等少数商品和服务可以直接通过网络传输进行，多数商品和服务仍要经由物理方式进行传输。

电子商务企业的物流管理水平的高低直接决定和影响着电子商务高效率优势的实现。电子商务企业在激烈的市场竞争中，要充分认识到物流对自身发展的重要性，建立科学、合理的管理制度，将科学的管理手段和方法应用于物流管理当中，建立有竞争力的物流管理系统，确保物流的畅通敏捷，实现物流的合理化和高效化，提高客户的满意度。同时企业也要与时俱进，保持对市场的敏锐感，基于动态管理的思想，不断优化调整自己的物流管理系统，始终保持自己在这方面的优势。电子商务物流策略要素如表 7 - 2 所示。

表 7 - 2　电子商务物流策略要素

竞争的需求	竞争特性	物流策略要素
对客制化产品的研发、制造和交货速度的需求	敏捷性	通过畅通的物流快速交货
资源动态重组能力	合作性	围绕市场需求，信息共享与技术知识支持，合作发展
物流系统对变化的实时响应能力	柔性	多种形式的运输网络与多点信息获取途径
用户服务能力的要求	满意度	多样化产品、亲和服务、可靠质量

（2）电子商务对物流行业的影响

在电子商务的应用与发展过程中，如果没有一个高效、合理、畅通的物流系统，电子商务的优势就难以得到有效的发挥，同时电子商务的发展也带动了物流行业的发展。电子商务活动对物流行业的影响主要表现在以下几个方面。

①电子商务改变传统物流观念

传统的物流和配送企业需要置备大面积的仓库，而电子商务系统网络化的虚拟企业将散置在各地的、分属不同所有者的仓库通过网络连接起来，从而进行统一管理和调配，其服务半径和货物集散空间都放大了。这样的企业在组织资源的速度、规模、效率和资源的合理配置方面都是传统的物流和配送所不可比拟的，相应的物流观念也必须是全新的。

②电子商务改变物流的运作方式

传统的物流和配送过程是由多个业务流程组成的，很大程度地会受人为等因素的影响，相关作业环节较为烦琐。网络的应用可以实现整个过程的实时监控和实时决策，物流和配送的业务流程都由网络系统连接，当系统的任何一个环节收到一个需求信息时，该系统都可以在极短的时间内做出反应，并拟订详细的配送计划，通知各相关环节开始工作。电子商务环境下网络化的新型物流配送中心让物流和配送大大缩短，并不断对物流和配送的速度与质量提出更高的要求。

③电子商务改变物流企业的经营

首先，电子商务将改变物流企业对物流的组织和管理。在传统经济条件下，物流往往是从某一企业的角度来进行组织和管理，为企业自身服务。而电子商务则要求物流从社会的角度来实行系统的组织和管理，以打破传统物流分散的状态。这就要求企业在组织物流的过程中，不仅要考虑本企业的物流组织和管理，还要考虑全社会的整体系统。

其次，电子商务将改变物流企业的竞争状态。在传统经济活动中，物流企业之间存在激烈的竞争，在电子商务时代，需要一个全球化的物流系统来保证商品实体的合理流动。对于一个企业来说，即使它的规模再大，也是难以达到这一要求的，这就要求物流企业必须联合起来，在竞争的同时也要相互协同配合，以实现物流高效化、合理化和系统化的目标。

④电子商务促进物流改善和提高

首先，电子商务将促进物流基础设施的改善。电子商务的高效率和全球性的特点促使物流行业必须提高服务水平，良好的交通运输网络、通信网络等基础设施是最基本的保证。

其次，电子商务将促进物流技术的进步。围绕电子商务物流需求，物流企业需要不断开发高效率电商物流所需的技术、计划、管理等方面的方案。

↘ 7.1.2　电子商务物流模式

物流模式是指企业为得到所需要的物流功能而进行的物流体系组建所选择的模式。对于电商企业来说，构建一个完善的物流体系首先要解决的问题是确定行之有效、成本最低且能量体裁衣的物流配送模式。电子商务物流模式主要有如下几种。

（1）自营物流模式

自营物流模式是指企业自己组建企业的物流系统，设置专门的管理部门负责其管理。

自营物流模式的优点：自营物流模式可以加强对本企业物流活动的全程管理，保证客户订单交付等任务的完成，可以取得比较好的物流服务质量，提高本企业的品牌影响力。

自营物流模式的不足：自营物流模式的物流运营成本较高，需要占用大量流动资金，每天还要投入大量精力去管理物流的具体业务；容易出现销售旺季运力不够，淡季物流业务量有限，车辆、仓库、装卸搬运设施的利用率得不到有效提高，会导致企业的物流成本增加。

电商企业自建物流系统的核心是建立集物流、商流、信息流于一体的现代化新型物流中心。比如通常 B2C 类的电商企业利用电子邮件或 EDI 技术，与客户在网上询价、洽谈，递交订单，经客户服务中心确认后，通过 Internet 或者 Intranet 将客户订货信息传送给自己的物流中心。物流中心按照客户订单开始备货、分拣、调度车辆、进行货物配送。

目前采用自营物流的电子商务企业主要有两类。

一类是资金实力雄厚且业务规模较大电子商务企业。电子商务企业投资物流的主要原因是消费者对物流的要求越来越高，自建物流能够提高物流服务水平，提高客户的满意度。

如作为国内电子商务的领头羊企业——京东商城、乐淘网、当当网等，都积极地在各地建大型物流仓储基地。京东商城在上海打造亚洲最大的仓储中心——"亚洲一号"，总占地 23 万平方米，是鸟巢的 12 倍。

另一类是大型制造企业或批发企业经营的电子商务网站，如海尔集团。海尔集团在传统商务中已经具备一定规模营销和物流配送网络。随着企业规模的扩大、物流管理水平的提高，海尔集团已经具备整合全球资源的能力，自己的物流系统完全可以满足电子商务条件下的物流配送需求，并且可以承接对外业务。

（2）外包模式

外包模式是指由物流业务的供方、需方之外的第三方去完成物流服务的运作模式，承担企业物流外包的服务方主要是第三方物流企业（Third Party Logistics，TPL/3PL）。第三方物流是一种实现供应链物流集成的有效方法和策略，它通过协调企业之间的物流服务，把企业的物流业务外包给专门的物流企业来承担。淘宝平台集成众多的第三方物流服务提供商，供卖家自主选择。卖家可以选择在线发货，也可以选择自己联系物流企业发货。大部分中小型企业由于实力有限，不太容易建立自己的物流配送系统，把力量集中在自身核心业务上，将物流配送业务委托于专业化的第三方物流公司，不仅可以节约资金，而且可以提高配送的效率。

外包模式可以解决企业资源有限的问题，减少固定资产投资，使企业更专注于核心业务的发展，降低营运成本，提高服务质量；可以同合作伙伴分担风险，提高企业的运作柔性。其缺点是增加了额外的外部沟通会影响物流速度与交付的柔性；货物一旦发出运送环节不容易控制；企业的战略信息、运营数据等容易被泄露。

外包配送模式成为目前中小电子商务企业进行货物配送的一个首选模式和方向，有些大型企业也会基于各种考虑采用自营与外包相结合的模式。

（3）其他物流模式

①物流联盟

物流联盟是以物流为合作基础的企业战略联盟，为了实现自己的战略目标，通过协议对各成员的物流资源进行重新组合，结成优势互补、风险共担、利益共享的物流伙伴关系。

联盟企业间可以共享物流设施，拥有物流设施的电商企业，可以动态地将自己空容闲置的物流设施共享给有需要的联盟成员企业。

联盟的最大好处是可以利用规模经济，提高资源的使用效率，减少相关交易费用。缺点是由于有多个企业，企业间存在差异，如果没有一套成熟的大家都认可的合作方案，很难协调一致，而且容易造成商业泄密。

②众包物流

众包物流是利用抢单模式为附近的客户做快递送货，原由物流企业员工承担的配送工作交给企业外的大众群体来完成。正如市面上比较盛行的人人快递、京东到家、达达，以及一些类似于美团外卖的电商平台等，皆采用众包物流的配送模式。众包物流是一种新型的第三方物流配送模式。

物流众包能最大化地利用社会闲置资源（包括闲置的劳动力与运输车辆），结合需求分配相应的配送工作，增加了社会人员的就业机会，同时也能帮助企业实现"轻资产"运营。众包模式的问题在于服务质量的控制上，众包兼职配送员往往因为路线不熟悉、业务不熟练、配送工具不专业等因素，工作效率会低于全职专业配送员。

7.2 现代物流技术

一般认为，物流技术包括两个方面，即物流硬技术和物流软技术。

物流硬技术是指物流设施、装备和技术手段。传统的物流硬技术主要是指材料（集装、包装材料等）、机械（运输机械、装卸机械、包装机械等）、设施（仓库、车站、码头、机场等）。典型的现代物流技术手段和装备（或者叫现代物流技术）包括计算机、因特网、信息数据库技术、条码技术、语音技术，同时还有电子数据交换、射频识别、全球卫星定位系统、地理信息系统、自动数据采集、电子订货系统等。

物流软技术（或者叫物流技术应用方案）是指为组织实现高效率的物流所需要的计划、分析、评价等方面的技术和管理方法等。典型的物流软技术应用方案包括运输或配送中的路线规划技术、库存控制技术、物流过程中的可视化技术，以及供应商库存管理技术、连续补货计划、供应链管理、客户关系管理、仓库管理系统等。

↘ 7.2.1 现代物流常用技术

（1）条形码技术

条形码（Bar Code）是将宽度不等的多个黑条和空白，按照一定的编码规则排列，用以表达一组信息的图形标识符，比如我们常见的一维码与二维码（如图7-1所示）。

条形码技术的原理是通过利用光电扫描设备识读这些条形码符号来实现机器的自动识别，并快速、

图7-1　一维码与二维码

准确地把数据录入计算机进行数据存储与处理。条码是数据的载体，如果条码出问题，物品信息的通信将被中断。因此必须在各个环节对条码进行必要的防护，确保条码能被光电扫描设备识读。

条形码技术是实现POS系统、EDI、电子商务、供应链管理的重要技术之一。在物流活动中，可以为原材料、半成品、成品、包装编制条形码，可以对该物品的流转进行完全的跟踪。比如编制条形码对应原材料品名与料号、供应商名称、包装信息、批次、单号信息等必要信息，扫描录入计算机数据库，将相关信息进行关联，建立起从原材料采购、生产、包装、存储、运输销售，一直到售后等相联系的产品质量追踪反馈体系。

（2）射频识别技术

射频识别（Radio Frequency Identification，RFID）是一种无线通信技术，可以通过无线电信号识别特定目标并读写相关数据，而无须识别系统与特定目标之间建立机械或者光学接触，图7-2所示为RFID系统架构与RFID电子标签样式。

图 7-2　RFID 系统架构与 RFID 电子标签

RFID 使每一种商品都可以拥有独一无二的电子标签，贴上这种电子标签之后的商品从它在工厂的流水线上开始，到被摆上商场的货架，再到消费者购买后结账，甚至到标签最后被回收的整个过程都能够被追踪管理。

运输货物管理中，运用 RFID 技术进行信息自动采集，可以实现货物的跟踪管理及监控。结合全球卫星定位系统，在物流运输过程中可以实现对附有 RFID 标签物品的可视化跟踪，并可清楚了解到物品的移动位置，实现方便、快捷、准确、自动化的货物跟踪监控。如在集装箱管理中，将记录有箱号、箱型、装载货物种类、数量等数据的电子标签安装在集装箱上，在经过安装有 RFID 系统的公路、铁路的出入口、码头的检查门时，对集装箱进行动态跟踪。

配送管理中在物流的收发货、分拣、配送等环节，RFID 技术可以实现信息的自动采集，从而实现了自动登记、自动跟踪、自动控制，大大加快了配送的速度和提高了拣选与分发过程的效率与准确率，减少了人工操作、降低了配送成本。

RFID 技术还可以应用仓储、库存与生产管理。比如对于制造业仓储、库存与生产管理，可以实现仓储、库存与生产数据的实时监控，质量追踪，自动化生产。在零售业，可以实现商品销售数据的实时统计、补货、防盗、贵重物品（烟、酒、药品）及票证的防伪。

在供应链管理中运用 RFID 技术，及时将缺货信息自动汇总并传递给生产厂家，厂家就能根据获得的信息及时计划组织生产，从而实现高效的库存控制、补货等作业，通过这个过程降低库存，提高生产的有效性和效率。还有供应链安全溯源管理中的信息采集，比如经营食品、药品的电商企业的各种原材料的信息，帮助企业做好采购、生产、存储、销售等环节的安全溯源管理，大大提高供应链的管理水平。

（3）卫星导航系统和地理信息系统

①北斗卫星导航系统（BDS）

北斗卫星导航系统（BeiDou Navigation Satellite System，BDS）是我国着眼于国家安全和经济社会发展需要，自主建设、独立运行的卫星导航系统，可在全球范围内全天候、全天时为各类用户提供高精度、高可靠定位、导航、授时服务。

②地理信息系统（GIS）

GIS 是 Geographic Information System 的简称，地理信息系统处理、管理的对象是多种地理空间实体数据及其关系，包括空间定位数据、图形数据、遥感图像数据、属性数据等，其用于分析和处理在一定地理区域内分布的各种现象和过程，以解决复杂的规划、决策和管理问题。在电子商务环境下，企业必须全面、准确、动态地掌握散布在各地的中转仓库、经销商、零售商以及各种运输环节之中的产品流动状况，并以此制定生产和销售计划，及时调整市场策略。物流配送中 GIS 技术能够帮助企业更容易地处理物流配送中货物的运输、仓储、装卸、送递等各个环节，并对其中涉及的问题如运输路线的选择、仓库位置的选择、仓库的容量设置、合理装卸策略、运输车辆的调度和投递路线的选择等进行有效的管理和决策分析。

（4）区块链技术与智慧物流

区块链是一种按照时间顺序将数据区块以顺序相连的方式组合成的一种链式数据结构，并以密码学方式保证的不可篡改和不可伪造的分布式账本。在传统记账系统中，记账权掌握在中心服务器手中，而在区块链这个"账本"上，链条上的每一个点都能在上面记录信息，构成点对点的记账系统。也就是说多个"账本"会同时记录整个交易过程，可防止某个"账本"丢失或"不认账"等问题，具有可溯源的优势。区块链技术被认为是一种去中心化的技术，一旦信息经过验证并添加至区块链，就会永久存储起来，任何人无法篡改、删除、销毁。区块链的核心功能是搭建信任机制，人们可以构建在没有中介辅助下多个参与方之间的资产交易、价值传递的网络，通过建立执行智能合约，推动契约关系和规则的维护和履行，降低信用建立成本，营造良好市场环境。

a. 运用区块链技术可以用来管理物流快递数据，例如库存数量、订单明细、货款信息、提单等信息都将会分配成一个个具有独立认证信息的数据块，在链条上的任意一个参与者可对数据块进行反向认证并把这双重认证的信息添加到整条区块链上，既保持了信息的透明度，也保证了交易的安全性。

b. 在运输过程中，基于区块链技术的数据共享平台可将快递包裹寄件、揽件、运输、末端配送、签收的全流程数据进行上链，确保了包裹流转过程的公开透明，也会在区块链系统保存寄件、收件人信息。

c. 快递员进行配送时，可通过特定系统进行实名认证，避免了包裹被无关人员冒领、错领。如果包裹在配送过程中出现事故，用户可通过区块链系统对包裹信息进行追溯，确认流转过程中引发问题的环节和责任人。

d. 货运管理人员通过区块链系统可以实时追踪储物柜信息与货物运输状况，当出现问题批次货物时可第一时间进行拦截，把损失降到最低。

很多电商与物流企业都积极研究区块链技术在本行业中的应用，如顺丰速运。顺丰依托物流数据优势，实现商品的物流信息关联，完善溯源链条，实现全链条管控，如帮助食品企业客户建立从田间到餐桌的溯源体系，提供原产地防伪和食品品质及安全的溯源服务。图7-3所示为基于丰溯、丰证技术的食品供应链管理模式示意图（选自顺丰科技官网）。

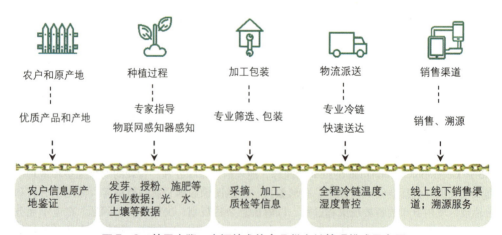

图7-3　基于丰溯、丰证技术的食品供应链管理模式示意图

随着通信、数据、人工智能等技术的快速发展和在物流领域的广泛应用，智慧物流也从理念走向了实际应用。智慧物流是利用集成智能化技术（包括智能软硬件、物联网、区块链、大数据、智慧地图等技术），使物流系统能模仿人的智能，具有思维、感知、学习、推理判断、分析决策和智能执行的能力，提升整个物流系统的智能化和自动化水平。智慧物流使得供应链的每一个环节更加高

效。凭借互联设备和智能工具在供应链中的应用，智慧物流将为供应链带来端到端的可视性，并将改善运输、库存控制、补货等物流活动的模式和管理，并给顾客带来完全不同的购物体验。

7.2.2　企业资源计划与电商物流信息管理

（1）企业资源计划（ERP）

ERP（Enterprise Resource Planning）是将企业所有资源进行整合集成管理，简单地说是将企业的三大流——物流、资金流、信息流，进行全面一体化管理的管理信息系统。目前国内企业如用友网络与金蝶软件都有推出自己比较成熟的 ERP 管理软件。

企业的 ERP 系统是给企业应用的内部管理系统，结合企业管理和信息技术来实现企业的信息化管理，越来越多的企业依靠 ERP 管理系统来实现对业务的精益化管理。

ERP 系统包括以下主要功能：供应链管理（SCM）、销售与市场、分销、客户服务、财务管理、制造管理、库存管理、工厂与设备维护、人力资源、报表、制造执行系统（Manufacturing Executive System，MES）、工作流服务和企业信息系统等。此外，还包括金融投资管理、质量管理、运输管理、项目管理、法规与标准和过程控制等补充功能。

互联网技术的成熟为 ERP 系统增加了与客户或供应商实现信息共享和直接数据交换的能力，从而强化了企业间的联系，使决策者及业务部门实现跨企业的联合作战，让企业从传统的注重内部资源管理利用转向注重外部资源管理利用，实现对供应链的高效管理。

随着电子商务的快速发展，一些 ERP 软件服务商针对电商企业的需要，开发出适合电商应用的 ERP 系统，把传统 ERP 中的采购、生产、销售、库存管理等物流及资金流模块与电子商务中的网上采购、网上销售、资金支付等模块整合在一起，帮助电商企业实现自己供应链企业间的业务协同。

（2）电子商务物流信息管理系统

①认识物流信息

物流信息是反映物流各种活动内容、属性与特征的知识、资料、图像、数据、文件等内容的总称。物流信息不仅指与物流活动有关的信息，而且包含其他流通活动的信息，还有相关的政策信息、通信交通等基础设施信息。

现代电子商务物流活动中，物流信息几乎贯穿整个交易活动，从备货、发货一直到售后，主要通过它来做业务协调、作业管理和服务等基本功能（如表 7-3 所示）。随着物流活动越来越智慧，物流活动产生的信息越来越多，电子商务物流信息系统与其他软件或网络功能模块的对接也越来越紧密，比如企业的 ERP 系统、电子数据交换系统（EDI）、自动订货系统（EOS）等。

表 7-3　电子商务物流信息管理系统基本功能

功能	功能描述	作业要素与内容
协调功能	沟通衔接电商活动中的各个环节，通过企业内部集成的和与外部共享的物流信息系统来共享与传递信息	物流的需求量、库存量、流向、流量、进度、状态等；内外部供应链伙伴成员的物流活动的协调，联合预测、计划、补货等
作业管理功能	对物流运作的各项功能活动进行管理与控制	运输的管理、仓储的管理、配送的管理；各环节数据统计、分析、预测等
服务功能	及时准确地向客户共享或提供物流信息，提高服务质量	货物物流的分配情况、货物在途情况、货物库存情况；物流的工作质量、服务质量、费用等

161

物流信息管理是对物流信息进行采集、处理、分析、应用、存储和传播的过程，也是将物流信息从分散到集中、从无序到有序的处理过程。

②电子商务物流信息管理系统的构成

电子商务物流信息管理系统通常处理以下物流信息：

a. 订货信息处理：

选定订货方法；选定订货信息的传递手段。

订货处理；核对库存；核对装卸能力；核对配送能力；制作出货单；制作进货单。

订货统计分析；退货处理；进货管理。

b. 库存管理中的信息处理：

决定库存地点的数量；商品库存的合理配置；设定库存预算；拟定标准的库存周转率。

回答库存；进出库处理；移送处理。

库存预算与库存实绩的对比；标准库存周转率与实际周转率的对比；分析过剩库存；分析缺货库存；分析商品的恶化和破损；计算保管费；计算保险费。

c. 进货信息处理：

选定进货方法；选定订货信息传递手段。

进货；掌握和督促未进仓库的商品。

分析进货统计。

d. 仓库管理中的信息：

租用储运公司的仓库或使用自有仓库的决定；决定仓库容积和设备的设计；保管形式的设计；仓库设备投资的经济核算。

自动仓库的经营；容纳场所的指示；故障对策，完善仓库的安全设备；安置管理。

分析仓库设备的调动；空架表；故障分析；计算修理费用，计算保安设施费用。

e. 装卸信息处理：

装卸方法的设定；装卸机械投资的经济核算。

装卸作业指示；商品检查。

装卸费用分析；装卸机械调动分析。

f. 包装信息处理：

决定包装形式；决定运输货物的形态；拟定包装标准；设计自动包装。

包装材料的管理；包装工程的管理；空集装箱的管理。

包装费用的分析；事故统计。

g. 运输信息处理：

运输工具的选定；运输路线的选定；运送大宗货物的决定。

调配车辆；货物装载指示；货物跟踪管理。

运费计算装载效率分析；车辆调动分析；迂回运输分析；事故分析。

h. 配送信息处理：

配送中心的数量、位置的确定；配送区域的决定。

配送指示；与配送的货物抵达点联络；货物跟踪管理。

运费计算；装载效率分析；车辆调动分析；退货的运费分析；误差分析。

i. 综合系统信息处理：

物流综合系统的设计；需求的预测。

订货处理的流向跟踪。

综合实绩的掌握和分析；综合流通费用的分析；服务时间和服务效率的分析。

7.3　电子商务物流作业管理

7.3.1　电子商务物流作业相关概念

（1）配送与配送中心

①配送

　　配送按照用户的订货要求（时间要求、产品要求、数量要求、地点要求），在物流据点（仓库、商店、货станции、物流中心、配送中心等）进行分拣、加工和配货、包装等作业后，再将配好的货物以最合理的方式送交客户的一种经济活动。配送不是一般概念的送货，而是将"配"和"送"有机地结合起来的工作，是从物流结点至用户的一种特殊送货形式。

②运输

　　运输是使用设备和工具，将物品从一个地点向另外一个地点运送的物流活动。运输的活动空间通常比较大，它可以在不同地区、不同城市甚至不同国家之间进行。

　　关于运输和配送的区分，有着许多不同的观点，可以这样来说，所有物品的移动都是运输，配送通常在同一地区或同一城市间进行，运送的距离比较短。配送始终以服务优先，强调满足客户需求，运输则更注重效率。

③配送中心

　　从事配送业务且具有完善信息网络的场所或组织。配送中心上游是物流中心或工厂，下游是零售店或最终消费者。

（2）物流中心与分拨中心

①物流中心

　　物流中心是接受并处理下游用户的订货信息，对上游供应方的大批量货物进行集中储存、加工等作业，并向下游进行批量转运的设施和机构。物流中心具有储存、运输、包装、流通加工、装卸、搬运、物流信息处理等功能。物流中心上游是工厂，下游是配送中心或批发商。

　　如果采取的物流渠道是"工厂—全国配送中心—区域配送中心—零售店"，全国配送中心相当于物流中心，区域配送中心则是配送中心，有时也不作区别。

②分拨中心

　　分拨中心是专门从事分拨作业的组织。收货网点把货物进行揽收，经过分拨中心的集中分拣处理，然后将货物分类转运至各地。如快递分拨中心就是将快递按照省份、市区等地区进行分类，然后还会按照市、县、街道等，一级一级地分拨下去。

↘ 7.3.2 电子商务物流作业流程

这里以 B2C 型电子商务企业的物流配送系统为例,对电商企业的物流作业流程做简要的介绍,其物流作业流程如图 7 - 4 所示。

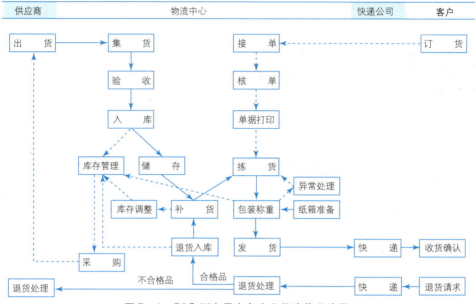

图 7 - 4 B2C 型电子商务企业物流作业流程

电子商务企业的物流作业中共有四个角色——供应商、物流中心、物流(快递)公司和客户,实线表示货物实体流动,虚线表示物流信息流动。

物流作业从供应商将物品送达物流中心或配送中心开始,经过"集货/验收"作业确认物品后,便依次将物品"储存"入库,当接到客户订单后,先将订单依其性质做"订单处理",之后即可按处理后的订单信息将客户需求物品从分拣区取出做"拣货作业",拣货完成后一旦发现拣货区所剩的存量过低,则必须由储存区来"补货";若整个储存区的存量也低于标准,便应向上游供应商采购进货。而从分拣区分拣出的物品经整理包装称重后即可准备"出货",等到一切出货作业完成后,快递安排车辆上门取货,并将其"配送"到客户。

(1) **集货/验收作业**

集货/验收作业包括从供应商接收货物,从货车上将其货物卸下,并核对该货物的数量及状态(数量检查、开箱、品质检查等),然后记录必要信息或录入计算机。

当采购单开出之后,在采购人员进货入库跟踪的同时,仓库管理员即可依据采购单上的预定入库日期,做好入库作业排程、入库站台排程。而后在商品入库当日,当货品进入时做入库资料查核、入库品检,查核入库货品是否与采购单内容一致,当品项或数量不符时即做适当的修正或处理,并将入库资料登录建档。入库管理员可依一定方式指定卸货及栈板堆叠。对于由客户处退回的商品,退货品的入库也需经过退货品检、分类处理而后登录入库。

一般商品入库堆叠栈板之后有两种作业方式,一种方式为直接出库,此时管理人员依照出货要求,将货品送往指定的出货码头或暂时存放地点;另一种方式为商品入库上架,储放于储架上,等候出库,需求时再予出货。商品入库上架,由计算机或管理人员依照仓库区域规划管理原则或商品生命周期等因素来指定储放位置，或于商品入库之后登录其储放位置，以便于日后的存货管理或出货查询。

（2）入库搬运作业

入库搬运是将不同形态的散装、包装或整体的原料、半成品或成品，在水平或垂直方向加以提起、放下或移动，从而使物品能适时、适量移至适当的位置或场所存放。在入库搬运的过程中，由管理人员选用搬运工具，调派工作人员，并做工具和人员的工作日程安排。在配送中心的每个作业环节都包含着搬运作业。

（3）储存作业

储存作业的主要任务是把将来需要使用或要出货、拣货的物料保管好，且经常要进行库存品的核查控制，储存时要利用各种储存策略来充分利用空间，同时，需要注意存货的管理工作，如盘点、保管等。

（4）订单处理作业

从接到客户订货开始至准备着手配货之间的作业阶段，包括有关客户订单的资料确认、存货查询、单据处理及出货配发等。

步骤1：接受订单。接受订单是订单处理的第一步。电商环境下，接受客户订货的方式多采用电子订货方式，通过 EOS 系统来实现电子订货。电子订货，即采用电子传运方式取代传统人工书写、输入、传送的订货方式，它将订货资料由书面资料转为电子资料，通过通信网络进行传送。

步骤2：订单的确认。确认信息包括交货货物名称、数量、交付日期、交付地点、价格、加工包装方式、运输方式、客户信用等。

步骤3：设定订单号码。每一份订单都要有一个单独的订单号码，此号码按照一定的编码规则设定，它除了便于计算成本外，还有利于制造、配送等一切相关的工作。

步骤4：建立客户档案。客户档案，顾名思义就是有关客户情况的档案资料，是反映客户本身及与客户关系有关的商业流程的所有信息的总和。包括客户的基本情况、市场潜力、经营发展方向、财务信用能力、客户优先级等有关客户的信息。

步骤5：订单资料处理输出。资料处理输出后的出货检查，按订单核对出货品名与数量、质量、保质期等信息。订单资料处理输出作业中，要注意产品保质期的问题，可以借助 ERP 系统，对货物的生产日期、入库日期、保质期等信息进行管理，实现作业的自动化。

（5）拣货及补货作业

拣货是根据客户订货单所规定的商品品名、数量和储存仓位，将商品从货垛或货架上取出，分放在指定货位，完成用户配货要求并做相应的信息处理的活动。由客户订单资料的统计即可知道货品真正的需求量以及批次，而在出库日，当库存数足以供应出货需求量时，即可依据需求数印制出库拣货单及各项拣货指示，做拣货区域的规划布置、工具选用及人员调派。

出货拣取不只包含拣取作业，更应注意拣货架上商品的补充，使拣货作业得以流畅而不至于缺货，这中间还包含了补货水准及补货时点的制定、补货作业排程、补货作业人员调派。

（6）发货作业

将拣选分类的物品做好发货检查，装入合适的容器并做好标示，根据快递公司的不同将物品运至指定的发货准备区，最后装车配送。完成货品的拣取作业之后，即可执行商品的出货作业，出货作业的主要内容包含依据客户订单资料印制出货单据，制订出货排程，印制出货批次报表、出货商品上所需要的地址标签及出货检核表。由排程人员决定出货方式，选用集货工具，调派集货作业人员，并决定所运送车辆的大小与数量。由仓库管理人员或出货管理人员决定出货区域的规划布置及出货商品的摆放方式。

（7）快递作业

快递作业是指通过快递公司将客户定购的物品，从物流中心配送至顾客，并签字确认交付的活动（如图7-5所示）。

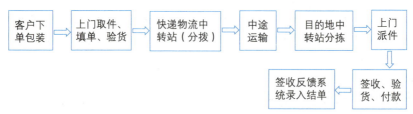

图7-5　快递作业流程

（8）采购作业

接受客户网上提交的订单后，电商企业要保证仓库有足够的货品，如果发现缺货则仓库需要立即向供应商订购商品，即采购。采购作业的内容包含商品数量统计、供货厂商查询，而后依据所制订的数量及供货厂商所提供的较经济的订购批量，提出采购单。采购单发出之后就进行入库进货的跟踪运作。

（9）仓储与库存管理作业

仓储作业包括货品在仓库区域内存储区域的规划、摆放方式、存储环境、存储方式、安全管理等，还包括根据进出货要求所需要的货品搬运工具、搬运方式、仓储区储位的调整及变动等。

采购作业通常是依照客户需求与库存数量制定采购计划，包括采购数量及采购时点。库存管理主要是与库存物料的计划与控制有关的业务，包括库存盘点与采购等作业。制定库存盘点的方法是，在一定期间印制盘点清册，并依据盘点清册内容清查库存数，修正库存账册并制作盘亏报表。库存管理是一项跨部门的工作，一般涉及采购部、仓库管理部、业务管理部、生产计划部等。

（10）核单作业

在网上零售过程中，为了更好地满足客户的个性化需求或客户提交订单后发现错误需要修改订单，电商企业一般允许客户通过备注进行订单内容的补充或修订，因此需要核单员根据订单备注修改订单，以满足客户需求。

除了上述作业之外，良好的物流中心运作更要基于较上阶层的管理者通过各种考核评估来达成各项工作的效率管理，并制定良好的营运决策。而营运管理和绩效管理可以由各个工作人员或中级管理阶层提供各种资讯与报表，包含出货销售的统计资料、客户对配送服务的反映报告、配送商品次数及所用时间的报告、配送商品的失误率、仓库缺货率分析、库存损失率报告、机具设备损坏及维修报告、燃料耗材等使用量分析、外雇人员、机具、设备成本分析、退货商品统计报表、作业人力的使用率分析等。

↘ 7.3.3　电子商务的商品包装

（1）相关概念

包装是指为在流通过程中保护产品，方便储运，促进销售，按一定的技术方法所用的容器、材料和辅助物等的总体名称。包装是包装物及包装操作的总称，主要目的是保护商品、维持价值。包装可分为商业（销售）包装、内装及外装三种。

商业（销售）包装是直接接触商品并随商品进入零售网点和消费者或用户直接见面的包装。

内装指货物包装的内层，即考虑水、湿气、光热、冲击等对物品的影响，而使用适当的材料或容器对物品加以包装。

外装指货物包装的外层，即将物品装入箱、袋、木桶、罐等容器，或在无容器的状态下，将货物加以捆绑、施加记号及打包符号等。

内装及外装又可统称为运输（工业）包装，对于运输货物的包装，通常不求装潢美观，只求坚固耐用，以免货物经长距离辗转运输而遭受损失。

（2）包装的功能

包装的功能是发展包装的重要因素，其主要功能有四个方面。

一是提供货品保护作用。

二是便于搬运、储存及使用。包装须能增进使用上的方便，便于搬运及储存也是包装设计时应考虑的主要因素。

三是刺激顾客的购买欲。包装不仅要能帮助厂商销售商品，最好也能激起消费者重复购买的欲望。

四是易于辨认。就商业包装而言，外观应该富吸引力及容易辨认；就工业包装而言，容易辨认也是营运的主要条件。另外，产品易于辨认也可达到更高的搬运效率及作业正确性。

电子商务企业在设计产品包装的时候，要考虑以上包装的功能，同时也应注意以下问题。

一是包装安全性的问题。网购商品包装设计要围绕商品的安全性，包括出厂、运输、装卸、储存、分发、二次包装、快递送货等环节中的安全性。

二是包装要适当，避免包装过大及包装过剩的问题。

三是包装材料的选择与包装废弃物的处理问题。基于环保的实践，包装材料要考虑环保因素，注重环保材料的使用，减少对环境有影响的包装材料的使用，建立积极的包装废弃物处理机制。

四是避免资源浪费。针对不同商品进行不同的可循环使用的外包装设计，实现包装的回收与再利用。

2018 年，国务院办公厅印发《关于推进电子商务与快递物流协同发展的意见》，首次提出电商快递绿色发展理念，鼓励电子商务与快递物流企业协同推动绿色发展，提供绿色包装物选择，依不同包装物分类定价，建立积分反馈、绿色信用等机制引导消费者使用绿色包装或减量包装，探索建立包装回收和循环利用体系。电子商务企业与物流企业一起，积极考虑包装可能会所带来的社会问题，让网购商品的包装更合理、更规范、更有效。

> **思政园地**
>
> 电商与物流企业要致力于企业价值与社会价值的融合统一，优化作业流程，加强安全管理，降低物流作业中的安全风险，积极研究并使用有利于环境保护的原材料、能源、产品和服务，保障绿色可持续发展理念的贯彻落实。规范供应商的行为，把环境、健康责任作为供应商定期评审考核的重要指标，以此推动供应商加强自身环境、安全等社会责任表现。

7.4　供应链管理

供应链是指围绕核心企业，从原材料供应开始，制成中间产品以及最终产品，最后由销售网络把产品送到消费者手中，将供应商、制造商、渠道商直到最终用户连成一个整体的功能网链结构。

供应链管理，就是使以核心企业为中心的供应链运作达到最优化，以最少的成本，令供应链从采购开始，到满足最终顾客的所有过程，包括工作流（Work Flow）、实物流（Physical Flow）、资金流（Funds Flow）和信息流（Information Flow）等均高效率地操作，把合适的产品以合理的价格，及时准确地送到消费者手上。

面对激烈竞争与瞬息万变的市场，电商企业要重视供应链的管理。将顾客所需的正确产品能够在正确的时间，按照正确的数量、正确的质量和正确的状态送到正确的地点，并使总成本最小。

7.4.1　供应链合作伙伴的选择与评价

电商企业供应链管理中，根据合作伙伴在供应链中的增值作用和其竞争实力，把合作伙伴分为两个层次：重要合作伙伴和次要合作伙伴。重要合作伙伴是少而精的、与企业关系密切的合作伙伴。次要合作伙伴是相对多的、与企业关系不很密切的合作伙伴。实现了合作伙伴之间真诚的、战略性的合作，才能实现供应链整体利益最大化，让企业始终保持竞争优势。

供应链合作伙伴的选择与评价，通常基于以下步骤：

（1）**分析市场竞争环境**

分析市场竞争环境，理解用户的需求是什么，明确自己的产品现状与市场现状。分析现有供应商的现状，分析总结企业存在的问题，明确自己对供应商的需求。

（2）**确立合作伙伴选择目标**

基于市场竞争环境分析，分析自己需要什么样的供应商并与之建立何种供应链合作关系，建立实质性、实际的目标。

（3）**制定合作伙伴评价标准**

供应商综合评价的指标体系是企业对供应商进行综合评价的依据和标准，是反映企业本身和环境所构成的复杂系统不同属性的指标，按隶属关系、层次结构有序组成的集合。根据系统全面性、简明科学性、稳定可比性、灵活可操作性的原则，列出评估指标并确定权重，建立集成化供应链管理环境下供应商的综合评价指标体系。

（4）**成立评价小组**

企业必须建立一个小组以控制和实施供应商评价。组员以来自采购、质量、生产、工程等与供应链合作关系密切的部门为主，组员必须有团队合作精神、具有一定的专业技能。

（5）**合作伙伴参与**

评价小组根据评价标准，选择合适的供应商参与到合作中来。

（6）**评价合作伙伴**

评价供应商的主要工作是调查、收集有关供应商的生产运作、合作表现等全方面的信息，利用一定的工具和技术方法展开供应商评价工作。

（7）**实施供应链合作关系**

基于对供应商的评价，与之建立合适的合作关系。在实施合作关系的过程中，企业内外部环境都在变化，比如企业自身的实力变化，行业环境、经济环境、政策环境、社会环境都在变化，企业可以根据实际情况及时修改供应商评价标准，重新评估调整供应商。在重新选择供应商的时候，也应给予旧供应商以足够的时间适应变化。

168

思政园地

电商供应链核心企业要明确发展价值取向，充分考虑整个国家产业链的发展与稳定，把自己的发展与国家的发展联系起来，发挥企业在供应链中的积极领导作用，以推进我国供应链发展为己任，推动价值链履行社会责任，促进国家经济的发展。

↘ 7.4.2　仓储与库存管理

（1）仓储管理

仓储管理就是对仓库（包括相关的设施设备）及仓库内的物资所进行的管理，是仓储机构为了充分利用仓储资源提供高效的仓储服务所进行的计划、组织、控制和协调过程。仓储商品保管就是研究商品性质以及商品在储存期间的质量变化规律，积极采取各种有效措施和科学的保管方法，创造一个适宜于商品储存条件的环境，维护商品在储存期间的安全，保护商品的质量和使用价值，最大限度地降低商品的损耗。

（2）库存管理

库存是以支持出产、保护、操作和客户服务为意图而存储的各种物料，包含原材料和在制品、修理件和出产消耗品、制品和备件等。从另一个角度看，库存是企业可以交换和销售的活动资产或闲置资源。

企业持有一定的库存，有助于保证生产正常、连续、稳定进行，也有助于保质保量地满足客户需求，维护企业声誉，巩固市场的占有率。另外，只要有库存都会产生库存成本，不管选择租用仓库还是自用仓库储存货物，都需要对库存进行合理的控制。企业在保证生产、经营需求的前提下，使库存量经常保持在合理的水平上，掌握库存量动态，适时适量提出订货，避免超储或缺货。同时减少库存空间占用，降低库存总费用，控制库存资金占用，加速资金周转。

库存管理主要是与库存物料的计划与控制有关的业务。库存管理的对象是库存项目，即企业中的所有物料，包括原材料、零部件、在制品、半成品及产品，以及起辅助物料。

对于电商企业来说，安排商品的经济订货批量、订货次数和订货间隔周期，降低库存总成本，这些都是在寻求成本最低化的过程中必须面对的工作。要做好库存控制，需要优化库存业务流程，研究库存成本的构成与库存管理评价指标，研究合适的库存管理方式。

（3）电子商务环境下的"零库存"管理

零库存的含义是以仓库储存形式的某种或某些种物品的储存数量维持很低的水平，甚至可以为"零"，即不保持库存。"零库存"可以避免由于仓库存货而造成的一系列问题，如仓库建设管理费用、仓储管理活动费用，以及存货占用流动资金、损失变质等问题。

电子商务环境下，供需双方能够快速建立联系，从而使订购和销售能够快速履行，有助于"零库存"的实现。电商企业通过网络把供应商、客户和企业本身有效地连成一个整体，把生产系统、财务系统、供应链系统及客户关系管理系统等支撑生产运营的系统联系起来，以最快的速度将各地各处的库存供企业使用，而且所有工作都在通过网络进行，可以有效加速物资和资金的流动，实现"零库存"管理。

电商企业可以通过如下方法或模式来实现"零库存"管理。

①VOI 与 VMI 管理模式

VOI（Vendor Owned Inventory，供应商拥有的库存）管理模式，就是供应商将库存放在需方企业（比如零售商），需方企业负责管理和控制库存，但所有权在需方取用之前还是归供应商。需方企业在取用后实现所有权转移，并在取用后再与供应商结算。在流通领域这种方式也称"寄售（Consignment）"

VMI（Vendor Managed Inventory，供应商管理库存）是一种以用户（零售商）和供应商双方都获得最低成本为目的，在一个共同的协议下由供应商管理库存（如图7-6所示）。

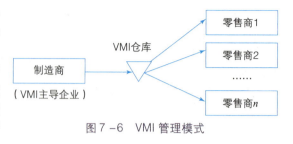

图7-6　VMI管理模式

现在很多超市都在采用 VOI 或 VMI 管理模式。

②JMI 管理模式

JMI（Jointly-Managed Inventory，联合库存管理）是在 VMI 基础上发展起来的，更强调风险分担、计划协同、共同管理，它是由供需双方根据协议共享信息，并且共同监督需求和供应流程，体现了供应链企业之间互惠互利和合作共赢的关系。地区分销中心就是一种联合库存管理思想的体现，它既是一个商品的联合库存中心又是需求信息的交互中心。

③准时制管理与配送模式

准时制（Just In Time，JIT）是一种在精确测定生产各工艺环节作业效率的前提下按订单准确的计划，消除一切无效作业与浪费为目标的管理模式。为了实现零库存的目标，电商企业应该推行准时制（JIT）采购与准时制（JIT）生产管理。

准时制采购是在恰当的时间、恰当的地点，以恰当的数量、恰当的质量提供恰当的物品。准时制生产方式，即"在需要的时候，按需要的量生产所需的产品"。这是一种旨在消除一切无效劳动，实现企业资源优化配置，全面提高企业经济效益的管理模式。

在准时制管理下，根据电子商务的特点，通过建立完善的物流体系，对整个物流配送体系实行统一的信息管理和调度，及时地将按照订单生产出来的物品配送到用户手中，在此过程中通过物品的在途运输和流通加工，优化库存配置，保证及时供应，从而使企业实现"零库存"，有效地降低企业成本。

还有其他实现"零库存"的模式，需要企业积极研究并找到适合自己的模式。"零库存"是企业综合管理实力的体现，需要企业紧紧围绕客户需求，对整个供应链实施高效管理协调。

7.5　电子商务逆向物流

↘ 7.5.1　逆向物流认知

（1）逆向物流的概念

国内外理论界对逆向物流概念的表述有很多，较专业、准确地概括其特点的定义是：与传统供应链反向，为价值恢复或处置合理而对原材料、中间库存、最终产品及相关信息从消费地到起始点的有效实际流动所进行的计划、管理和控制过程。

【拓展学习】逆向物流

《中华人民共和国国家质量标准物流术语》（GB/T18354—2006）中对逆向物流的定义为：从供应链下游向上游运动所引发的物流活动。同时还定义了废弃物物流：将经济活动或人民生活中失去原有使用价值的物品，根据实际需要进行收集、分类、加工、包装、搬运、储存等，并分送到专门处理场所的物流活动。广义的逆向物流也包括废弃物物流。

逆向物流涵盖了正向物流所提到的一切功能，只是实物流和信息流与正向物流的方向相反，是供应链下游的最终消费端（或客户端）返回上游生产端（或供应端）的过程。逆向物流的表现是多样化的，包含来自客户手中用过的、过时的或者损坏的产品及其包装品、零部件、物料等物资的流动，比如，电子零部件或电子垃圾的回收，医药企业各类医药物资（如各类试剂、过期疫苗等）回收，物流企业的包装材料回收等。

（2）电子商务的逆向物流

逆向物流与电子商务之间存在着紧密联系，退换货是电子商务逆向物流的主要表现形式。电子商务中退换货政策对消费者的购买意愿影响非常大，也是影响客户满意度和客户忠诚度的一个关键因素。电商企业对逆向物流的认识不能仅仅局限在退货管理方面，还要积极思考与避免退货、把关处置、售后等问题。

另外，电商企业对废旧的不适合的产品、零部件、包装材料等物品进行回收，以免危害环境，也是企业积极承担社会责任的表现，能提高客户的满意度与企业的美誉度。比如很多消费电子品牌纷纷推出以旧换新业务，通过各种渠道对过时或废旧的产品进行回收，并对其进行合适处理，不仅展现出负责任的社会形象，还促进了用户再次消费。电子商务环境下的逆向物流已成为电商企业物流业务中的重要部分，逆向物流能提高客户满意度，保持老顾客，吸引新顾客，创造顾客价值，有效地增加企业的竞争优势。

↘ 7.5.2　电子商务逆向物流产生的原因及其作用

退货是电子商务下的逆向物流最主要的问题，在交易中产生的逆向物流大部分是商家独立进行处理。由于逆向物流的不可控性，企业对逆向物流的起点、终点无法预测，难以设计一条固定的、最节省成本的配送路线。回收产品的供应和需求存在不确定性，让逆向物流的运作很难预测。回收的物品多数价值低、比较分散，难以形成统一的逆向物流体系，不利于形成规模效应。

目前国内很多电商企业比较重视产品的销售，对逆向物流不重视，甚至在认识上存在误区，没有认识到其不利一面。尽管有一些工作可以依靠第三方物流企业，但没有统一的逆向物流体制，缺乏整体效应，没法形成更高效率的逆向物流体系，从而造成逆向物流的处理能力较低。逆向物流会为企业带来额外成本，退回的商品需要组织专业的人力进行处理，积压仓库，会占有企业相关资源。

（1）电子商务逆向物流产生的原因

①国家政策立法

基于可持续发展战略，国家制定法规政策，保护环境，促进资源的循环利用，强制每个企业进行逆向物流活动；为保障消费者权益，国家出台政策，规定电子商务活动中客户可以某一段时间内无条件退货退款，如"网购 7 天无理由退货"的规定。

②信息不对称造成的客户退货

在电子商务模式下，客户只能通过文字描述、图片、网络视频、价格等信息对企业的商品有一个大概的了解，没有直接从现场全面了解商品的属性；很多企业为了赢得客户，经常会不同程度地美化自己的商品。这样的情况下，客户收到商品时发现与下单时获得的信息反差太大，出现认知偏差并决定退货，产生逆向物流。

③行业竞争意识的驱动

商家为了在激烈的竞争中吸引消费者，提高自己的美誉度，竞相推出各种宽松的退换货条件，比如无条件退货换货、补贴退货运费险等；还有企业制定销售渠道激励政策，如回购政策、退换货政策，零售商、批发商将积压、滞销或过季的库存商品退还给厂家或品牌商而引起逆向物流。

④消费者驱动

电子商务带来的便利性增强了人们的购物欲望，减少了人们去实体商场购物的时间，可这也带来一定的冲动性和盲目性的消费。特别是商家的一些促销活动最初激发了客户的购买欲望，但客户拿到货物后往往激情有所减退，这个时候容易出现客户退货的情况。

⑤商品本身原因

产品不能满足客户的需要，或者商品本身质量有问题，或者接近甚至超过保质期，运输配送过程中商品损坏，这些都容易导致逆向物流的产生。

⑥企业对包装及废旧商品的回收

电子商务环境下大量订单的产生伴随着大量物流活动，其中对物流包装的回收利用能够减少物流成本，进而降低企业成本，扩大收益；以旧换新政策，鼓励用户寄回废旧产品并再次购买新产品。这些都是逆向物流产生的原因。

（2）电子商务逆向物流的作用

对于电商企业来说，做好逆向物流能帮电商企业获得很多竞争优势，其主要表现在如下几个方面：

a. 提高顾客满意度，增强企业市场竞争力。电商企业积极退货产生的逆向物流活动使消费者的退货问题得到满意的解决，提高企业在客户心中的美誉度，利于客户再次消费。

b. 节省资源，保护环境，塑造企业节能环保、积极承担社会责任的良好形象。

c. 促进企业优化与整合自身管理系统。整个供应链中逆向物流暴露出的问题，促使电商企业和合作企业一同解决，能帮助检验自己的管理系统，优化业务模式，采取更好的措施提高用户满意度。

d. 可观的经济效益与社会效益。回收所生产的产品或零部件、材料，能降低成本，增加企业收益，同时也能为企业赢得良好的声誉。

e. 帮助企业获取有效信息。逆向物流能够帮助企业获得用户的真实反馈，通过收集分析逆向物流相关的数据信息，清楚问题产生的原因，便于了解用户的产品需求，预测市场需求，为企业提供有效的信息改进自己的产品或业务流程。

逆向物流在整个产品生命周期中，让企业与客户之间保留了的联系，已成为服务生命周期管理（SLM）中的关键组成部分。企业积极的逆向物流政策，能为企业带来很多方面的竞争优势，由此产生的业务增加与品牌形象提升很可能超过逆向物流产生的成本。

↘ 7.5.3 电子商务逆向物流管理

电子商务企业要认识到逆向物流的积极作用，借鉴先进的逆向物流管理理念和技术，建立适应电子商务环境的逆向物流模式，做好逆向物流的管理，发挥其积极作用，减少其消极负面的影响，让逆向物流为自己带来竞争优势。

企业可以从以下方面做好逆向物流的管理：

（1）实行积极的退换货政策

退货很多时候是产品本身与不恰当的市场销售决策引起的，企业要实行积极的退换货政策，不能消极回避，积极的退换货政策能够提高客户的满意度。

（2）建立逆向物流信息系统

逆向物流信息系统能够帮助企业做好逆向物流管理尤其是退换货工作。逆向物流信息系统能详细记录退货信息，如退货数量、退货原因、退货品类等。企业对退换货数据进行分析，发现退换货中存在的问题，预测退换货量并合理安排库存和人力，采取对应的改善措施。

（3）优化网上交易环节，预防或减少逆向物流

退货管理部门要分析退货的原因，优化交易环节，提前阻止退货现象的发生。比如，网站尽可能提供详细的信息，减少信息不对称造成客户的认知偏差；网站提供同类商品的对比功能，让消费者进行充分的对比选择，减少一时冲动而造成的不当购买；允许消费者在一定时间段内取消自己的订单；提高退换货自动化程度，让网站系统能够同时在线处理和离线处理客户的退换货要求。

（4）建立集中退货中心（CRCS）

要有一个部门专门管理退货，建立标准化的退换货程序和规定，提高退换货速度。退货中心要协调企业内部各部门加强沟通合作，协调外部与零售商、服务商的合作，提高各个环节的工作效率，让客户感觉便利高效。

（5）做好返品的再处理工作

积极做好各个环节的返回品处理，包括返回品及时更换、返回品分析、返回品维修再加工等工作，提高退换货的处理效率。

> ### 🔵 思政园地
>
> 发展循环经济是我国经济社会发展的一项重大战略。随着我国进入新的发展阶段，大力发展循环经济对保障国家资源安全、推动实现碳达峰碳中和具有重大意义。电商企业要做好逆向物流的管理，积极与产业链上下游合作，深入推进循环经济发展，走可持续发展之路，同时在社会层面推行环保理念，推动绿色产业发展。

基础练习

【参考答案】
模块 7 基础练习

一、判断题

1. 配送是末端物流节点向最终用户进行的货物运输活动，通常在同一地区或同一城市间进行，运送的距离一般比较短。　　　　　　　　　　（　　）

2. 自营物流模式可以为客户提供质量比较好的物流服务，但会导致企业的物流成本增加。
　　　　　　　　　　（　　）

3. RFID 技术的原理是通过机械或者光学接触来识别特定目标并读写相关数据。　　（　　）

4. 出货作业中，要注意产品保质期的问题，要优先拣选最后入库的批次出货。　（　　）

5. 电商与物流企业要注重环保包装材料的选择，积极建立包装回收和循环利用体系。（　　）

6. 只要有库存都会产生库存成本，所以需要对库存进行合理的控制。　　　（　　）

7. 库存管理模式中 VOI 模式是供应商管理库存。　　　　　　　　　（　　）

8. 准时制是一种在精确测定生产各工艺环节作业效率的前提下，按订单准确地计划，消除一切无效作业与浪费为目标的管理模式。　　　　　　　　（　　）

9. 逆向物流是从供应链下游向上游运动所引发的物流活动。　　　　　　（　　）

10. 逆向物流对电商企业没有好处，企业要尽可能地杜绝逆向物流的产生。　（　　）

二、单选题

1. 以下对电商物流系统理解不正确的是（   ）。

A）电商物流系统要具有敏捷性，保证能够畅通地快速交货

B）物流系统有一定的柔性，具有对变化的实时响应能力

C）物流系统要能满足各项用户服务能力的要求，能够实现多样化的产品交付

D）物流系统设计规划要把投入成本放在首位，提高企业资源动态重组能力

2. 我国自主建设、独立运行的全球卫星导航系统的是（   ）。

A）BDS   B）GPS   C）GALILEO   D）GLONASS

3. 企业资源计划的英文缩写是（   ）。

A）SCM   B）MES   C）ERP   D）MRP

4. 电子商务物流顺利实施业务活动的第一步，也是核心业务的是（   ）。

A）订单处理   B）存货查询   C）单据处理   D）备货

5. 订单确认工作中，需要确认的信息不包括（   ）。

A）货物名称与数量   B）运输方式、交付日期与地点

C）货物原材料成分与原材料厂家   D）客户信用

6. 电子商务企业在设计商品包装应注意的问题中，理解不正确的是（   ）。

A）商品包装设计要考虑商品流通环节中的安全性

B）商品包装设计要避免包装过大及包装过剩的问题

C）包装设计要优先考虑环保材料的使用

D）包装设计要把成本放在第一位

7. 下列关于库存与库存管理的说法，有问题的是（   ）。

A）企业持有一定的库存与"零库存"管理思想并不矛盾

B）为能更好地满足客户的需求，提高客户的满意度，企业应持有一定的库存

C）高效的物流配送体系有助于"零库存"目标的实现

D）"零库存"管理就是让各类在库物料的数量绝对为零，避免多余库存占用企业的流动资金。

8. 供应商将库存放在需方企业（比如零售商），需方企业负责管理和控制库存，但所有权在需方取用之前还是归供应商。这样的库存管理模式是（   ）。

A）VOI   B）VMI   C）JMI   D）JIT

9. 下列选项中不属于逆向物流的是（   ）。

A）电子零部件或电子垃圾的回收   B）医药企业医药试剂的回收

C）电商企业包装材料的回收   D）促销活动商品的发货

10. 下列不属于逆向物流产生原因的是（   ）。

A）法律对环境保护的规定   B）商业道德的驱使与国际公约的规定

C）产品本身的质量有问题   D）产品信息与实物差别太大让客户出现认知偏差

三、简答题

1. 列举常用的电子商务物流技术。

2. 简述仓储与库存的概念，列举电子商务环境下"零库存"管理目标的实现方法。

3. 简述供应链的概念。

4. 结合对电子商务逆向物流作用的理解，简述电商企业如何做好逆向物流的管理。

项目实训

实训项目1：电子商务物流案例剖析

一、任务布置

班级：	实训人员：	
模块7	电子商务物流管理	
项目目标	选择一个熟悉的线下线上共同经营的电商企业，分析电子商务环境下该企业现代物流的可能发展趋势。	
项目背景	随着电子商务的应用越来越普及，很多传统的线下经营的企业纷纷布局自己的线上营销方案，在布局自己电商业务的过程中，也积极实施和完善自己的物流系统。 　　比如海尔集团，在布局自己电商业务的过程中，积极实施和完善自己的物流系统，利用"一流三网"来实现庞大的物流需求，形成完善的成品分拨、备件配送、回收返回品等物流体系，强力支持企业的全球化业务。还有很多大型超市、专卖店也在积极布局自己线上业务，规划自己的物流系统。 　　请以小组为单位，运用网络间接调研的方式对该企业的电商物流发展历程进行调研，根据实际调研收集的资料，结合相关知识，绘制发展历程图，并分析电子商务环境下该企业现代物流的可能发展趋势。	
任务要求	任务1：简述一个线下线上共同经营的电商企业案例； 任务2：结合该企业的营运现状剖析该企业电商物流的发展历程与现状； 任务3：分析电子商务环境下该企业现代物流的未来可能的发展趋势。	

二、任务实施

实施过程	优化建议
任务1：简述线下线上共同经营的电商企业案例	
任务2：结合该企业的营运现状剖析该企业电商物流的发展历程与现状	

175

实施过程	优化建议
任务3：分析电子商务环境下该企业现代物流的未来可能的发展趋势	

三、任务评价

评价内容		评价标准	分值	得分
自我评价	工作态度	态度端正、工作认真、按时完成	20	
	知识技能	案例剖析的客观性与深度	30	
	工作效果	案例典型性与代表性	20	
	职业素养	对现代物流的理解程度	30	
合计			100	

自我分析	遇到的难点及解决方法
	不足之处

综合评价	自我评价（20%）	小组互评（30%）	教师评价（50%）	综合得分

实训项目 2：退换货模式案例调研剖析

一、任务布置

班级：	实训人员：
模块 7	电子商务物流管理
项目目标	选择国内一个著名电子商务平台或者企业，对其退换货模式进行调研。
项目背景	电子商务物流中，退换货是逆向物流表现形式之一，也是电商企业逆向物流产生的主要原因，退换货的处理效率关系到客户的满意度。选择国内一个著名电子商务商城，比如淘宝网、京东商城、唯品会等，分析其网上业务，调查其退换货模式。
任务要求	1. 了解该平台或企业的退换货制度，描述退换货的流程； 2. 分析其售后服务、逆向物流模式，分析其优缺点，并给出改善建议。

二、任务实施

实施过程	优化建议
任务 1：了解该平台或企业的退换货制度，描述退换货的流程	
任务 2：分析其售后服务、逆向物流模式，分析其优缺点，并给出改善建议	

三、任务评价

评价内容		评价标准	分值	得分
自我评价	工作态度	态度端正、工作认真、按时完成	20	
	知识技能	知识与技能的掌握程度	30	
	工作效果	工作完成程度与准确度	30	
	职业素养	知识与技能的灵活应用	20	
合计			100	

评价内容	评价标准		分值	得分
自我分析	遇到的难点及解决方法			
	不足之处			
综合评价	自我评价 （20%）	小组互评 （30%）	教师评价 （50%）	综合得分

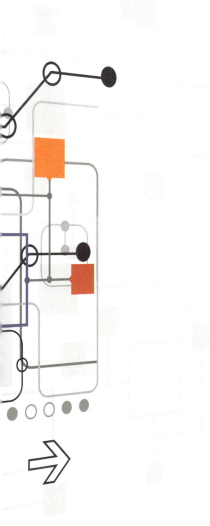

模块 8

跨境电商

　　跨境电商这一"网上丝绸之路"促进了国际交流合作和对贸易新规则的探索，为国内广大中小企业创造了普惠贸易环境。制造产业的转型升级，也为中国产品出口提供了新机遇，"中国制造2025"的理想就是打造中国品牌。近年来，跨境电商体现了强劲的增长潜力，"出口、投资、消费"这拉动经济增长的"三驾马车"中，跨境电商出口的作用非常明显。

✍ 【思政导学】

　　思政点1：共建"一带一路"，顺应经济全球化潮流。在经济融合发展和世界经济一体化趋势中，合作共赢在竞争中不是"零和博弈"，而是互利双赢。

　　思政点2：跨境电商平台帮助企业进行文化包装，讲好中国故事。

　　思政点3：泛在化普惠：无处不在的信息基础设施、按需服务的云模式和各种商贸、金融等服务平台降低了参与经济活动的门槛，使数字经济出现"人人参与、共建共享"的普惠格局。

【知识导图】

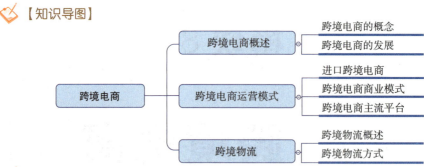

【知识目标】

1. 理解跨境电商的内涵；
2. 掌握跨境电商的特征；
3. 了解跨境电商的分类；
4. 了解跨境电商的发展历程；
5. 掌握跨境电商商业模式；
6. 理解跨境电商不同平台的使用环境；
7. 理解跨境电商物流的概念；
8. 了解跨境电商的不同物流方式。

【能力目标】

1. 能对比分析跨境电商与传统外贸；
2. 能分析对比跨境电商与传统电商；
3. 会辨识跨境电商的平台及其运营模式；
4. 初步具备辨识不同跨境电商物流的方式。

【素质目标】

1. 初步具备跨境电商思维；
2. 初步具备海外文化分析思维；
3. 具有国际化视野的电子商务运营意识；
4. 具有跨界融合互联网素养。

案例导入

从"中国制造"到"中国质造"，越来越多的中国产品受到境外买家的推崇。质优价廉的各类商品、日益完善的跨境支付、多元化的物流体系也越来越能够支持中国更多的产品出海。作为科技企业出海的代表，传音以新兴市场的消费者为中心，重视新兴市场人民需求，使更多当地用户共享科技发展的魅力。

传音手机是一家中国本土的手机品牌，一度被称为"非洲手机之王"，它的全球销售网络覆盖70多个国家和地区，包括尼日利亚、肯尼亚、坦桑尼亚、埃塞俄比亚、埃及、阿联酋（迪拜）、印度、巴基斯坦、印度尼西亚、越南、孟加拉国等，主要为"一带一路"沿线国家。传音在境外的成功，可以归结为以下几点：

一、怀揣梦想，走品牌创新之路

怀着做品牌的梦想和情怀，传音从"聚焦非洲"到拓展更广泛的"一带一路"沿线新兴市场，"走出去"的传音将高质量发展落到实处，向世界展示中国科技企业的特质。

二、视产品本土化及差异化为卖点

根据非洲用户肤色深的特点开发了适用黑皮肤的"智能美黑"美颜相机；根据非洲地区天气炎热，本地用户体质多汗且酸性较高的特点推出具有防汗、耐磨、耐腐蚀的手机，且具有防热防摔功能；针对非洲很多地区电力供应不能充分保障，推出了待机时间可以长达 20 天甚至一个月的手机；根据非洲的手机运营商很多且每家运营商只能服务一小片区域，所以经常会出现打一通电话需要换卡好几次操作的情况，开发出"四卡四待"的手机，一部手机最高可以放置 4 张电话卡；针对非洲用户热爱音乐的传统，推出主打音乐功能的"低音炮"手机，并附赠定制的头戴式耳机。

三、以海外社交媒体和网络红人为营销策略

在 Instagram、YouTube、TikTok 等社交平台布局，通过邀请海外网红、邀请使用者测评分享等方式展示商品，且根据不同的媒体渠道，创建不同的优质内容，完成对用户触点的立体覆盖，获取更多精准的"粉丝"。

四、以完善的售后服务为保障

传音旗下专业售后服务品牌 Carlcare 携手综合物流服务商速达非（Speedaf），在多地开启"无接触维修，快速寄回"的服务合作，并打通不同平台接口，提升服务效率，保障用户权益，同时开展多渠道线上咨询，提供 7×24 小时服务。

传音是共建"一带一路"倡议、"共筑中非命运共同体"国家战略的践行者，企业发展路径与"21 世纪海上丝绸之路"高度重合。

10 多来年，在国家战略带动下，受政策、数字化技术、全球供需关系等重要因素驱动，跨境电商持续高速增长。我国的跨境电商市场保持高速增长态势，已成为稳外贸的重要力量，成为外贸转型升级的新动能、创新发展的新渠道和"一带一路"建设的新桥梁。

【案例赏析】传音手机的品牌塑造之路

思政园地

共建"一带一路"，顺应经济全球化潮流。在经济融合发展和世界经济一体化趋势中，合作共赢在竞争中不是"零和博弈"，而是互利双赢。

共建"一带一路"的倡议自 2013 年提出以来，从理念到行动，从"大写意"到"工笔画"，取得了实打实的成就。中国坚持和平发展、坚持互利共赢，同合作伙伴一起把"一带一路"打造成团结应对挑战的合作之路、维护人民健康安全的健康之路、促进经济社会恢复的复苏之路、释放发展潜力的增长之路。这项来自中国、惠及世界的倡议持续迸发勃勃生机，吸引越来越多国家参与其中。

8.1　跨境电商概述

8.1.1　跨境电商的概念

跨境电子商务（Cross – border E – commerce），简称跨境电商，是指分属不同关境的交易主体，

通过电子商务平台达成交易、进行电子支付结算，并通过跨境电商物流及异地仓储送达商品，从而完成交易的一种国际商业活动。跨境电子商务有狭义和广义两种概念。

狭义跨境电子商务特指跨境电子商务的零售业务。跨境零售是指分属不同关境的交易主体，通过计算机网络完成交易，进行支付结算，并利用邮政、商业快递等方式通过跨境物流将商品送达消费者的商业活动。在国际上，跨境电商通常指跨境零售业务。

广义跨境电子商务指的是外贸电子商务，泛指电子商务在外贸领域的应用。是指分属不同关境的交易主体，利用互联网寻找合适自己的合作伙伴，展示商品，完成贸易洽谈，双方还可以利用网络购物系统、网络支付系统完成快捷交易。最后，双方可以通过网络办理海关、银行、税务、保险、运输等流程的相关事宜，最后完成交易。

（1）跨境电商的特征

跨境电商融合了国际贸易和电子商务两方面的特征，具有更大的复杂性。信息流、资金流、物流等多种要素必须紧密结合，任何一方面的不足或衔接不够，都会阻碍整体跨境电子商务活动的完成；跨境电商作为国际贸易的新兴交易方式，在通关、支付、税收等领域的法规还不完善；跨境电商的风险触发因素较多，容易受到国际政治经济宏观环境和各国政策的影响。具体而言，跨境电子商务具有以下特征。

①全球性

跨境电子商务依附于网络，具有全球性和非中心化的特性。任何人只要具备了一定的技术手段，在任何时候、任何地方都可以让信息进入网络，相互联系进行交易。例如，一家很小的爱尔兰在线公司通过一个可供世界各地的消费者点击观看的网页，就可以在互联网上销售其商品和服务，消费者只需接入互联网就可以完成交易。

②可追踪性

跨境电子商务在整个交易过程中议价、下单、物流、支付等信息都会有记录，消费者可以实时追踪自己的商品发货状态和运输状态。例如，对跨境进口商品建立了源头可追溯、过程可控制、流向可追踪的闭环检验、检疫监管体系，这样既提高了通关效率，又保障了进口商品的质量。

③无纸化

跨境电子商务主要采取无纸化操作的方式。电子计算机通信记录取代了一系列的纸面交易文件，用户通过互联网发送或接收电子信息。电子信息以字节的形式存在和传送，这就使整个信息发送和接收过程实现了无纸化。无纸化使信息传递摆脱了纸张的限制，但由于传统法律的规范是以"有纸交易"为出发点的，因此，无纸化也带来了一定程度上的法律混乱。

④多边化

跨境电子商务整个贸易过程的信息流、商流、物流、资金流已经由传统的双边逐步向多边的方向演进，呈网状结构。跨境电商可以通过 A 国的交易平台、B 国的支付结算平台、C 国的物流平台，实现国家间的直接贸易。跨境电子商务从链条逐步进入网状时代，中小微企业不再简单依附于单向的交易或是跨国大企业的协调，而是形成一种互相动态连接的生态系统。

⑤透明化

跨境电子商务不仅可以通过电子商务交易与服务平台实现多国企业之间、企业与最终消费者之间的直接交易，而且在跨境电子商务模式下，供求双方的贸易活动可以采取标准化、电子化的合同、提单、发票和凭证，使得各种相关单证在网上即可实现瞬间传递，增加贸易信息的透明度，减少信息不对称造成的贸易风险。

（2）跨境电商与传统电商的对比分析

传统电商一般是指境内贸易，而跨境电商是境内与境外之间的贸易，两者在交易主体、业务环节、适用规则、交易风险等方面存在着区别（如表 8-1 所示）。

表 8-1　跨境电商与传统电商的区别

对比环节	传统电子商务	跨境电子商务
交易主体	传统电商的交易主体一般在境内，一般是国内企业对企业、国内企业对个人或者国内个人和个人之间的交易	交易主体是不同关境的主体，可能是国内企业对境外企业、国内企业对境外个人或者国内个人对境外个人
业务环节	业务环节简单，货物运送路途近、时间较短，货物被损坏概率低	业务环节复杂，需要经过海关通关、检验检疫、外汇结算、出口退税、进口征税等环节。路途遥远，货运时间更长，货物更易损坏，且因各国运力及规则不同，更易引起贸易摩擦
适用规则	传统电商一般只需遵守电子商务平台的规则及本地区电子商务行业的相关法律法规	跨境电商需遵守不同平台的规则，同时需要遵循国际贸易体系、规则、进出口管制、关税细则等政策
交易风险	传统电商的侵权纠纷较少，即便有纠纷产生，处理方式也比较简单	跨境电商面临着供货风险、运输风险、汇率风险、法律风险甚至知识产权和政治风险。一旦引起风险，后续的司法诉讼和赔偿非常麻烦

（3）跨境电商与传统国际贸易对比分析

　　跨境电商与传统国际贸易相比，受地理范围的限制较少，受各国贸易保护措施影响较小，交易环节涉及中间商少，因而价格低廉、利润率高、效率高。但同时也存在明显的通关、结汇和退税障碍，贸易争端处理不完善等劣势（如表 8-2 所示）。

表 8-2　跨境电商与传统国际贸易对比

对比项目	传统国际贸易	跨境电商
交流方式	面对面，直接接触	通过互联网平台，间接接触
运作模式	基于商务合同运作	借助互联网电商平台运作
订单类型	大批量、少批次、订单集中、周期长	小批量、多批次、订单分散、周期相对较短
价格、利润率	产品价格、利润率相对较低	价格实惠、利润率高
商品类目	商品类目少，更新速度慢	商品类目多，更新速度快
市场规模	市场规模大，但受地域限制，增长速度相对缓慢	面向全球市场，规模大，增长速度快
交易环节	涉及中间商多，交易环节多且复杂	涉及中间商少，交易环节简单
支付方式	贸易支付方式（汇款、托收、信用证）	支付方式多样，除了贸易支付方式外，还借助第三方支付工具支付结算
物流运输	以集装箱海运、空运、铁路运输为主，物流因素对交易主体影响不明显	通过邮政小包、商业快递、专线物流、海外仓等方式进行运输，物流因素对交易主体影响明显
通关、结汇	线下报关，通过慢海关监管，规范，可以享受正常的通关、结汇和退税政策	电子报关，通关快速便捷。易受政策变动影响，无法享受退税和结汇政策
争端处理	拥有健全的争端处理机制	争端处理不畅，效率低

↘ 8.1.2　跨境电商的发展

【拓展阅读】中国跨境电商发展的标志性事件

（1）跨境电商的发展历程

我国跨境电子商务的发展总共经历了三个阶段，分别为信息服务、在线交易及综合服务。

①第一阶段：信息服务阶段（1999—2003年）

这个阶段跨境电商的工作重心主要在网络渠道搭建和网络推广两方面，竞争的焦点主要集中在全网营销渠道搭建的效率与网络营销推广的力度。网站建设、搜索引擎和网络黄页等成为企业网络应用的三大热点。

以阿里巴巴国际站和环球资源网为典型代表跨境电商平台为企业提供了向国外买家展示、推广企业和产品的机会，帮助企业拓展国际市场。该阶段跨境电子商务的主要商业模式是网上展示、线下交易的外贸信息服务，并没有在网络上涉及任何交易环节。2000年前后，少量人开始在eBay和Amazon等国外平台尝试跨境电商交易，但并没有形成规模。

②第二阶段：在线交易阶段（2004—2012年）

随着2004年敦煌网的上线，跨境电子商务在线交易拉开了帷幕。在这个阶段虽然网络渠道和网络营销依然重要，但是已经不是企业开展跨境电子商务要考虑的全部内容了，外贸企业开始借助电子商务平台将服务和资源进行有效整合，将线下交易、支付和物流等流程实现电子化，逐步建设在线交易平台。这个阶段跨境电子商务平台对收费模式进行了颠覆，免收注册费，取而代之以收取佣金及增值服务费为主要收费模式。

相比较第一阶段，在这个阶段跨境电商更能体现电子商务的本质，借助于电子商务平台，通过服务、资源整合等手段有效打通上、下游供应链。这个阶段跨境电商B2B平台模式为主流模式，通过直接对接中小企业商户实现产业链的进一步缩短，提升商品销售的利润空间。

③第三阶段：综合服务阶段（2013年至今）

2013年随着大型工厂的上线、订单比例大幅提升、大型服务商的加入和移动用户量的大爆发，以及跨境电子商务平台的全面升级，跨境电子商务的"大时代"到来。

在这个阶段，跨境电子商务开始呈现出两个非常重要的特征，一是大外贸开始走上跨境电子商务平台，二是移动化趋势的凸显。国内买家、国际采购商，以及整个产业链的供应链结构，都在发生着变化。传统的外贸工厂、供应商和制造企业开始纷纷进入跨境电子商务领域，越来越多的网商们开始谋求新作为，如在海外建立平台、建立海外仓等；大型服务商也开始进入跨境电子商务的产业链中，整个供应链体系的中间环节呈现出多样化，支付、金融、保险、物流和仓储等环节也纷纷加入了跨境电子商务领域。而大型银行机构也不甘落后，如敦煌网与建设银行开发了一套自动化的、基于商户在网上进行交易的订单系统，帮助中小企业解决微小融资的问题。

2015年"互联网+"时代的来临，跨境电商已经站到了资本市场的风口上。政府出台了一系列政策支持跨境电商的发展，例如，在全国设立跨境电子商务试验区、在全国设立贸易自由试验区、各地出现跨境电商保税区等，积极地探索跨境电商的管理制度。

（2）跨境电商的发展趋势

经过20多年的发展，跨境电商平台服务全面升级，全产业链服务在线化。2020年以来我国跨境电商逆势强劲增长，加速跨境电商进入创新驱动、快速响应和全方位能力提升的数字化贸易发展新阶段。在国家政策、市场需求、技术发展、资本力量的影响下，我国跨境电商呈现出三大发展趋势。

①跨境电商迈向精细化运营

在互联网下成长起来的新一代"原住民"开始成为消费主力，消费更理性，更注重体验，对新产品、新品牌的接受度更高。消费从价格导向回归到价值导向，产品力、营销对消费者认知的引导、服务和购物过程中的体验都成为影响消费者做出决策的价值点。

跨境电商经历了从野蛮流量变现向精细化运营发展，企业更加注重营销数据在构建整个营销闭环中的实际应用。移动社交时代，流量成为企业的宝贵财富，如何最大化成本效益、最优化购物体验成为跨境卖家关注的重点。

②需求增加导致资本争相涌入

随着跨境电商运营的日趋精细化，行业支撑体系朝着多样化、数字化、智能化方向发展。跨境电商物流、跨境支付、SaaS服务、数字营销等支持服务商以大数据、云计算、人工智能、区块链等数字技术为基础，加速推动供应链重塑，助力全流程优化提升，极大提高行业运行效率和利润空间，也吸引了大量资本的涌入。

③跨境品牌出海时代已来临

随着跨境电商由消费者终端向贸易链中心的转型，传统企业将本土化的成熟品牌输出到海外。新兴互联网思维企业优先考虑品牌价值，根据品牌的定位、文化、目标通过树立品牌形象，灌输品牌文化及理念，提高在当地市场竞争力，同时提高产品更新迭代的速度，建立起有效的竞争壁垒。

8.2 跨境电商运营模式

跨境电商主要可以从四个维度进行分类，分类标准包括进出口方向、商业模式、平台服务类型和平台运营模式（如表 8-3 所示）。

表 8-3　跨境电商分类

分类标准	类型
按照进出口方向分类	进口跨境电商 出口跨境电商
按照商业模式分类	企业与企业之间（Business to Business，B2B）跨境电商 企业与个人之间（Business to Customer，B2C）跨境电商 个人与个人之间（Customer to Customer，C2C）跨境电商
按照平台服务类型分类	信息服务平台 在线交易平台 综合服务平台
按照平台运营方式分类	第三方开放平台 自营型平台 外贸型电子商务代运营服务商

185

↘ 8.2.1　进口跨境电商

在没有特别说明的情况跨境电商一般以出口跨境电商为主，例如，全球速卖通、亚马逊、eBay、Wish、阿里巴巴国际站、敦煌网、环球资源网、中国制造网等，出口跨境电商是指由境内企业通过电子商务平台与买家达成交易，并通过跨境物流将商品送至境外，完成交易的商业活动。

相对于出口跨境电商，我国的进口跨境电商也非常成熟。进口跨境电商是指将境外的商品通过电子商务平台达成交易，并通过跨境物流将商品送达境内，完成交易的商业活动。进口跨境电商的主流平台有天猫国际、苏宁云商海外购、网易考拉海购、京东全球购、唯品会全球特卖、亚马逊海外购、聚美极速免税店、55海淘等。

进口跨境电商从海外代购模式起步。经过平台化的发展后初具规模，在国家相关政策的规范与引导下，进口跨境电商逐渐成熟。

（1）**海外代购阶段**

海外代购大约在2005年开始兴起，这时海外商品普及度不高，很多人在出国工作或者留学时，会为亲戚和朋友购买一些国内难以买到的商品，而且是比较常规的化妆品、提包等。而这一时期尚未出现进口跨境电商企业，更没有形成进口跨境电商行业，此阶段可以视为进口跨境电商的萌芽阶段。

这个阶段的卖方通常是海外留学生、空乘人员、导游以及经常出国的群体，买方一般为代购者的亲戚朋友，消费群体比较小众，商品的运输方式通常是邮寄或者"人肉"带回，因此，这种海外代购的模式普及度不高、周期长、成本高，同时，商品的真伪难以辨别、质量难以保障、商品品种有限，无法满足不断增长的消费需求。于是部分人员开始演变为职业买手，专门购买海外商品，并在一些国内的知名电商平台开设店铺，专门从事海外商品的销售，这就是最早的进口跨境电商的雏形。

（2）**平台化发展阶段**

2007年，以淘宝全球购为代表的C2C海淘网站上线，这标志着进口跨境电商进入海淘时代。淘宝全球购的目标是帮助会员"足不出户，淘遍全球"。同时，它致力于帮助境外中小品牌进入内地市场，为境外华人提供创业机会与就业机遇。淘宝全球购制定相应规则，对商家的准入、经营规范、考核和清退做出明确规定，目的在于维护淘宝全球购市场的正常运营秩序，保障淘宝全球购市场卖家合法权益。通过平台化的运营，商品质量管理制度化，同时商品品类丰富，吸引了更多的买家。这一时期初步形成了常规的卖方和消费群体。

海淘常用的物流运输方式是直邮或者转运，海淘因为价格便宜，与国内购买相比差价明显，商品种类丰富，商品品质有保障，因此，海淘逐渐成为国内消费者关注的焦点。

（3）**规范化发展阶段**

随着进口跨境电商规模的发展，国家也出台了一系列鼓励与规范跨境进口电商发展的政策。

2012年，开放了第一批跨境进口电商试点城市；

2013年，出台了支持跨境电商便利通关的政策；

2014年，跨境进口电商开始合法化，有了明确的税收政策。

2015年，规范了进口税收政策并降低了部分进口商品的关税。

2016年，对跨境进口电商零售产品实行了新的税制政策——"四八新政"。

【拓展阅读】我国跨境电子商务政策法规发展综述

进口跨境电商在越来越规范的过程中，新的进口跨境电商平台也不断涌现，跨境物流逐步正规化，跨境网购也越来越普及，进口跨境电商日趋成熟。

↘ 8.2.2　跨境电商商业模式

按照商业模式分类，跨境电商可以分为 B2B、B2C 和 C2C 三种商业模式。

（1）B2B 跨境电商模式

B2B 跨境电商是指企业间的电子商务，即企业与企业之间通过互联网进行产品、服务及信息的交换。这类平台一般会通过一些附加服务，比如搜索、广告等形式帮助买卖双方完成交易，平台通过收取会员费、认证费、营销推广费等形式获得收益。

主流代表平台有阿里巴巴国际站、中国制造网、环球资源网、敦煌网等。

（2）B2C 跨境电商模式

B2C 跨境电商的卖方是企业，买方是个人消费者，是企业以零售方式将商品销售给消费者的模式。目前 B2C 模式在跨境电商市场占比并不大，但有不断上升的趋势，在全球消费市场所占比重不断上升。

主流代表平台有速卖通、亚马逊、Wish、Shopee、Lazada 等，当然还有些新兴平台在不断涌现。

（3）C2C 跨境电商

C2C 跨境电商的买卖双方都是个人，即经营主体是个人，面向的对象也是个人消费者。它的特点是商品种类繁多、门槛低、利润较高。主流代表平台有 eBay、Etsy、淘宝的全球购、海淘时代的代购。

【案例赏析】
Etsy 平台介绍

↘ 8.2.3　跨境电商主流平台

在跨境电商运营过程中，跨境电商平台是整个跨境电商产业链的重要组成部分。对于卖家来说，选择合适的跨境电商平台进行深耕细作是拓展销售渠道、扩大商品市场份额的重要策略之一。

（1）阿里巴巴国际站

阿里巴巴国际站成立于 1999 年，是阿里巴巴集团的第一个业务板块，累计服务 200 余个国家和地区的超过 2 600 万活跃企业买家，现已成为全球领先的 B2B 跨境电商平台之一。阿里巴巴国际站致力于数字化新外贸操作系统，以"数字化人货场"为内环、"数字化履约服务"为外环、"数字化信用体系"为连接纽带，为企业打造外贸领域的数字化"商业操作系统"，其主要特点是：

①访问流量大，境外知名度高

阿里巴巴成立时间早，主要服务国内中小企业，目前已经成长为极具实力的跨境电商平台。平台上商品类别超过 5 900 种，销售范围覆盖广，活跃用户多。

②功能完善，服务的系统程度高

阿里巴巴国际站不仅提供一站式的店铺装修、产品展示、营销推广、生意洽谈及店铺管理等全系列线上服务和工具，帮助企业降低成本、高效率地开拓外贸大市场，还能为卖家提供较新的行业发展和交易数据信息，帮助卖家寻找更多的商机。此外，它还能为卖家提供专业、系统的培训，帮助卖家全方位提高运营能力。

③数字化优势明显

借助阿里云、达摩院等一系列阿里系数字分析工具，阿里巴巴国际站能够为卖家提高客观、详细的行业动态数据分析，帮助卖家实现更加精准的营销。

阿里巴巴国际站相继推出的跨境物流、跨境收付款、信保、合规、数智化跨境 B2B 物流服务和

187

独立站数智化解决方案等功能，形成跨境供应链服务的完整拼图，这意味着阿里巴巴国际站已经具备了从交易到交付再到售后服务，真正全链路、全场景、全要素的数字化综合服务能力。

（2）亚马逊平台

亚马逊平台成立于 1994 年，是一家综合型的跨境电子商务平台，为卖家提供包括物流、推广、商业顾问在内的一系列服务，同时，亚马逊拥有专业的顾问团队，向平台卖家免费提供首次上线的技术支持和咨询服务，并定期提供网络培训。

亚马逊平台相对于其他平台拥有其独特的优势，比如强大的品牌力和巨大的流量、定位相对高端的用户群、全球购物网站平均客单价最高、其独一无二的 FBA 等。

①重产品轻店铺

亚马逊平台根据境外客户的购物习惯，极其关注产品，这与国内电商平台老店占优势的情况不同。亚马逊更注重产品本身，部分买家搜索关键词时，产品一般会出现在列表中，店名不会出现。所以无论是新店还是老店，只要产品描述完美，会有更多流量扶持，将被平台强烈推荐给买家，从而提高产品和商店曝光率。这种模式下，店铺没有权重和等级差别，所以新老店铺没有明显的流量差别，对于新、小卖家特别友好。

②重展示轻客服

亚马逊平台没有线上客服，遵循鼓励卖家自主购物的原则。在没有客服咨询的情况下，商品的商业详情页极其重要，所以要求卖家把商品详情页做得尽可能详细，可以围绕商品性能、材料和使用描述和图片展示等，客户只是通过电子邮件与卖家沟通，所以对于卖家来说，无须守店，也在店铺运营中节省了大部分人力。

③重推荐轻广告

亚马逊平台针对新入驻的卖家给予 3 个月的保护期，对新入驻店铺给予大力支持，并不用大量资金进行广告直推，也就是说只要产品质量好、满足客户需要，平台就会给店铺足够的曝光量，增大成单率。

④重客户轻卖家

亚马逊平台注重客户的购物体验和需求，特别强调商品与图片的符合性，要求不能出现描述夸大和美工特性，这样也减少了不必要的售后麻烦。亚马逊平台的商品有自己独立的页面展示，且内容详细，包括商品详情、客户评论、卖家报价及其他信息。客户在搜索同一种商品时，只会出同样的商品，这种单一商品页面，卖家不需要支付任何推广费用就能增加曝光，所以卖家只需要一心一意专注于商品的销售量，并尽可能利用新手保护期。

亚马逊平台重视客户还体现在重视客户的反馈，一方面是重视客户对商品本身的评论，另一方面是重视客户对卖家的服务质量和评级，这样就更有利于消费者购买到质量过硬、质量好的符合自己需求的产品。

⑤平均客单价高，退货率低，利润高

亚马逊平台在全球购物网站中的平均客户单价最高，客户数量多、重复购买多、消费水平高、品牌忠诚度高、忠诚度长。同时亚马逊平台通过永久拉黑高退货率的买家，大力支持卖家。

⑥专用物流系统

亚马逊专用物流拥有全球 123 大运营中心，将商品配送全球 185 个国家地区。

（3）eBay 平台

eBay 平台是最古老的电子商务网站之一，于 1995 年 9 月 4 日创立，其初衷是让人们可以通过网络出售商品，让全球民众上网买卖物品的线上拍卖及购物网站。如今 eBay 拥有全球有近 1.5 亿活跃买家，范围包括欧美国家消费市场和新兴经济体市场。

eBay 开创了 C2C 商业模式，也是第一家开办线上拍卖服务的网站。在 eBay 平台上消费者和卖家所扮演的角色是可以相互转换的，eBay 平台不直接参加商品的买卖，只是给买卖双方提供一个平台。

eBay 平台的成功来源于它独特的商业模式。首先，eBay 平台符合美国独特的社会和消费习惯；其次，eBay 平台是一个网上虚拟市场，无库存和物流，也无须大量初始资金的投入，固定成本很低；同时，eBay 网上虚拟市场的定位，意味着 eBay 的可扩张性极强。eBay 的盈利方式也独具特色，向每笔拍卖收取刊登费，向每笔已成交的拍卖再收取一笔成交费。

eBay 平台的主要特点是：

①入驻门槛比较低

相对于其他的跨境电商平台而言，eBay 平台的入驻门槛比较低，审核也没有那么严格，个人和企业都可以申请入驻。

②销售模式多样

除一口价、拍卖两种方式外，eBay 平台还提供多种销售模式，例如，"一口价 + 拍卖"两者结合的模式、定价出口、无底价竞拍等，销售模式的选择比较灵活。

③交易的商品独特

eBay 平台是一个成熟的二手商品交易平台，只要不违反法律法规和平台规则，商品均可以在 eBay 平台上刊登销售，甚至是稀有珍贵的物品和个人收藏品。

④专业客服服务

eBay 平台提供专业的客服为卖家服务，可以通过在线沟通或者电话沟通的方式交流。

⑤排名机制公平

eBay 平台的商品排名不是靠销量较高排名就比较靠前，卖家可以通过拍卖的方式获取曝光。

（4）速卖通平台

速卖通（英文名：AliExpress）于 2010 年 4 月正式上线，是中国的跨境出口 B2C 平台，经营宗旨是通过电子商务平台将"中国制造"直接送向全球买家手中，被广大卖家称为"国际版淘宝"。速卖通平台帮助中小企业接触境外买家，实现多品种、小批量、多频次快速销售，是为拓展利润空间而全力打造的集订单、收款、物流于一体的外贸在线交易平台，支持 18 种语言站点，主营范围覆盖 22 个行业，囊括日常消费类目，支持全球 51 个国家的当地支付方式，海外成交买家数量突破 1.5 亿，其商品备受海外买家的喜爱。为了顺应全球贸易新形势的发展，2016 年 8 月，速卖通平台完成了由 C2C 平台向 B2C 平台的转型升级，以全新的姿态全方位助力中国品牌扬帆出海。速卖通平台的主要特点是：

【案例赏析】速卖通平台助力品牌出海

①操作简单，适合初级卖家

由于是阿里系列的平台产品，速卖通的整个页面操作中英文版简单整洁，适合初级卖家上手。另外，阿里巴巴有着优质的社区和客户培训传统，通过社区和客户培训，即使是跨境新手也容易快速入门。同时平台入驻门槛低、流量大、交易活跃，因此，速卖通比较适合跨境新人，尤其适合所售的商品符合新兴市场的卖家，以及商品有供应链优势、价格有明显优势的卖家。

②低价策略比较明显

与其他跨境电商平台相比，速卖通平台的低价策略比较明显。另外，由于速卖通业务的单笔订单成交金额少，包裹成本普遍较低，没有达到进口国海关的关税最低起征点，所以没有关税支出，大大减少了买家的购买成本。

③进出口业务门槛低

速卖通平台的出口商无须成立企业形式，也无须外经贸委和外汇管理局等备案、无须出口报检。出口报关、进口报关全由速卖通物流方简单操作完成。买卖双方的订单生成、发货、收货、支付等待全在线上完成，双方不需要信用证或者贸易术语等外贸专业知识。

④具有强大的市场竞争优势

鉴于中国在制造业方面的优势，中国目前是全球许多国家销售产品的货源国。国外消费者利用网络越过自己国家的零售、批发商，直接向货源的供应基地购买商品，所能选择的商品种类多、价格低廉。所以，全球速卖通业务跟传统国际贸易业务相比拥有强大的市场竞争优势。

思政园地

速卖通平台充分发挥优势，帮助企业进行文化包装，讲好中国故事。企业借助新技术加大文化传播、海外营销的力度，将国际市场营销能力不断提升，不仅展现了中国文化底蕴深厚、开放包容的特质内核，更有效发挥了文化使者的桥梁纽带作用，让世界更加认识中国、了解中国、喜爱中国。

（5）其他跨境电商平台

①环球资源网

环球资源网是一家多渠道 B2B 媒体公司，致力于促进大中华地区的对外贸易。环球资源网的核心业务是通过一系列英文媒体，包括环球资源网站、印刷及电子杂志、采购资讯报告、买家专场采购会、贸易展览会等形式促进亚洲各国的出口贸易。

②中国制造网

中国制造网是一个中国产品信息荟萃的网上世界，面向全球提供中国产品的电子商务服务，旨在利用互联网将中国制造的产品介绍给全球采购商。中国制造网的海外推广主要通过 Google 等搜索引擎及参加海外展会等形式进行。

③Wish 平台

Wish 是一家专注于移动端的跨境电商 B2C 平台，平台的商品主打廉价和小件商品，买家不需要经过深思熟虑进行比对商品的各项性能，因此买家可以通过碎片时间，轻松下单。该平台是以强大的人工智能算法作为基础，通过反复计算以及消费者行为偏好分析和个性化推荐，以瀑布流的方式推送适合客户的商品，由于推送精准，给客户"惊喜"，受客户欢迎，符合国外使用习惯，Wish 里有 95% 的流量都是来自个性推送，属于千人千面。

④Shopee 平台

Shopee（中文名：虾皮）跨境电商平台主要面向东南亚及中国台湾地区。2015 年于成立于新加坡并设立总部，随后拓展至马来西亚、泰国、中国台湾地区、印度尼西亚、越南及菲律宾共七大市场。Shopee 平台主打 C2C 模式，商品类目涉及电子产品、服装、美容、书籍、珠宝、家具、手表甚至汽车产品等。Shopee 平台专注于移动设备，具有高度社交性，没有佣金，也没有上市费，这意味着卖家没有经济负担，但是，卖家可以选择原生广告并根据自己的意愿购买付费广告。

⑤Lazada 平台

Lazada（中文名：来赞达）平台成立于 2012 年，采用 B2C 跨境电商和自营模式，在东南亚的泰国、马来西亚、印度尼西亚、菲律宾、越南和新加坡运营，并以 FBL 服务（Lazada 内部配送服务）开展物流服务。2016 年阿里巴巴向 Lazada 投资，在第二年增资并全面控股，将 Lazada 体系与阿里体系打通，在平台、产品及物流等方面对其进行了战略升级和赋能。利用阿里巴巴的技术底层和大中台，同时借助阿里大数据、云计算、优质的产品运营方法及新兴技术，Lazada 平台将消费者与品牌联系起来，跨境业务增速迅猛。

⑥敦煌网

敦煌网于 2004 年成立，是国内第一家为中小企业提供 B2B 网上交易的出口跨境电商平台。敦煌网专注小额 B2B 赛道，为跨境电商产业链上中小微企业提供"店铺运营、流量营销、仓储物流、支付金融、客服风控、关检汇税、业务培训"等全链路赋能，帮助中国制造对接全球采购，实现"买全球，卖全球"。

敦煌网首创"为成功付费"模式，打破了以往的传统电子商务"会员收费"的经营模式，既减小了企业风险，又节省了企业不必要的开支。同时避开了与B2B阿里巴巴、中国制造网、环球资源等的竞争。

采用B2B+B2C双赛道跨境平台，整合传统外贸企业在关检、物流、支付、金融等领域的合作伙伴，打造集相关服务于一体的全平台、线上化外贸闭环模式，为中小企业提供专业有效的信息流、快捷简便的物流，以及安全可靠的资金流等服务，降低中小企业对接国家市场的门槛，帮助中小企业直连国际市场，也有效帮助境外中小零售商获得质优价廉的货源，实现供应端和采购端的双向赋能。

（6）跨境电商独立站

跨境电商运营过程中，如何提升店铺流量是卖家一直关注的重点。知名的跨境电商平台从亚马逊、速卖通、eBay、Wish到Shopee、Lazada等，一直是跨境电商的主战场，不过虽然这些平台流量高，但对于全球数亿的卖家来说，流量仍然是短缺的，同时平台佣金越来越高，限制也越来越多，面对流量瓶颈和高昂的平台成本问题，许多跨境电商转型做独立站。

跨境电商独立站是指卖家自己建立一个独立的网站平台，也称DTC模式，它具有独立的域名、空间和页面，不属于任何第三方电子商务平台，客户从浏览到下单，都在企业自己的网站内完成，企业完全自己做主运营，不需要考虑第三方平台的限制。

独立站可以以多种渠道和方式进行网络市场曝光和推广，而推广带来的流量、品牌印象和人气都属于独立站，不会被其他主体分割。独立站的盈利模式为赚取商品差价。

8.3　跨境物流

相较于国内电商，跨境电商的运输链条更长、物流成本更高、物流时效更长、通关环节更复杂，跨境电商卖家需要根据实际情况，选择合适的物流方式，才能及时为客户提供更好的服务，带来更好的购物体验。

8.3.1　跨境物流概述

跨境物流是指以海关关境两侧为端点的实物和信息有效流动和存储的计划、实施和控制管理的过程。跨境物流是国际物流的重要组成部分，其特别之处在于交易主体分属于不同关境，商品要跨越关境或国界才能从生产者或供应商到达消费者手中。跨境物流系统高效率、高质量、低成本的运作是促进跨境电商发展的保障。

（1）跨境物流的概念

跨境物流是指依靠互联网、大数据、信息化与计算机等先进技术，物品从跨境电商企业流向跨境消费者的跨越不同国家或地区的物流活动。

狭义的跨境物流即跨境电子商务或由跨境B2C/C2C交易所产生的物流，是整个跨境零售交易链的实物交付过程。它的显著特征是实物的包裹化和服务触及C端，其不同于境内物流的是存在通关、

法规及地理等固有屏障。在没有特别说明的情况下跨境物流一般是指狭义的跨境物流。

广义的跨境物流是国际贸易框架下的物流分支，包括所有跨境电商的配套物流，与传统国际贸易物流共享很多环节，如在资源和运营等方面相通，并衔接和串联了国内市场。

（2）跨境物流的特点

①物流周期长

跨境电商物流运输距离较远，不同的国家和地区，时效也不同，短的东南亚地区可以是 2 ~ 3 天，远的地区甚至可达几个月不等。

②成本占比高

跨境电商的物流成本一般为总成本的 30% ~ 40%，但中国跨境电商的物流成本更高。货期长导致低周转率和存货成本攀高，且因涉及国内物流、国内海关、国际运输、国际海关、国外物流等多个环节，尤其是海关和商检，操作难度和风险更高，这些都增加了中国跨境电商的物流成本。

③流程复杂

跨境物流面临出口国和进口国两重海关，需要进行较复杂的检验检疫等清关商检活动，货物破损、丢失等风险相对较高，还面临不同国家或地区的经济、文化、风俗、政治、政策、法律、宗教等环境因素差异的影响。

↘ 8.3.2 跨境物流方式

跨境物流是跨境电商的核心环节，也是必要的环节，跨境电商"多品种、小批量、多批次、短周期"的特点，对跨境物流的便捷性和柔性提出了更高的要求。能把商品顺利、安全、准确地送达，是跨境电商买卖双方都特别关心的环节，因此，跨境电商卖家特别注重跨境物流方式的选择。

（1）国际邮政物流

得益于万国邮政联盟（Universal Postal Unio，UPU）和卡哈拉邮政组织（KPG），邮政网络基本覆盖全球，比其他物流渠道都要广，目前跨境物流还是以邮政的发货渠道为主。

万国邮政联盟简称"万国邮联"或"邮联"，是联合国下设的一个关于国际邮政事务的专门机构，通过一些公约法规来改善国际邮政业务，发展邮政方面的国际合作，其宗旨是组织和改善国际邮政业务，发展邮政方面的国际合作，以及在力所能及的范围内给予会员国所要求的邮政技术援助。

由于万国邮政联盟会员众多，且会员国之间的邮政系统发展很不平衡，因此很难促成会员国之间的深度邮政合作。于是在 2002 年，邮政系统相对发达的 6 个国家和地区（中、美、日、澳、韩以及中国香港）的邮政部门在美国召开了邮政 CEO 峰会，并成立了卡哈拉邮政组织，后来西班牙和英国也加入了该组织。卡哈拉组织要求所有成员国的投递时限要达到 98% 的质量标准。如果货物没能在指定日期投递给收件人，那么负责投递的运营商要按货物价格的 100% 赔付客户。这些严格的要求促使成员国之间深化合作，努力提升服务水平。

邮政物流手续非常简便，卖家只需要提供报关单、收寄件人地址和挂号单，就可以完成投递，有邮政公司代为完成报关、商检等手续。

国际邮政物流包括了各国及地区邮政局运营的邮政大包、小包，以及中国邮政速递物流的国际 EMS、e 邮宝、e 特快和 e 包裹等。

（2）国际商业快递

由于邮政物流的整体运输效率比较低，而国际商业快递作为其补充产品就逐步得到了发展。商业快递与邮政物流比较，最大的区别在于时效性、计费标准以及通关方面。国际商业快递一般指四大商业快递公司：DHL、FedEx、UPS 和 TNT。四家商业快递公司的 LOGO 如图 8 - 1 所示。

图8-1 四大商业快递公司的LOGO

这四家商业快递公司的货物计费时都需要考虑体积重，信息反馈、物流信息更新比较及时，处理问题的响应速度以及服务水平都处在一个比较高的标准，比其他快递公司相对要好很多。不过优质服务就意味着高昂的运输成本。相比于邮政渠道，商业快递报关程序复杂、查验严格，关税征收概率较高。所以，一般货品价值高、时效要求高、大货重货可以考虑这种物流方式。

①DHL

DHL又叫德国敦豪国际公司，俗称中外运敦豪，是全球国际快递行业的市场领导者。目前，DHL的服务覆盖了世界各国的主要城市和商业核心区，在中国的市场占有率也相当高。

DHL于1969年成立于美国旧金山，后于2002年成为德国邮政的全资子公司。继1971年在远东和环太平洋地区扩张之后，迅速于1972年在日本、中国香港、新加坡和澳大利亚以及后来于1974年在欧洲、1977年在拉丁美洲、1978年在中东和非洲相继提供服务。1986年，DHL与中国成立了一家合资企业，成为首家在中国境内运营的国际快递公司。1997年，DHL在其国内成功进行重组后，开始为全球扩张设定方向，DHL迎来了全球化时代。

DHL的优点是拥有完善的国内和国际网络，时效快，安全稳定性高，同时具有丰富的国际化清关运作经验。DHL的缺点也很明显，不但价格高昂、寄递物品限制多，而且部分国家无优势，DHL的优势地区在西欧和北美，一般是2~4个工作日即可送达，但中亚、非洲地区优势不明显，印尼、俄罗斯派送比较困难。

②FedEx

FedEx（Federal Express）又叫联邦快递国际快递公司，是一家国际性速递集团，提供隔夜快递、地面快递、重型货物运送、文件复印及物流服务，于1973年4月成立，总部设在美国田纳西州孟菲斯，隶属于美国联邦快递集团（FedEx Corp）。FedEx于1984年进入中国，亚太区总部设在香港，同时在上海、东京、新加坡均设有区域性总部。目前，联邦快递为中国与欧盟、美国等主要贸易伙伴之间的商业往来提供强有力的支持。FedEx国际快递有三种快递服务，即联邦快递国际特早快型（FedEx International First）、联邦快递国际优先型（FedEx International Priority，IP）和联邦快递国际经济型（FedEx International Economy，IE）。

FedEx适宜走21千克以上的大件，到南美洲的价格有竞争力；一般2~4个工作日可达；且网站信息更新快，网络覆盖全，查询响应快。但是价格较贵，对托运物品限制也比较严格。

③UPS

UPS（United Parcel Service）又叫美国联合包裹运送服务公司，成立于1907年，总部设于美国佐治亚州亚特兰大市，是全球领先的物流企业，提供包裹和货物运输、国际贸易便利化、先进技术部署等多种旨在提高全球业务管理效率的解决方案，UPS于1988年进入中国。UPS的国际快递业务有四种：UPS Express Critical、UPS Worldwide Express、UPS Worldwide Saver以及UPS Worldwide Expedited。

UPS的优点是速度快、服务好、货物可送达全球200多个国家和地区、查询网站信息更新快、遇到问题解决及时、可以在线发货。其缺点是运费较贵、对托运物品的限制比较严格。

④TNT

TNT集团是全球领先的快递和邮政服务提供商，总部设在荷兰。TNT快递成立于1946年，其国

193

际网络覆盖世界 200 多个国家和地区，提供一系列独一无二的全球整合性物流解决方案。此外，TNT 还为澳大利亚以及欧洲、亚洲的许多主要国家提供业界领先的全国范围快递服务。TNT 同时还拥有数量众多的技术先进的分拣中心和完善齐全的设备资源，竭诚为客户提供业界最快捷、最可信赖的门到门送递服务，TNT 于 1988 年进入中国市场。2012 年，UPS 对 TNT 发起并购协议，最终遭受欧盟反垄断监管机构的否决，2016 年 FedEx 宣布收购 TNT。

（3）专线物流

跨境专线物流一般是通过航空包舱方式运输到国外，再通过合作公司进行目的国的派送。专线物流的优势在于其能够集中大批量到某一特定国家或地区的货物，通过规模效应降低成本。因此，其价格一般比商业快递低，时效上稍慢于商业快递，但比邮政包裹快。市面上的专线物流产品有美国专线、欧洲专线、西班牙专线、俄罗斯专线和澳洲专线等，也有不少物流公司推出了中东专线、南美专线、南非专线等。

国际专线对于针对某一个国家或地区销售的跨境电商卖家来说是比较折中的物流解决方案。例如，针对俄罗斯，有中俄航空专线、E 速宝、赛诚、速优宝芬兰邮政和燕文等产品；针对美国，有美国邮政 USPS 专线小包和美国 FedEx 专线小包；针对中东，有中外运安迈世国际快递等。

（4）海外仓

海外仓是指国内企业在国外自建或租用仓库，按照一般贸易方式，将货物批量发送至国外仓库，然后再根据当地的销售订单，第一时间做出响应，及时从当地仓库直接进行分拣、包装和配送。海外仓为国内跨境电商和外贸转型升级后的中小外贸型制造企业提供海外地区仓储、物流配送、售后服务等一站式仓储物流服务。基本服务包括但不限于头程运输服务、仓储管理服务、订单处理服务、本地派送服务。增值服务包括但不限于售后退换货服务、宣传推广、海外仓供应链金融服务以及代办税务等。

不少电商平台和出口企业正通过建设海外仓布局物流体系。海外仓的建设可以让出口企业将货物批量发送至国外仓库，实现该国本地销售与本地配送。海外仓成为跨境电商发展的重要环节和服务支撑，对我国外贸发展方式的转型升级有一定的积极作用，提升了外贸方式的便捷性和效率，在拓展国际营销网络、提升外贸企业竞争优势等方面发挥了积极作用。

（5）第三方物流

物流是跨境电商非常重要的一环，有些卖家会选择物流外包，即与 3PL（第三方物流）合作，卖家在电商平台或者独立站获得订单以后，由第三方物流负责订单包裹的运输和配送。

跨境第三方物流（3PL）是指在电子商务时代由物流劳务的供方（生产、流通企业）、需方（零售业、消费者）之外的第三方去完成物流服务的运作方式。也就是说，第三方以签订合同的方式在一定期间内为供方提供满足需方的物流服务，并依靠信息的集成产生增值，从而获取利益。

第三方物流企业一般都是具有一定规模的物流设施设备（库房、站台、车辆等）及专业经验、技能的批发、储运或其他物流业务经营企业。它是社会分工日益明确的产物，对于众多的跨境卖家而言，第三方物流技术先进，配送体系较为完备，考察它的指标主要是方便性、快捷性、风险性、成本和服务深度五个方面。

跨境第三方物流凭借信息基础设施、数字化技术，可以有效降低物流成本，保障卖家致力于主营业务，同时节约社会资源。不过作为一种新兴的物流模式，跨境第三方物流发展尚不成熟，比如物流的风险的可控性比较差，也缺乏与客户的直接信息交流。

思政园地

泛在化普惠：无处不在的信息基础设施、按需服务的云模式和各种商贸、金融等服务平台降低了参与经济活动的门槛，使数字经济出现"人人参与、共建共享"的普惠格局。

基础练习 ✎

【参考答案】模块 8
基础练习

一、判断题

1. 跨境电商交易环节复杂，涉及中间商众多。　　　　　　　　　　（　　）

2. 一般的跨境电商是指广义的跨境电商，不仅包含 B2B，还包含 B2C 部分，不仅包括跨境电商 B2B 中通过跨境交易平台实现的线上成交的部分，还包括跨境电商 B2B 中通过互联网渠道线上进行交易撮合线下实现成交的部分。　　　　（　　）

3. 在跨境电商的第一阶段，主要是开展在线交易。　　　　　　　　（　　）

4. 跨境电商缩短了对外贸易的中间环节，提升了进出口贸易的效率，为小微企业提供了新的机会。　　　　　　　　　　　　　　　　　　　　　　（　　）

5. 亚马逊平台重店铺轻产品。　　　　　　　　　　　　　　　　　（　　）

6. 邮政物流手续非常简便，卖家只需要提供报关单、收寄件人地址和挂号单，就可以完成投递。　　　　　　　　　　　　　　　　　　　　　　　　（　　）

7. 商业快递与邮政物流比较，最大的区别在于时效性、计费标准及通关。（　　）

8. 商业快递公司的货物计费时按照货品实际重量计费。　　　　　　（　　）

9. 专线物流价格一般比商业快递低，时效上稍慢于商业快递，但比邮政包裹快。（　　）

10. 跨境第三方物流发展迅猛，要大力提倡。　　　　　　　　　　　（　　）

二、单选题

1. 下列对于关境与国境的说法中，正确的是（　　）。
A）关境等于国境　　　B）关境大于国境　　　C）关境小于国境　　　D）以上情况都有可能

2. 跨境电子商务主要的交易模式有 B2B、B2C、C2C，其中 B2C 是指（　　）。
A）企业对个人　　　B）企业对企业　　　C）个人对个人　　　D）企业对政府

3. 在整个跨境电子商务中业务中，销量占整个电子商务出口份额最大的是（　　）。
A）B2B　　　　B）B2C　　　　C）C2B　　　　D）C2D

4. 第一家为中小企业提供 B2B 网上交易的出口跨境电商平台是（　　）。
A）阿里巴巴国际站　B）阿里巴巴速卖通　C）敦煌网　　　D）中国制造网

5. 下列哪些不是跨境电商的特点（　　）。
A）多品种　　　　B）大批量　　　　C）多批次　　　　D）短周期

6. 下列不属于跨境 B2C 电商出口平台的是（　　）。
A）全球速卖通　　　　　　　　　B）1688 在线交易平台
C）亚马逊美国站　　　　　　　　D）Lazada

7. 以下不属于进口跨境电商平台的是（　　）。
A）速卖通　　　B）天猫国际　　　C）淘宝全球购　　　D）唯品国际

8. FBA 物流服务属于哪个平台（　　）。
A）亚马逊　　　　　　　　　　　B）阿里巴巴速卖通
C）Shopee　　　　　　　　　　　D）Wish

9. 第一家开办线上拍卖服务的跨境电商网站是（　　）。
A）亚马逊　　　B）eBay　　　C）速卖通　　　D）Wish

10. 海外仓不能为中小外贸型制造企业提供的服务有（　　）。
A）海外地区仓储　　B）物流配送　　C）售后服务　　D）免费尾货处理

三、简答题

1. 跨境电子商务与传统国际贸易的区别在哪里？

2. 跨境电商有哪些模式? 同时请列举每种不同模式的平台网站。

3. 比较跨境电商物流的五种方式, 简要说说各自的特点。

4. 自行查阅资料, 分析跨境电商海外仓对于跨境电商的意义。

项目实训

实训项目1: 跨境电商案例剖析

一、任务布置

班级:	实训人员:
模块8	跨境电商
项目目标	选择一个跨境电商品牌出海的成功案例, 可以是模式、平台、物流方式或企业, 分析该案例解决某个市场的痛点、优势与特点, 阐述该案例对所处的行业发展或者某地区带来的变化。
项目背景	近年来, 随着国内市场的饱和, 以及国外的市场空缺, 越来越多的企业选择出海。同时, 中国经济已经步入高质量发展的新时代, 立足于经济转型升级需求, 中国企业出海已经不仅是单一企业的选择, 而成为时代发展的必然趋势。其实在各个领域已经涌现出一批专注海外市场的品牌, 也许在国内的名气不大, 但在国外却有着忠实的客户群体。 　　请根据已有知识, 并通过查阅相关资料, 围绕某一个案例进行剖析, 通过分析该案例, 加深自己的跨境电商思维, 感知中国制造及供应链优势给境外消费者带来的乐趣和便利。
任务要求	任务1: 简述一个跨境电商案例; 任务2: 剖析该跨境电商案例给所在行业或者境外消费者带来的影响; 任务3: 分析跨境电商业务所必需的要素。

二、任务实施

实施过程	优化建议
任务1: 简述一个跨境电商案例	
任务2: 剖析该跨境电商案例给所在行业或者境外消费者带来的影响	

续表

实施过程	优化建议
任务3：分析跨境电商业务所必须的的要素	

三、任务评价

评价内容		评价标准	分值	得分
自我评价	工作态度	态度端正、工作认真、按时完成	20	
	知识技能	案例剖析的客观性与深度	30	
	工作效果	案例典型性与代表性	20	
	职业素养	对跨境电商的理解程度	30	
	合计		100	
自我分析	遇到的难点及解决方法			
	不足之处			

综合评价	自我评价（20%）	小组互评（30%）	教师评价（50%）	综合得分

197

实训项目2：跨境电商生态链探析

一、任务布置

班级：	实训人员：
模块8	跨境电商
项目目标	根据本模块实训项目1的案例，通过资料查找和小组探讨，尝试分析在一个跨境电商企业运营的过程中，会有哪些企业及实施方参与，梳理这个企业在运营过程中的各参与方、其承担的任务及意义。
项目背景	跨境电商企业在商品出口过程中，首先会寻找货源，当然也有可能是企业的自产商品，在分析企业自身情况和市场之后，一般会借助某些跨境电商平台及跨境物流渠道将产品销往境外。在整个过程中，企业还会考虑融资问题、支付问题、检验检疫、报关、清关问题。除了这些之外，企业可能还需要考虑法律法规及政策导向，甚至还有底层的基础设施，有的企业不善于运营，可能会求助于专业的第三方机构来从事某些业务。 总体来说，跨境电商企业在实施电商活动时，会有很多环节和不同的参与方和协作方。请从跨境电商生态链的视角，分析项目1中的企业各参与方及其承担的功能和意义。
任务要求	任务1：分析该跨境电商企业有哪些参与方； 任务2：各参与方承担的任务； 任务3：每个参与方在其中的作用和意义。

二、任务实施

实施过程	优化建议
任务1：分析该跨境电商企业有哪些参与方	
任务2：各参与方承担的任务	

续表

实施过程	优化建议
任务 3：每个参与方在其中的作用和意义	

三、任务评价

评价内容		评价标准	分值	得分
自我评价	工作态度	态度端正、工作认真、按时完成	20	
	知识技能	知识与技能的掌握程度	30	
	工作效果	工作完成程度与准确度	30	
	职业素养	知识与技能的灵活应用	20	
合计			100	
自我分析	遇到的难点及解决方法			
	不足之处			

综合评价	自我评价（20%）	小组互评（30%）	教师评价（50%）	综合得分

模块 9

直播电商

随着 5G 时代的到来，网络直播已成为网络营销推广的主要形式，并且已渗透到各行各业。电商行业也由平台电商时代进入了直播电商时代。直播电商在很大程度上打破了消费者对商品看不见、摸不着、感受不到的壁垒，相比图片和文字，视频的信息维度更丰富，使消费者能够更直观、更全面地了解商品及服务的相关信息。直播电商实现了主播和消费者之间的实时互动，除了融入一定社交属性外，还可以极大提升购物体验，可以让消费者融入购物场景中，降低了试错成本。直播电商把商品信息的传递由原先的单向传递转变为以商品为载体，以消费者为中心，借助娱乐、内容、主播人设等要素增强用户的黏性，从而达到销售商品的目的。

【思政导学】

思政点 1：通过直播电商的发展趋势分析树立高质量发展的意识。

思政点 2：借助直播电商的内容禁忌与行为禁忌的阐述强调自律的重要性。

思政点 3：通过直播电商各营销模式的对比分析阐述技术发展对商业进化的促进作用。

【知识导图】

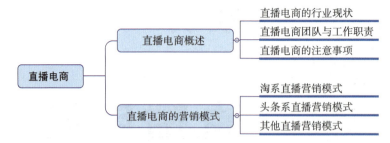

【知识目标】

1. 了解网络直播行业的发展历程；
2. 了解直播电商的主要特征；
3. 掌握直播电商的工作内容；
4. 了解直播电商的工作流程；
5. 熟悉娱乐直播与电商直播的盈利模式；
6. 了解网络直播的禁忌；
7. 了解淘系直播、头条系直播及其他直播的营销模式。

【能力目标】

1. 能对比分析娱乐直播与电商直播；
2. 能对比分析各种主流电商直播的营销模式；
3. 初步具备电商直播的运营能力。

【素质目标】

1. 具备网红经济的基本认知；
2. 具备电商直播的正向引导认知；
3. 正确认知直播电商的发展趋势。

案例导入

　　某农业企业要从事水果的种植、加工与销售等业务，旗下拥有多家水果种植基地，产品的销售渠道以线下超市、门店以及平台电商为主。凭借着优质的品控、服务与多年的行业经验，通过品牌的打造积累了庞大的用户群体，获得了良好的用户口碑。近年来随着直播电商的兴起，通过直播间销售水果已成为一种趋势，因此该企业的水果销售业绩增长速度开始趋缓，企业团队计划投入一定的财力与人力切入直播电商领域。由于该企事业从未尝试过直播电商的销售模式，因此不知道怎么起步。

　　对于直播电商行业来说，经过几年的探索与发展已日趋成熟，通过网络直播销售水果也已经是行业共识，但是对于刚刚切入该领域的企业来说需要了解直播电商的操作方法与流程、运营模式与盈利模式等，从而可以搭建直播电商团队、打造有特色的直播间以及围绕直播电商打造独特的供应链服务团队。

9.1 直播电商概述

↘ 9.1.1　直播电商的行业现状

**【拓展学习】直播行业
发展的前世今生**

（1）网络直播行业的发展历程

直播电商行业的发展可以分为三个阶段，分别为初创期、爆发期与成熟期。

①初创期（2008—2013 年）

2008 年开始随着流媒体技术得到广泛应用，以 9158、YY、六间房为主要代表视频聊天平台应运而生，其中以 9158 为代表的"视频聊天室"开启了国内的直播时代。中国最早的网络直播多为"秀场直播"，即直播内容为唱歌、聊天、跳舞。

②爆发期（2014—2016 年）

2015—2016 年，数据网络全面覆盖，手机直播开始流行，全国有数千万用户开通了手机直播，因此直播行业也进入了爆发期，形成了万物皆可播的态势，直播开始连接到更多的领域，比如说游戏、电商、综艺等，因此直播加产业的模式成为直播爆发期的主要特点。2015 年始，直播平台纷纷上线，形成了千播大战的竞争格局。

③成熟期（2017 年至今）

千播大战的后期形成了稳定的用户运营模式，2018 年直播电商蓬勃发展，淘宝直播全年成交额超过千亿，2019 年"双 11"期间淘宝直播成交额近 200 亿元，直播加短视频模式也逐渐进入大众的视野，电商直播成为网络直播行业新的增长点。在这个时期以淘宝直播、快手直播、抖音直播平台为主的短视频加直播模式、网红带货模式逐渐走向了成熟。实用性更强的"直播＋"模式也得到了更好的普及，如直播＋体育、直播＋社交、直播＋财经等。

（2）娱乐直播与电商直播的区别

网络直播本质上是一种工具，能与多种业态相融合，目前娱乐直播和电商直播是网络直播市场的两大热点。娱乐直播主要依靠粉丝的打赏实现营收，由于娱乐直播的内容不规范，政府出台了一系列政策，对内容、主播、平台等各环节进行严厉监管；电商直播主要依靠商品销售的佣金实现营收，与客户之间形成了互惠共赢的关系，政府虽然也对电商直播进行了监管与规范，但是以扶持为主。

①直播内容

娱乐直播的主要内容在于观众和主播的交流互动，带有较强的情感色彩和社交属性。电商直播目的性更强，以商品销售为核心，以订单转化率和成交量为最主要的衡量指标。

②变现模式

娱乐直播行业的主要变现模式：

一是付费直播模式。付费直播可以分为两种模式。一种是主播开通直播时需要向直播平台付费，由直播平台提供更高级的直播服务；另一种是观众看直播时需要付费，由主播设置入场费用，平台和主播分成。付费模式还可分为按场次收费、按分钟计费等，方便主播选择适合自己的直播方式，

合理增加自己的直播营收。

二是虚拟礼物打赏。观众通过付费充值买礼物送给主播，平台将礼物转化成虚拟币，主播对虚拟币提现，由平台抽取一定比例的佣金。如果主播隶属于某个工会，则由工会和直播平台统一结算，主播则获取工资和部分佣金。这是最常见的直播类产品盈利模式。常见的花椒、映客等都通过这类模式变现。

三是广告流量变现。主要通过按千次展示付费的广告（即 CPM）的模式变现，广告包括网页图片广告和主播植入广告两种形式。

四是会员增值服务。会员可分主播和观众两类，可分别在付费后成为会员后，获得专属特权。

会员主播可以获得如添加场控、提高聊天室人员上限、收入翻倍、开通私密直播室等功能特权，及尊贵勋章、升级提速、首页推荐等身份特权。

会员观众可以获得如个性点赞、特权礼物、视频连线、隐身入场等功能特权，头像美化、会员标识等、入场特效等身份特权，观看指定（付费）内容等内容特权。

电商直播行业的主要变现模式：

一是商品销售变现。商家或者主播通过直播销售商品实现变现。

二是带货分佣变现。机构或者达人帮助商家带货，收取销售分成变现。

三是带货收坑位费。机构或者达人帮助商家带货，收坑位费或出场费实现变现。

四是代运营服务变现。机构帮助电商商家代运营店铺直播业务，收取服务费及佣金实现变现。

③"粉丝"群体

娱乐直播平台"粉丝"群体为中高收入的男性群体，以花椒直播平台为例，70%的消费者是男性，只有30%不到的消费者是女性。从客户的收入分布上来看，月收入在 1 万～2 万元的这部分消费群体约占 16%。

电商直播平台以女性居多，约65%是女性，并且有70%以上的人可能会在电商平台上通过电商直播购买商品。

④发展趋势

娱乐直播市场趋于饱和，已形成头部平台格局。存在着直播内容过于同质化、现有用户的流失难以把控、整体商业模式创新不够等不利因素。

电商直播通过内容垂直化，内容与电商相互融合度越来越紧密，使得电商直播越来越火爆。

（3）直播电商的主要特征

①直播电商市场特征

直播电商用户规模爆发式增长，行业红利仍将持续。直播电商升级了"人、货、场"的关系，改变了消费者的消费习惯，场景聚集效应更强、营销效率更高。

②直播电商主播特征

电商主播的头部聚集效应特别明显。一般会通过打造主播的人设吸引"粉丝"，在增强"粉丝"黏性的基础上实现带货的目的，因此，"粉丝"量大的主播成为直播电商行业中的中坚力量。

除了一般的直播电商主播外，直播电商涌现出一大批网红主播给消费者的购物决策带来很大的影响，各界名流强势入局跨界直播，明星、主持人及企业家竞相涉足直播电商行业，或为公益或为品牌宣传。名人跨界直播的带货实力强劲，观看量和成交额不断创新高。

③直播电商商品特征

直播电商的商品一般以性价比、限量为卖点，激发"粉丝"的购买欲。直播电商的商品种类繁多，其中利润高和专业化程度低的产品会受到主播的青睐，就目前情况来看，美妆类和服装类凭借其高利润的特性成为主播们的宠儿，快消品类由于专业化程度低、复购率高也成为热门带货产品。

④直播电商平台特征

直播电商平台主要分为两类，一类是电商类平台通过增加网络直播功能模块迭代更新而成，例

204

如，淘宝平台、京东平台等；另一类是短视频娱乐类平台通过融入带货属性而成，例如，快手平台、抖音平台等。淘宝平台、快手平台与抖音平台的对比分析如表9-1所示。

表 9 - 1 淘宝、快手、抖音对比

	淘宝平台	快手平台	抖音平台
平台类型	电商类平台	短视频平台	短视频平台
平台优势	基于淘宝生态圈 用户的购物属性强 具有完善的供应链体系 具有成熟的运营体系	粉丝的忠诚度高 转化率与复购率高 主播自有供应链 产品更具价格优势	大众娱乐属性强 借助算法筛选爆款商品 精准推荐
流量来源	公域流量为主	私域流量为主	公域流量为主
商品类别	淘宝体系全品类商品	以食品、土特产、生活用品、服装、鞋帽为主 高性价比、非品牌商品居多	美妆、服装、百货的占比较高 品牌商品居多

（4）直播电商的发展趋势

①直播电商的行业规模将持续增长

直播电商相比于平台电商给消费者带来更直观生动的购物体验，并且以内容为载体，借助直播间的实时互动，将吸引更多的消费者走进直播间。有效提升消费者的黏性，提升下单转化率，营销效果好。

由于用户增量使得消费需求被激发，有趣的内容＋实时互动＋全网最低价＋信任保障，技术迭代和优化，大数据智能推荐算法精准推送，直播设备等不断发展的硬件基础都是直播电商高增长的保障。

②以主播为中心粗犷式运营向精细化运营方向转变

网络直播一直以来通过打造主播人设、提升主播的人气实现主播带货的商业模式，供应链的各个环节没有得到很好保障，品控不过关，导致大量的售后问题。相比前期的粗犷式的运营方式，MCN机构、商家以及品牌方向精细化运营方向发展，通过直播实现品牌营销与商品销售。

③虚拟仿真技术进一步提升用户体验

电商直播可以实现进店沟通，未来商品详情页跳转客服视频直播，更加增强沟通效率；还可以进行选品比较，通过线上AR试妆，自由选号看效果，高效激发消费需求；在产品方面可以对产品溯源，随时进店铺直播间观看产品在工厂生产的各个环节的生产情况；还可以双线融合，通过AR/VR技术二三线用户在家即可逛完各大一线城市顶级商圈等。

● 思政园地

高质量发展是直播电商健康发展的前提与保障。

互联网技术的进步促使网络直播变成现实，由泛娱乐直播向电商直播发展，通过直播吸引"粉丝"从而带动商品的销售，直播电商可谓是快速发展。但是直播电商的粗犷式运营以及重主播轻供应链、轻服务的现象导致大量的售后问题。直播电商需要向精细化方向运营，只有对包括品控、服务在内的全方位保障才能使直播电商高质量发展，也才能保障直播行业的健康快速发展。

【拓展学习】电商
直播的 4 个技巧

9.1.2 直播电商团队与工作职责

电商直播分为店铺直播以及达人直播两种形式，店铺直播团队一般包含策划团队、场控团队、运营团队与主播团队，达人直播团队包含了店铺直播所有的团队与招商团队（如图 9-1 所示）。

图 9-1 直播电商团队

（1）策划团队

策划团队里面核心的岗位叫作编导策划，工作职责主要是熟悉直播产品、研究产品卖点、编写直播脚本及设计直播流程。

（2）场控团队

场控团队的主要工作职责是直播设备调试、直播画面调试、发布直播预告、商品上架（商品排序、上架商品、标利益点）、维护直播间秩序、带动直播间节奏、日常直播配合（发红包、优惠券、调整轮播条、弹出商品、发直播公告、发直播印记、标记看点），及直播点击量、停留时长、"涨粉"量、销售量等数据统计。

（3）运营团队

运营团队主要有平台对接、商品运营、主播运营及活动运营等工作，主要工作职责如表 9-2 所示。

表 9-2 运营团队工作职责

运营团队	工作职责
平台对接	对接官方"小二" 参加官方主办的培训活动
商品运营	选择直播商品 挖掘直播商品卖点 直播商品知识培训 直播商品的优化
主播运营	招募主播 培训主播 孵化主播 管理主播
活动运营	直播内容架构与创作 组织策划直播活动 收集直播间用户反馈 分析直播间用户行为及需求 引导主播讲述优质性内容，增加互动性

（4）主播团队

主播团队里面有两个核心的岗位，第一个就是主播，第二个是主播助理，主要工作职责如表9-3所示。

表9-3 主播及其助理工作职责

直播团队	工作职责
主播	进行正常直播 熟悉直播产品信息 介绍展示直播产品 "粉丝"互动 活动介绍 复盘直播内容
主播助理	直播间规则说明 直播暖场 与主播进行配合，协助主播直播 直播间商品摆放 直播现场其他工作的配合

（5）招商团队

招商团队的主要工作职责是直播商品对接与选择、通过各个渠道寻找合作商家、与商家进行合作谈判以及索要直播商品的相关资料。

9.1.3 直播电商的注意事项

（1）精心准备各直播环节

一场完整的电商直播过程的主要环节包括：明确直播目的、确定主播人选、熟悉直播商品、设计与撰写脚本、核对和控场以及下播后复盘等（如图9-2所示）。

【拓展学习】如何保护自己的隐私

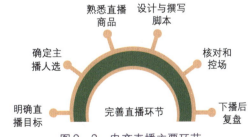

图9-2 电商直播主要环节

①明确直播目的

每场直播都会有一个明确的目的，比如品牌宣传、活动造势或是商品销售等，不同的目的会采用不同的直播形式。电商直播的模式主要有混播模式与专场模式，混播模式门槛比较低，比较灵活，费用也比较低，适合做爆款；专场模式多用于品宣或者是活动预热。

②确定主播人选

主播是电商直播中至关重要的角色，每一场直播都要根据实际情况和直播目标选择合适的主播。

③熟悉直播商品

主播需要提前了解和体验直播商品，这样可以在直播过程中更好地介绍商品，进而促进销售。

④设计与撰写脚本

每场直播前都需要设计与撰写脚本，脚本要符合主播个性，要因人而异，同时需要融入品牌理念、商品特色、使用方法以及商品的背景故事。此外，也要突出在直播间"粉丝"专属的利益点，这样可以更好吸引直播间的"粉丝"下单。

⑤核对和控场

核对就是安排专人跟踪直播，由专人控场。还有就是仓库中的一些商品最好提前打包好，在运营方面，也要随时候场以及应对直播间的突发状况。此外，要时时关注直播进程，安排专员进入直播间去尽可能满足"粉丝"的需求。

⑥下播后复盘

直播结束之后要及时进行复盘，复盘当场直播的数据，这样才能为下一场直播做更好的准备。

（2）电商直播内容禁忌

电商直播绝不能说的话题大致包括绝不能讲的直播话题、绝不能讲的直播内容以及绝不能讲的商品内容三个方面。

①绝不能讲的直播话题

与国家主旋律相悖的政治话题；

播放带有色情新形式的音乐影视等；

播放国家明令禁止的影音或者歌曲；

刻意发表低俗涉黄的言论，引导场内低俗的互动；

宣传色情低俗内容，带动观众低俗氛围；

模仿色情挑逗等声音；

地域攻击，诋毁和谩骂攻击他人；

骚扰调戏他人；

传播给他人造成损害的不实报道。

②绝不能讲的直播内容

虚假促销，以次充好，或者直接销售山寨盗版之类的假冒商品；

只展示商品，长时间不说话或者重复用音频进行叫卖；

主播附上自己的联系方式，引导"粉丝"绕开平台进行私下交易，甚至会在直播间标题或者详情页引导"粉丝"添加自己的联系方式，进行线下交易。

③绝不能讲的商品内容

过度承诺。主播要确保给"粉丝"的赠品、优惠券、减免金额、活动力度是讲解清楚的，并且要履行相应的承诺。

夸大优惠力度，例如"已是最低价""永远不会比这次再便宜"等，都属于夸大优惠力度；

对一些保健美容的商品要实事求是地宣传，不可以夸大功效以及做虚假宣传；

在推广商品的时候，不要劝"粉丝"进行分期购买或者筹钱购买等变相灌输提前消费的理念；

在推广商品时，脱口而出的文案一定要注意"最好、最佳、秒杀、全网"等绝对化的词语千万不要使用，实事求是地描述比较稳妥。

（3）主播的行为禁忌

①禁忌行为

长时间不看镜头，或者无故离开直播镜头超过10秒钟，或者直播间空镜直播；

直播时间不固定，随意下播；

直播时只与某个或者是几个"粉丝"聊天；

私下与"粉丝"进行交流，并且引导"粉丝"线下交易；

主播的穿着非常清凉，例如男性或者小孩半裸、裸露或者是穿着暴露，也不能出现喂奶、抽烟、血腥、暴力等场景；

商品的展示不规范，例如有些直播内衣的主播，直接在镜头前上身展示，这样是不行的，因为这是涉及低俗色情的直播内容；

主播违规声明不退不换，例如主播在直播间售卖商品时，公然告诉"粉丝"直播产品是不退不换的，这样就违反了平台规则。

②不良后果

导致"粉丝"在直播间的停留时间不会很长；

已有"粉丝"易流失；

直播间被限流；

直播质量下降；

易产生商品售后问题，例如主播声明不退不换，但是当"粉丝"收到直播商品时，并不是很满意，就容易与主播产生商品纠纷问题。

思政园地

网络时代新媒体营销要做到自律，在销售商品的同时要传播正能量的内容。

自律是我国自古以来倡导的一种自我约束精神，也是每个人都应该具备的一种修养境界。在现今的网络时代，通过网络直播销售商品的同时，直播电商运营团队更加需要注重自律，要注意直播时的内容禁忌与行为禁忌，要自觉遵守网络传播相关制度与规范，要注重传播正能量的内容。

9.2 直播电商的营销模式

9.2.1 淘系直播营销模式

淘系直播定位于"消费类直播"，观众可边看边买。淘系直播可以用知识型营销来形容，卖家相当于教你如何用专业的知识挑选你需要的商品。淘系直播已渗透到服装搭配师、美妆师、专家型吃货、宝妈等多个领域。

（1）淘宝直播的运作模式

淘系直播分为达人直播与店铺直播两种形式，淘系直播好比知识型营销，卖家相当于教消费者如何用专业的知识挑选需要的商品。知识互动型营销对于电商来说是大势所趋，它有着更大的提升空间和成长空间，拥有专业技能的主播越来越受欢迎，所以淘系直播的主播需要完善自己在直播领域的专业技能。

①达人直播

淘宝直播的主播收入一般以佣金的形式体现，也有按照直播场次和直播时间收费。佣金形式会有一定的佣金比例，比如淘宝达人直播前期的比例是1:2:7，即商家支付的佣金中，10%归直播平台所属公司所有，20%归直播机构所有，70%归主播所有。后来随着直播机构在主播的培养、直播组织过程中越来越重要，因此将商家支付的佣金分配比例调整为10%归直播平台所属的公司所有，20%归淘宝直播平台所有，70%归直播机构所有，再由直播机构分配给主播等参与直播的团队成员。佣金的多少主要看主播个人的卖货能力，卖的货越多获得的佣金也就越多。

【拓展学习】淘宝主播的成长体系

②店铺直播

店铺直播和达人主播有较大的区别，首先达人直播就是达人自己播自己的，店铺直播就不一样了，一个店铺有多个主播。然后就是入驻某个店铺的公司，需要和店铺签订劳动合同，在签订劳动合同的时候会涉及底薪加提成，提成主要看商量的结果，每个公司可能都不一样，比如说底薪是6 000~7 000元，提成是按照所卖产品销售额的百分之几进行计算。这也是看主播个人的卖货能力，卖的货越多赚的也就越多。

（2）淘宝直播的优势

淘宝直播优势主要体现在平台市场大、电商属性强、平台知名度高和平台机制完善四个方面。

①平台市场大

淘宝是我国主流的电子商务平台之一，市场规模大，拥有大量的商家和消费者。庞大的消费群体为淘宝直播的市场拓展奠定了基础。

②电商属性强

淘宝直播隶属于淘宝电商平台，具有先天的电商后端优势，不需要主播去挖掘资源，只需要做好产品。对于没有供应链和经济基础较弱的主播而言，是一个非常好的直播带货切入口。

③平台知名度高

相对于其他平台，基于淘宝平台本身的知名度和信任度，很多消费者可能更加偏向选择淘宝直播。此外，主播和商家在淘宝直播平台会有一些优惠和福利，进而促进消费者的购买欲望，提升转化和购买频次。

④平台机制完善

淘宝推出了各种机制来刺激消费，提升淘宝直播平台的转化率，例如：CPS佣金以及v任务。主播和商家可以零成本、零经验起步，这个对大部分主播来说，不需要承担太大的风险，满足一些基本要求就可以直播。

（3）淘系直播的分类

淘系直播包括淘宝直播、天猫直播、1688直播和闲鱼直播，其中咸鱼直播是一个二手平台，下面主要介绍一下淘宝直播、天猫直播和1688直播。

①淘宝直播和天猫直播

这两个直播平台定位于零售，观众可以边看边买，涵盖范围比较广泛，其中，母婴、美妆、潮搭和运动类目比较多，两者之间的区别如表9-4所示。

表9-4 淘宝与天猫直播的区别

区别	淘宝直播	天猫直播
开通直播权限的要求	1. 店铺信用等级须达到一钻及以上级别 2. 具有一定维系老客户的运营能力 3. 具有一定主营类目所对应数量，且要具有一定的销量	非天猫限制直播的一类项目，店铺符合《天猫营销活动规则》

续表

区别	淘宝直播	天猫直播
实名认证	淘宝卖家开通直播后需要进行实名认证	天猫入驻淘宝，直播后无须进行实名认证，只要选择商家身份入驻即可
浮现权开通	1. 每月开播场次大于或等于8场 2. 每月开播的天数大于或等于8天 3. 经验分大于或等于3 000分 （注：每月18号到次月的18号之间的数据，淘宝店小二会在每月的25号进行公示）	只需要开通直播浮现权，无论直播中控台是否显示已经开通，就已经默认了开通浮现权 并不是所有的天猫店铺直播间都会在直播频道展示，会根据店铺的直播数据进行展示
直播互动权益	淘宝卖家直播互动只有直播中控台互动面板的抽奖红包、淘金币、优惠券、投票及"粉丝"分层、直播专享价等互动功能	天猫商家的互动权益除淘宝互动功能外，如微淘"粉丝"数大于3万后，是可以申请天猫直播间权益的。天猫权益为红包雨、基础红包直播抽奖、砸金蛋、密令红包以及点赞有礼

②1688直播

1688的直播方式包括户外原产地直播、进口展会直播、工厂流水线直播、商品深度检测直播以及档口直播。1688直播平台不同于其他电商直播平台只是单纯卖货，会有不同类型的专场直播。1688直播的内容比较多元化，可以看出直播工厂的实例、生产流水线、商品的深度检测、商品讲解、销售商品以及代理的培育等。只要是在真诚的基础上，客户有需求，能够增加信任度都可以直播。

↘ 9.2.2 头条系直播营销模式

头条系直播包括西瓜视频、抖音短视频和抖音火山版三款直播产品，其三者有相同之处，但功能、界面设计也各有不同。

2016年6月今日头条旗下头条视频全新升级为西瓜视频，主要特征是长视频，内容演绎完整，故事性强。2016年9月抖音孵化上线，平台定位是"记录美好生活"，它的特征是15秒音乐短视频社交平台。2017年6月火山小视频孵化上线，2020年1月，火山小视频更名为抖音火山版，平台定位是"记录生活，发现世界"，它的特征是15秒原创生活小视频社区。

（1）主要功能模块

西瓜视频、抖音短视频和抖音火山版直播在功能结构方面各有自己的独特之处，如西瓜视频直播可以在不同频道进行切换，抖音开直播需要一定的门槛，抖音火山版可以设置金主榜和主播榜。

①西瓜视频

直播列表：可切换不同频道进行查看，同时设置了搜索栏，支持观众根据需要进行关键词搜索。

特色玩法：主播设定口令词和中奖人数、奖品、抽奖倒计时，观众在评论区发送口令，由后台进行自动抽奖。

礼物模式：直播间设置了免费礼物——"西瓜"，观众在直播间停留给定的时间可以领取相应的西瓜币，无须充值，观众可以通过西瓜币购买商品。

直播榜单：除了展示本场榜单、本周榜单、历史总榜外，展示西瓜榜单，即展示观众不付费礼物下对主播的打赏排名。

②抖音

拼音平台的观看入口不明显，开直播需要有一定的门槛，开直播时支持选择视频功能。主播个人首页中除展示主播个人历史作品外，同时展示主播"喜欢"的视频，以更好地发挥社区功能，实现观众间的相互导流。

③抖音火山版

直播列表：设置了金主榜和主播榜，通过排名刺激用户优质内容产出和用户内容付费。

礼物模式：对应西瓜和抖音的"粉丝"团设计"守护"，守护分为普通和至尊，将"粉丝"进行级别区分。

互动连线：主播可以跟观众进行连线。

开播模式：支持选择视频、电台直播、PC直播、手游直播等。

健康评估：直播结束后界面显示本次直播的健康分，代表直播行为的健康程度，健康分低的直播间系统不予推荐。

（2）通用功能

头条系的三个直播平台具有很多通用的功能（如表9-5所示）。

表9-5 头条系的三个直播平台的功能

功能模块	通用功能
直播列表	关注、热门、分类直播用户列表等
聊天	私聊、聊天公屏、弹幕、点亮、黑名单等
礼物	基本通用型、任务型、娱乐性、主播亲近型、个性化型
录制直播	美颜、滤镜、录制、主播对管理员操作、管理员对用户等
观看直播	聊天信息、滚屏弹幕、礼物显示、主播观众信息显示等
房间	创建、进入、退出、关闭房间，房间管理员的设置、房间用户列表
用户行为	普通登录注册、第三方登录、查看修改个人信息、关注"粉丝"列表、忘记密码、收入榜、关注搜索等

（3）功能差异

西瓜视频、抖音和抖音火山版在开播认证、开播模式、直播间玩法和私信功能方面存在一定的差异（如表9-6所示）。

表9-6 头条系三个直播平台的功能差异

功能模块	西瓜视频	抖音短视频	抖音火山版
开播认证	需实名认证和芝麻人脸识别双重匹配认证，认证时需要姓名和身份证号	需实名认证和芝麻人脸识别双重匹配认证，认证时需要姓名和身份证号	需实名认证和芝麻人脸识别双重匹配认证，认证时需要姓名、身份证号和手机号
开播模式	仅需在首播时选择开播模式，支持手机、电脑两种方式	每次开播前可选择开播模式，支持视频与游戏两种直播模式	每次开播前可选择开播模式，支持视频、电台，电脑和手游四种方式
直播间玩法	支持免费送礼，有口令红包	对音浪和火力有一定的要求	对音浪和火力有一定的要求，具备守护功能

续表

功能模块	西瓜视频	抖音短视频	抖音火山版
私信功能	没有私信功能	有私信功能	有私信功能
列表展示页	有个人信息，无地区显示	有个人信息，有地区显示	有个人信息，有地区显示

9.2.3　其他直播营销模式

除了淘系直播、头条系直播和腾讯系直播以外，还有一些其他类型的直播，如京东直播、唯品会直播、蘑菇街直播、快手直播、拼多多直播等。

（1）京东直播

2016年9月京东直播上线，并且被放在"发现频道"的第一栏，主打PGC直播综艺栏目，商家以冠名和品牌植入的方式参与。而直播综艺栏目的缺点很明显，没有形成购物场景，个体对商品的特殊化需求很难得到互动式解决，求助于已经拥有网红、用户的直播平台，与YY、斗鱼、花椒合作，成效尚可，成本却不菲。

2018年8月京东召开了达人大会，推出了以基础建设、平台扶持和资源开辟为核心的三大举措，宣布了时尚事业部内容达人专属扶持计划——京星计划，时尚全品类佣金翻倍，助力达人内容创业。

在缺乏大牌明星、人气主播的情况下，京东直播只有家纺和化妆品题材的直播观看能过千，商品种类日均屈指可数，在人流量不够大的家电、3C、数码商品上有优势。

（2）唯品会直播

唯品会直播以精品PGC内容聚合平台、用户和流量，挖掘"粉丝"效应和社群经济的商业潜力，将唯品会从"商品销售平台"升级为优质的生活方式平台，实现可持续发展的商业变现能力，具体表现在以下方面。

①结合主营业务，走非纯娱乐直播路线

原来唯品会是"我有货，让你挑"，现在转变为"我有货，帮你挑"，围绕电商客户进行主动营销，这点与纯直播平台的娱乐化有别，更加实用有效。

②利用专长达人，走非纯网红路线

很多主播是走纯网红路线，而唯品会针对穿衣搭配、美妆等领域，有更加专长的达人、KOL参与直播，真正能帮助客户，更体现了客户的价值感。

③建立达人生态，走非纯直播路线

纯直播对于品牌曝光、销量会有直接的效果，但结束后会快速下降，唯品会推出的"适人社区"，建立"达人直播""达人分享"和"达人品牌"的生态圈，从短效到长效，从一次营销到多维连接，让客户随时获取有效内容，也吸引更多优秀达人加入。

④依托原创视频，走直播导购路线

基于优质的内容的创作，通过场景化表达，将商品、客户和流量有机聚合在一起，形成可持续发展的商业变现途径。将特定情境下的内容成为商品的载体，与商品形成深度涉透，推动商品从功能转向生活方式、情感诉求的升级，同时，通过内容与客户的共鸣，形成自发的客户黏性和充足稳定的流量，最终借助内容建立消费共识，实现商业变现。

（3）蘑菇街直播

蘑菇街直播时除了弹幕、点赞等功能外，还有送虚拟礼物、发微信红包打赏等功能，其次有一

个明显的购物袋标志，点击可以及时弹出店铺的商品信息，"粉丝"可以在线购买。因此蘑菇街直播可以通过虚拟礼物、红包打赏等方式盈利，也可以通过销售商品盈利。

蘑菇街直播卖货根据不同类目的特征具有不同的技巧（如表9-7所示）。

表9-7 蘑菇街直播技巧

类别	直播技巧
服饰类	1. 主播可将多种搭配穿上身示范 2. 主播推荐一套衣服的改造方案 3. 主播推荐包包、鞋子衣服的搭配方案 4. 主播教粉丝们分辨服饰质量的好坏
美妆类	1. 主播演示一套完整的（当然也可以是局部的）彩妆上妆过程 2. 主播进行美妆的小秘密分享 3. 主播护肤的心得
母婴类	1. 母婴知识的分享 2. 母婴产品选品的经验 3. 母婴日常小知识的分享
美食类	1. 美食的制作过程 2. 寻觅吃食店铺的过程 3. 品尝某些特色产品的过程 4. 画面要美，时间不要长，并且内容里要记得关联相关的商品
运动户外类	1. 运动健身的方法分享 2. 各种健身器材的作用分析
数码类	1. 宝贝的测评类内容 2. 新品发布会等内容

（4）快手直播

①快手直播流量分发逻辑

快手直播的流量分发逻辑主要是基于社交＋兴趣进行的内容推荐，采用去中心化的分发模式。平台以瀑布流式双栏展现为主，发布内容"粉丝"到达率约为30%～40%。快手优先基于用户社交关注和兴趣来调控流量分发，主打"关注页"推荐内容。

快手平台的流量分发机制不易制造爆款，但造就独特的"粉丝"高黏性机制。快手平台的这种弱运营管控机制降低了平台内容质量的稳定性，瀑布流式则影响用户沉浸式体验，限制了视频内容的辐射范围，但是弱运营管控直接"链接"内容创作者与"粉丝"，加强双方黏性，沉淀私域流量，"粉丝"的信任度较高。

②快手直播的盈利模式

快手直播的盈利模式以广告营销、直播打赏及电商变现为主。

广告营销：平台以双轮模式驱动，围绕定制化或标准化模式接受商家发布的商品推广等任务。

直播打赏：通过"粉丝"对主播的打赏形式变现。

电商变现：快手平台凭借具有深度黏性的"粉丝"，形成"先认人再认货"商业转化模式。自有方面，平台通过快手小店沉淀私域流量，为用户打造最短的购买链路，观众流失率较低，内容变现的转化率得以提升。同时接入第三方成熟的电商平台为用户构建了更加便利的购物场景。

③快手直播用户黏性

快手直播的高黏性用户沉淀私域流量特征导致电商变现具备优势。目前，电商发展较为成熟，追求高性价比、实用型商品。据 30 日内热销榜，食品饮料、个人护理、精品女装占比总销量的 63.3％。30～50 元的占比最多，其次是 30 元以下和 50～80 元的商品。相比于品牌知名度以及产品的公知口碑，快手平台用户更信赖主播的推荐，也更为追求产品的高性价比、实用。

（5）拼多多直播

①拼多多直播封面与标题规范

拼多多直播的封面规范：拼多多直播的封面图片文件大小不超过 5M，需要凸显店铺特色与店铺主推商品，除了清晰干净外无任何文字或诱导信息，能够准确传递主要信息，切勿过于花哨，不能拼接，不允许有纯色边框。

拼多多直播的标题规范：拼多多直播的标题需要控制在 16 个字符以内，要简明扼要，以介绍当场直播、店铺特色与商品信息为主，切勿出现无意义的文字，也不能出现极限词，无任何官方与第三方平台信息。

②拼多多直播建议

针对拼多多直播从商品、时间和活动三个方面提出一些建议。

商品方面：尽量保证每一场直播至少有 20% 的新品，直播专享力度要大于商品详情页优惠券。

时间方面：为了能够养成"粉丝"观看直播习惯，尽量保持每天稳定的直播时间，每天直播时长 2～5 小时，可安排多个主播进行轮播。由于拼多多直播的热门时段一般为 18：00—23：00，因此头部商家尽量保持这个时间段的稳定直播。一款商品介绍时间控制在 5 分钟。

活动方面：需要了解目标客户的需求，设置直播的固定活动流程。定时安排直播秒杀特定商品，可在直播间发起截屏抽奖，中奖用户联系客服领奖。设置直播大额专享券，仅直播特定时间段可抢等。

🟣思政园地

技术驱动商业的进化，形成多元化的直播电商格局。

由于技术的发展驱动了商业的进化，通过对比分析直播电商平台多元化的直播营销模式，形成了以人为中心的推荐模式。围绕这个基本模式，各直播电商平台采用不同的先进技术，策划设计了各具特色的直播电商营销模式。

基础练习 ✏️

【参考答案】
模块9基础练习

一、判断题

1. 主播的控场能力主要表现在营造直播间的气氛。（　　）
2. 网络主播必须取得相关机构核准证书才能从事网络直播行业。（　　）
3. 提前邀约老客户和"粉丝"是淘宝店铺开通直播后聚集人气的有效方法。（　　）
4. 直播有利于"粉丝"的增长，提升账号价值。（　　）
5. 直播期间赠送优惠券不属于奖励促销的范畴。（　　）
6. 坚持每天开播且时间固定有利于打造主播人设。（　　）
7. 带货主播因不用囤货，所以无须做风险防范。（　　）
8. 通过撰写直播脚本是解决直播冷场无人互动问题的方法之一。（　　）
9. 多名主播轮换，借助各自特色吸引人气可以有效地提升直播的流量。（　　）
10. 高效互动可以提升"粉丝"的黏性。（　　）

215

二、单选题

1. 室内直播设备一般不包括（　　）。

A）视频摄像头　　　B）电容话筒　　　C）手持稳定器　　　D）灯光设备

2. 属于主播基本能力的是（　　）。

A）语言表达能力　　B）商品讲解能力　　C）直播控场能力　　D）商品带货能力

3. 娱乐主播相对电商主播而言，不一定需要具备的是（　　）。

A）表达能力　　　　B）控场能力　　　C）表演能力　　　　D）带货能力

4. 属于"传达利益点"型标题的是（　　）。

A）纯棉加绒卫衣1折起　　　　　　　B）母婴生活用品，快来抢购！

C）减脂塑形，轻松瘦身！　　　　　　D）太大了！海水大虾！

5. 电商直播运营数据分析不包括（　　）。

A）客户数据分析　　B）市场数据分析　　C）销售数据分析　　D）供应链数据分析

6. 需要用户加入"粉丝"团之后才能获得抢购机会的是（　　）。

A）引流款　　　　　B）形象款　　　　C）福利款　　　　　D）利润款

7. 生意参谋中能体现淘系店铺内容获客力的关键指标是（　　）。

A）引导支付人数　　　　　　　　　　B）内容互动次数

C）新增"粉丝"数　　　　　　　　　　D）内容浏览人数

8. 某直播开场中，主播使用"直播间为你准备60万现金红包雨，千万不要错过哦！"这样的开场话术属于哪种开场形式？（　　）

A）引用故事　　　　B）福利诱惑　　　C）数据说服　　　　D）热点开场

9. 下列属于直播筹备工作阶段的是（　　）。

A）脚本设计　　　　B）场地布置　　　C）进行产品介绍　　D）分析直播数据

10. 具备视频直播功能的是（　　）。

A）斗鱼直播　　　　B）映客直播　　　C）淘宝直播　　　D）以上都是

三、简答题

1. 娱乐直播的变现模式主要有哪几种？
2. 电商直播的变现模式主要有哪几种？
3. 淘宝直播的主要优势有哪些？

项目实训

实训项目1：直播电商工作内容调研

一、任务布置

班级：	实训人员：	
模块9	直播电商	
项目目标	通过行业调研或资料查阅梳理直播电商的工作岗位及各工作岗位的工作内容与工作职责，对直播电商行业现状具有初步的认知。	
项目背景	随着直播电商行业的日趋成熟，通过网络直播销售已成为网络零售行业的必备方法与销售渠道。同时，直播电商行业的工作岗位也越来越细分，工作内容也越来越丰富，由原先以主播为中心开展的直播销售活动逐渐向以供应链为中心、团队化运营的方向发展，因此，直播电商行业中除了主播以外还需要进行整个直播电商运营团队的搭建。	

续表

任务要求	任务 1：梳理直播电商的主要环节； 任务 2：梳理直播电商的基础岗位； 任务 3：梳理直播电商各基础岗位的基本工作内容。

二、任务实施

实施过程	优化建议
任务 1：梳理直播电商的主要环节	
任务 2：梳理直播电商的基础岗位	
任务 3：梳理直播电商各基础岗位的基本工作内容	

三、任务评价

评价内容		评价标准	分值	得分
自我评价	工作态度	态度端正、工作认真、按时完成	20	
	知识技能	梳理工作内容的条理性	20	
	工作效果	直播电商岗位及其工作内容的完整性	30	
	职业素养	对直播电商行业的理解程度	30	
合计			100	

评价内容	评价标准	分值	得分
自我分析	遇到的难点及解决方法		
	不足之处		

综合评价	自我评价 （20%）	小组互评 （30%）	教师评价 （50%）	综合得分

实训项目 2：直播电商平台对比分析

一、任务布置

班级：	实训人员：		
模块 9	直播电商		
项目目标	列举主流的直播电商平台，通过对比分析深度了解各直播电商平台的差异性与共性，深刻理解直播电商的特点与优势		
项目背景	直播电商行业的良好发展态势导致很多互联网企业纷纷打造自己的直播电商平台，在激烈的市场竞争中有些平台越来越受消费者的青睐，而有些平台在市场上昙花一现，这些平台无论从功能模块的布局、用户体验、风格定位以及入驻条件上都会有所差异，但有很多方面也具有相似之处。		
任务要求	任务 1：列举 3~5 个主流的直播电商平台； 任务 2：梳理对比分析的维度； 任务 3：根据相关分析维度对比分析各平台的差异点与相似点。		

二、任务实施

实施过程	优化建议
任务 1：列举 3～5 个主流的直播电商平台	
任务 2：梳理对比分析的维度	
任务 3：根据相关分析维度对比分析各平台的差异点与相似点	

三、任务评价

评价内容		评价标准	分值	得分
自我评价	工作态度	态度端正、工作认真、按时完成	20	
	知识技能	对比分析维度的科学性与合理性	30	
	工作效果	对比分析的完整性与深度	30	
	职业素养	知识与技能的灵活应用	20	
合计			100	

续表

评价内容	评价标准	分值	得分
自我分析	遇到的难点及解决方法		
	不足之处		

综合评价	自我评价 （20%）	小组互评 （30%）	教师评价 （50%）	综合得分

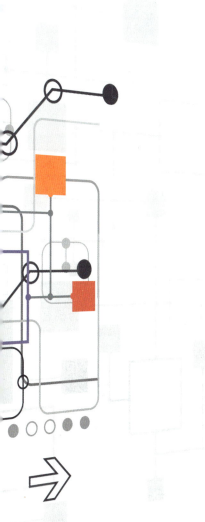

模块 10

新零售

随着信息化技术的发展，零售行业正在产生深刻的变化。2016 年提出的"新零售"概念，通过融合线上和线下场景，打通数据和营销体系，采用技术手段，推动了传统零售业态的升级改造乃至重塑。新零售就是基于大数据、云计算等新兴科技，以数据为驱动，以满足个性化需求为目的，借助体验式服务完成的点对点商业行为。

【思政导学】

思政点 1：借助对新零售案例的分析找到新零售对于帮助我国产业升级的意义。

思政点 2：通过对新零售发展过程和特点的学习，了解新零售带动的消费升级对我国经济发展的重要影响。

思政点 3：通过对社区团购知识的学习，提高在新零售参与过程中保障自身权益的意识。

思政点 4：通过对智慧商圈模式介绍，了解智慧商圈在提高传统商圈转型和保护特色历史文化商圈方面的重要作用。

【知识导图】

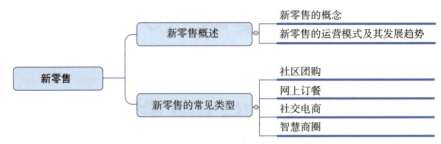

【知识目标】

1. 理解新零售的概念；
2. 掌握新零售的特点；
3. 了解新零售的产生与发展历程；
4. 了解新零售的运营模式与作用；
5. 理解新零售的常见模式。

【能力目标】

1. 能对比分析传统零售与新零售的区别；
2. 会辨识新零售的运营模式；
3. 初步具备新零售常见模式的辨别能力。

【素质目标】

1. 初步具备互联网思维与商业思维；
2. 具有开展新零售运营的意识。

案例导入

某母婴品牌在短短 10 年时间内，从一个不为人知的小品牌在一众同行中脱颖而出，成为拥有 370 多家门店的全国性大型母婴连锁店。采用颠覆传统模式的新零售是其获得成功的主要原因，包括以运营客户关系为核心、建立情感链条、专业赋能和建立大数据终端等。

零售作为一种主要的终端销售模式，在人类历史上延续了几千年。然而电子商务和网上购物的快速发展给传统零售业带来巨大的冲击和挑战，大量百货公司、超市和零售店被迫关闭。因此了解和掌握新零售内涵和运营模式，在国内消费持续升级和新兴技术不断赋能的大背景下，实现零售业创新，对"人""货""场"等要素进行变革和重构，才可能实现零售产业升级。

【案例赏析】孩子王新零售转型案例

思政园地

运用新技术，创新传统零售运营模式，助力零售业新发展。零售业的发展是大众创新、万众创业的重要载体，因此通过"新零售"实现零售业产业升级，对促进我国经济社会发展有着重要意义。

10.1 新零售概述

→ 10.1.1 新零售的概念

新零售是指以消费者体验为中心，利用人工智能、物联网、大数据技术，来支援线上的信息流、商流、资金流，以及线下的服务体验及物流配送的一种全通路零售模式。

【案例赏析】盒马鲜生
新零售模式

（1）新零售的架构体系

新零售的架构体系主要由三层构成，分别是表现层、支持层和基础层（如图10 – 1所示）。

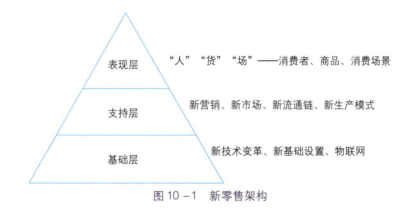

表现层	"人""货""场"——消费者、商品、消费场景
支持层	新营销、新市场、新流通链、新生产模式
基础层	新技术变革、新基础设置、物联网

图 10 –1　新零售架构

①基础层

基础层的构成有新技术变革、数字时代的新基础设施和物联网。

新技术变革：3D、5G、AR/VR技术。

数字时代的新基础设施：移动互联网和云服务。

物联网：门店体验，人工智能，大数据和算法。

②支持层

支持层的构成有新营销、新市场、新流通链和新生产模式。

新营销：以消费者为核心的全域营销，打通消费者认知、兴趣、购买历史、品牌忠诚度和分享的全链路。

新市场：全球一体化，实时化交易，打破传统商业思维和逻辑。

新流通链：数字化生产制造，供应链新金融，智能物流，数字化服务培训和门店数字化陈列。

新生产模式：借助强大的数据同路，由消费方式逆向牵引生产。

③表现层

表现层的构成主要有"人""货""场"，即消费者、商品和消费场景。

"人"：越来越精确的消费者画像，消费者自发、自组织并参与生产。

"货"：需求快速变化、消费升级，从原来的功能属性、性价比、耐用升级到品质、个性化、参与感、文化属性等。

"场"：无处不在的消费场景；从传统的百货购物中心延伸到各种智能终端，各种形态；实现"货场人"到"人货场"的重构。

（2）新零售与传统零售的区别

新零售的核心要义在于推动线上线下相互融合，使线上的互联网力量与线下的实体门店形成真正意义上的合力，从而形成商业维度上的优化升级，使消费者的消费类型由价格消费转为价值消费。关于新零售与传统零售的区别，主要包括营销渠道、消费场景和营销思维三个方面。

①从单一渠道向全渠道转变

在传统零售模式下，零售商或是在线下布局实体门店，或是在线上开网店，运营渠道比较单一。新零售促进线上线下互相融合，打破了传统的线上和线下的壁垒，消费者不仅可以在互联网上进行消费，也可以在线上下单、线下消费，或者线下进行多渠道协同消费，如借助 VR/AR 技术购物、语音购物等。

②从单一场景向多样化转变

在传统零售模式下，消费者的线下消费场景往往是进店、取货、支付、离开；消费者的线上消费场景往往是浏览、下单、支付、取件。不管是线下还是线上，消费场景都是单一化的。在新零售模式下，线上与线下实现深度融合，消费场景变得多样化，具体的消费场景如智能购物、店内触屏购物、线下门店购物、App 购物、VR/AR 购物、网络直播购物等。由于时间和空间的变化，新零售的消费场景与传统零售与相比更加复杂和多元。线上和线下要紧密结合，偏重于任何一方都会导致失衡。"线上搭建平台 + 线下沉浸式消费"是新零售相对于传统零售的一个较大优势。

③从以商品为中心向以消费者为中心转变

传统零售模式以商品为中心，零售商通过线下门店或线上网店向消费者提供商品，最后通过差价获得利润。在新零售模式下，零售商以消费者为中心，不仅为消费者提供有形的商品，还提供无形的体验、服务和场景，以此促使消费者做出购买行为。同时，为了满足消费者的个性化需求，零售商还会对消费者进行更细化的分类，根据其特点和需求为其提供相应的商品和服务。在研究消费者的过程中，传统零售模式下的企业很难收集到消费者数据，难以洞察消费者的需求，基本按照经验来判断，再根据判断开展商品采购、营销推广等活动，所以很难实现企业效益的最大化。但在新零售模式下，企业可以通过大数据、云计算等技术分析消费者行为，构建消费者画像，精准地挖掘消费者需求，从而开展精准、有效的营销推广活动，为消费者提供个性化、智能化的消费体验。

（3）新零售的特点

①产业升级与消费升级

当前，中国经济运行稳中有进，消费产业升级的供需条件已逐步形成，新兴消费产业在经济中的占比逐步提升。随着经济发展和财富积累，消费者的消费水平以及消费理念、消费认知能力得以提升。新零售的出现，直接满足了去除品牌溢价之后的品质保证，消费者对价格的合理性有了更高需求。

业内普遍认为，消费升级促进了新零售的崛起。有市场分析预测，未来数年新零售将保持年复合增长率超过 100% 的高速增长，从而成为消费持续增长的重要推动力。

②线上线下融合与全渠道

任何单一的线下市场、线上市场都不能构成在目前社会环境下完整的零售市场空间体系。从未来发展看，任何单一的线上市场、单一的线下市场都难以承载企业的更好发展。线上线下融合，全渠道发展是新零售落地发展的主要方向。

以当前较为典型的某大型超市为例，线下既是门店也是仓库，线上下单从门店发货，从前端门店到后台装箱，全部用物流带运送，减少仓储费用，通过提高出货量减少生鲜产品养护和管理的成本，5千米内配送，30分钟内送达，每个环节都经过严格的时间把控。高效率、便捷的配送获得了更多顾客的青睐。

③人工智能与大数据

对零售企业来说，其核心竞争力在于"提销量，控成本"，即开源与节流。新零售企业的发展，更得益于越来越多新技术的落地应用，得益于将新技术不断应用在开源和节流这两个方面上。

从嵌入RFID、人脸识别等技术运用，到无人机配送、智能客服、线下实体零售智能化商品体验，人工智能和大数据在新零售中的场景化应用已经越来越普及。如新零售之下，品牌最重要的资产是数据资产。在供给侧，数据能够通过给顾客画像，结合顾客需求进行精准产品设计，提高设计的精准度，减少无效开发，进而将更好的产品反馈给消费者；在需求侧，数据同样可以指导营销与销售行为。因此新零售真正的核心就是数据。有了数据，才能实现对消费者的可识别、可洞察与可服务，才可以重构零售活动中关键要素——"人""货""场"，进而才能促进销售额的提升。

④智慧供应链与零库存

传统零售行业，供应链局限于采购、生产、物流等环节，与消费者、销售渠道的协同不足，而新零售时代下，智慧供应链依托大数据和信息系统，将客户综合感知、智慧指挥协同、客户精准服务、职能全维协同、重点聚焦保障等要素集成于一体，使各个系统在信息主导下协调一致地行动，最大限度地凝聚服务能量、有序释放服务能力，最终使服务变得精准，使供应链变得透明、柔性和敏捷。强调的是"全位一体"，供应链成为"供应链+营销+大数据"。

⑤无人零售与渠道下沉

在线下实体经济越来越难做的同时，租金和人力成本却在节节攀升。于是，在新零售的洪流冲击下，各类资本大致分成了"两派"。一路是各大电商巨头纷纷布局的无人售货超市、门店；另一路，各类新型智能售货机如雨后春笋般开遍大江南北（如图10-2所示）。

图10-2　智能售货机

↘ 10.1.2　新零售的运营模式及其发展趋势

与传统零售商业模式相比，新零售从行业层面和需求层面改变了零售业的面貌，以更高的行业效率与更优化的成本结构重塑行业形态，以更好的产品与体验满足消费者的需求。

（1）新零售的主要运营模式

①线上与线下融合模式

线上与线下融合模式是指实体零售业运用互联网、大数据、云计算等新技术将线上业务与线下服务结合起来，打破实体零售业的区域限制，既可以运用互联网吸引更多的客户群，实现购物的便捷性，又可以运用好线下实体店的体验优势，将线上与线下的优势结合起来。消费者既可以通过浏览网站进行线上购物，享受低价和购物的便利，又可以享受线下的体验感和服务，充分了解商品质量。在该模式下，实体零售业不再受到现实中区域的限制，利用互联网打开网上市场，拓宽销售"领域"。线上与线下融合模式可以让消费者感受"线上支付，线下提货"的便利，既可以享受低价支付，又可以感受线下体验和线下服务，大大提升了消费者的购物满意度。

②社交电商模式

社交电子商务，是指将关注、分享、沟通、讨论、互动等社交化的元素应用于电子商务的交易过程。社交电商注重的是人际关系网络，新零售电商模式是消费者的需求决定商品，因此会需要更加关注消费者的需求，通过社交裂变的方式实现销售的提升。常见的社交电商有微信电商、拼多多、小红书、蘑菇街等。

③体验式 O2O 模式

体验式 O2O 模式，即在注重线上到线下融合的同时，更加关注消费者的体验需求，是在线上、线下业务融合的基础上加入体验优势的一种零售业新模式。传统电商虽然具有购物便捷、零散时间碎片化、支付方便、价格低廉、不受地域限制等方面的优势，但是难以满足消费者更多的需求，人们越来越关注购物的体验感、服务水平以及商品质量，而这些需求是纯电商无法满足的，因此需要设置线下服务。如现在推出的"无人店铺"就是 O2O 模式的尝试，消费者通过手机扫描产品二维码就可以进行购买，最后进行线上支付，整个过程都在享受购物体验，也节省了人力成本。

> **思政园地**
>
> 消费升级一般指消费结构的升级，是各类消费支出在消费总支出中的结构升级和层次提高，它直接反映了消费水平和发展趋势。通过新零售实现消费体制的升级，从而让消费进一步成为中国经济平稳运行的"顶梁柱"、高质量发展的"助推器"，以及满足人民美好生活需要的直接体现。

（2）新零售的发展趋势

①实现技术与平台双重赋能

通过与大数据、云计算、互联网的融合、转型，定制个性化的多元消费需求，收集整理数据，全方位地汇总线上线下渠道的客户信息，进行客户细分，对客户进行及时准确的预测。集中精力实现业态布局协同，挖掘客户信息，业态之间相互协调。加大平台宣传培训力度，拓展公众号等线上营销渠道，实现新零售线下场地的延伸，增加客户流量及平台浏览量。通过较强的算法数据优化，实现货物的摆放配置，库房的机器智能化减少人力成本，提高生产的安全性、高效性，加强供应链协同，提高生产计划的准确度，通过大数据的市场需求预测，帮助商家制定完善的生产计划及完成区域调配及划分，通过智能物流网将货物运输到指定地点进行合理存放，实现线上下单，线下取货、配送的完美结合。依托互联网、大数据升级商品的生产、配送、流通及完善线上线下服务的体验感。图10-3所示为VR购物体验场景。

图10-3　VR购物

②完善线上线下一体化的服务

明确定位线上线下一体化服务，对线下大型零售体进行重组，线上线下与物流进行完美融合，统一未来零售体的价格，打破买家秀与卖家秀的落差，保证线上线下同质化服务，为消费者提供专一的、优质的服务。瞄准线下门店的运营方向，精细运营门店的模式。线上无时空限制与线下门店的体验式服务相契合，打造一体化的个性服务，需求及生产供给信息相互融合，从生产到消费进行大数据的科学预算、定产定量、消灭库存、提高效益。充分利用零售商的供应链资源、人力资源以及门店资源，提升顾客的满足感，引导消费升级，完善各环节之间的信息资源共享。打造云商店客户平台，打通客户圈子，通过线上线下多个渠道进行引流，与客户建立较强的客户关系，增强客户的黏性，打通线下门店立体的销售渠道，保证线上线下的同质化服务。

③升级以消费者为核心的理念

新零售平台采用大数据、云计算，以及人工智能等技术平台，融合线上线下多渠道及时获取、解读消费者的需求喜好，收集整理消费者的购买偏好以及对产品的认可度，通过大数据的支撑处理数据信息，进行及时的反馈，更加注重消费者的口碑化、多渠道化，以及对商品质量的性价比的满意度，为消费者提供多方位的购物场景体验，如线下门店免费领取试用装、虚拟试衣镜等顾客场景体验，升级以消费者为核心的数据库信息系统，分析预测市场需求，精准定位消费者喜好，借助新媒体、网络直播等渠道全面了解消费者，全方位地定制个性化产品营销方案，缩短中间流通环节，提高营运效率，将重心转向消费者，营造"线下场景"+"技术赋能"新型零售模式，重塑顾客体验，吸引全新的顾客，营造良好的口碑，升级以消费者为核心的消费理念。

227

10.2 新零售的常见类型

↘ 10.2.1 社区团购

社区团购就是真实居住社区内居民团体的一种购物消费行为，是依托真实社区的一种区域化、小众化、本地化的团购形式，可以以低折扣购买同一种商品。简而言之，它是依托社区和团长社交关系实现生鲜商品流通的新零售模式。

【案例赏析】美团优选
社区团购平台

（1）社区团购的发展

社区团购一词最早出现在2016年，当时的模式是由一位"团长"组织，在微信群里进行的团购活动。用户在群内报名拼团、下单，由"团长"手工进行记录，上报订单，完成销售的过程。随着互联网技术的不断发展，尤其是微信小程序对例如后台数据分析、查看用户数等类似的功能都进行实现与优化，社区团购的发展迎来了爆发，成为商业热潮。社区团购模式如图10-4所示。

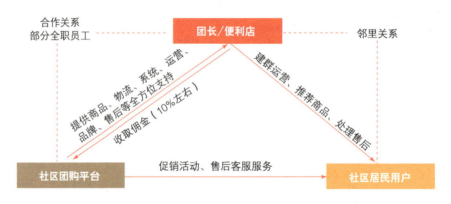

图10-4 社区团购模式

现阶段的社区团购模式，通过与新零售模式的结合，基于线下真实社区，以社区住户或周边店铺管理人员作为分发节点，利用线上微信、小程序、移动端App等作为平台进行拼团预售，将社群用户的订单进行收集，在线上完成订单支付款后，统一将商品发往自提点并由社群成员自提。据统计，目前社区团购已经成为社区范围内的主要经营模式，尤其以生鲜团购为主。

（2）社区团购的特点

社区团购是基于一定的地理区域，一般以小区作为一个单位，由区域内的个体组织的一种购物消费行为，是一种依托真实社区的小众化、本地化、区域化的团购形式。社区团购的特点主要包括：

①较低的获客成本

社区团购借助社群作为用户流量入口能够帮助商家快速与用户建立连接，减少了广告推广和揽客成本。同时利用社群内的熟人关系快速传播，形成稳定的社区购物群体，从而获取订单。

②可靠的用户黏性

在社区团购的主要商品中，生鲜产品占比高达50%。生鲜是社区人群消费频率最高的产品，也是生活的必需品，与社区的场景相对匹配，因此复购率高，也更容易满足消费者需求，从而产生大量复购。

③低廉的人力投入

社区团购的团长基本为居家人士、快递服务站站长、便利店店长等人员，在利用其手上社区资源优势的前提下，以合伙人的形式加入社区团购，人力成本低廉，服务人群也较为固定，售卖货物的品类和数量有数据可以参考，有助于团购供应方提前制定生产和营销规划。

④具备现金流优势

传统零售模式中，供应商与传统渠道合作都存在账期，给供应商带来的资金压力很大。而社区团购往往是拿货就付款，甚至是先下单付款的预售方式，先有确定性要求再准备确定性的货品，可以大大降低资金风险和库存周转风险。

⑤节省物流成本

社区团购由团长统一订购再进行分别发放，因此在运送派件过程中，仅存在大订单的派发，集中发货无形中降低了销售的物流成本。

（3）社群团购走红的原因

社群团购之所以能够走红，是社区团购模式能让用户收获种类丰富的商品，具备更简单的下单方式，并能享受到更优惠的价格。

①价格低廉

销售渠道扁平化是社区团购的优势，通过与源头的生产基地或者工厂建立联系，去除中间供货渠道，实现产品定制化，并直接发货配送给团长，而后由团长分发给终端用户。从多方面降低的成本，可以明显体现在产品的终端销售价格上，因此消费者可以用更少的钱获取相同质量的产品。

②购物体验佳

社区团购产品一般会采用标准化包装。如生鲜产品一般为500克或1 000克包装，可以提供"即买即食"的消费感受。此外，由于当下市场产品繁多造成了多数消费者的"选择恐惧"，限定的物美价廉的产品也容易被消费者接受。

③取货方便

社区团购的用户可以选择自提或送货上门的方式获取商品。即使是自提，提货点就在社区内，下班顺路取货或者下楼拿上产品也相对便利，同时避免了快递配送与上班时间重叠的不便。

④沟通方便

用户可以直接在社群里进行咨询和购买，售后互动和反馈较为及时，购买方式也比较简单。当出现产品质量问题时，还可以通过社群直接与团长联系，完成货物的退款或赔偿。

（4）社区团购的业务模式

社区团购模式同时结合了线上的产品展示和线下的集中配送交付两个模块，业务模式可以归纳为四个关键词：线上预售、次日自提、以销定采、落地集配。

①线上预售

用户在社群中点击商品，选择自提点（例如附近某便利店的团长），然后在购物车中提交订单并支付，等到第二天商品到达后，到"团长"处自提即可。对用户而言，可以直接通过平台完成下单，

避免了去商店的麻烦；对社区团购平台来说，相对于传统的线下百货商超模式是即买即售型零售，线上预售模式降低了水费、电费、物业费等成本支出。

②次日自提

与传统配送模式不同，社区团购不是纯粹的送货到家服务方式，而是用户需要到社区提货点自行提货。与目前主流的前置仓模式相比，社区团购满足的是计划性购买，前置仓模式满足的是即时购买，由员工或者第三方骑手送货到家。在时间的节奏上，用户前一天付款，第二天才去提货，和传统渠道的即时买货提货不一样，可以更好地调配商品。

③以销定采

通过社区团购供应商可以做安全库存、做限量测试，参考消费大数据之后可以相应调整产品策略、价格策略、促销策略，平台也会根据数据不断更换品类和品牌，可以实现从客户的角度向供应链提出需求。

④落地集配

传统电商的一件代发模式，基本上每一个产品都需要承担最低配送费，并且这部分费用很难降低。社区团购模式通过线下落地集中配送，降低配送成本。无论是厂家到供应商的仓库，还是供应商到平台的仓库、平台到团长提货点，都是集中配送的，可以做到尽可能降低每一款商品平均物流成本。

> **思政园地**

当前社区团购鱼龙混杂，有些不法分子偷偷潜入社区群，以"团长"身份发布虚假的团购信息并发起接龙，随后以"需提前收到货款"为由骗取被害人钱财，后退群失联；有些则假冒生鲜基地负责人，通过社交平台发布团购菜品的消息，诱使居民将相关信息转发至微信群，以此达到敛财的目的。因此需要具备甄别能力，首先是优先选择官方平台，其次要仔细核验发布者的主体信息，筑牢第一道防线，最后要注意拿到相关证据，充分捍卫自身权益。

↘ 10.2.2　网上订餐

网上订餐是指通过互联网远距离订购餐品的送餐上门或自取餐点的服务。相对于线下就餐，网上订餐提供更加方便、快捷、自主的资讯，来帮助客户找到合适自己的外卖服务。随着互联网技术的迅速发展，在移动网络时代，外卖服务的载体更多变成了移动设备。客户更多通过移动应用程序等，利用位置信息，通过地图服务，能够更方便使用订餐服务。

（1）网上订餐的发展

外卖主要是指餐饮业者提供的配送餐食到指定地点的服务。曾经大部分外卖都是通过电话订购，客户待餐品送达后直接支付现金。随着互联网技术的不断发展和基础配套设施的不断完善，网络订餐模式日渐兴起，外卖行业在近几年发生了巨大的变化，市场一直处于扩张态势。2015年之后，受到技术、商家、资本、客户消费习惯等因素的综合推动，外卖行业迎来了大爆发。中国外卖行业的持续快速增长，不仅方便了民众的生活，也推动了餐饮行业的线上线下融合发展，拓宽了经营场景和消费场景，创造了大量就业机会，为餐饮行业发展注入了新的动能。

（2）网络订餐的分类

目前国内主流的网络订餐模式主要有三种，一种是通过大量用户点的体验和点评，进行商家推荐的平台，如大众点评、口碑网等；另一种是大型外卖平台如美团外卖、饿了么、饿了么星选（原百度外卖）等；还有就是大型餐饮企业自身提供的外卖服务，如瑞幸咖啡、肯德基等，其中大型外卖平台占据了网络订餐的主要份额。

①美团外卖

美团外卖是中国生活服务网站美团网旗下的互联网外卖订餐平台，由北京三快在线科技有限公司运营，创立于2013年，是目前中国最大的网上订餐外卖平台。

2019年开始美团围绕新零售推出"下一代门店"计划。主要依托平台大数据，帮助商家制定门店经营模式以及产品运营策略，为商家提供大数据选址、运营活动设计、新菜品研发等服务。除了数字化经营解决方案，美团外卖还提供专业化生产解决方案，提供自动化生产设备、智能取餐设备以及进行人流动线设计等。专业的店铺布局设计与自动化设备相结合，可以有效提升门店产能效率和服务能力。

②饿了么

"饿了么"是2008年创立的本地生活平台，主营在线外卖、新零售、即时配送和餐饮供应链等业务。饿了么以"Everything30min"为使命，致力于用科技打造本地生活服务平台，推动了中国餐饮行业的数字化进程。

2022年饿了么和抖音共同宣布达成合作。依据合作，饿了么将基于抖音开放平台，以小程序为载体，与抖音一起通过丰富的产品场景和技术能力，助力数百万商家为抖音用户提供从内容种草、在线点单到即时配送的本地生活服务。

③饿了么星选

饿了么星选原名百度外卖，是由百度打造的专业外卖服务平台，提供网络外卖订餐服务。于2014年5月20日正式推出，吸引了几十万家优质餐饮商家入驻，主打中高端白领市场。

百度外卖于2018年正式更名为饿了么星选，通过用数据和标准甄选餐厅，为客户专属定制、甄选美食。饿了么星选从平台上几百万的活跃商家中依据严格标准选择综合得分前50%的饿了么商家入围星选候选，综合得分前10%的商户将有机会成为印有星标的星选商户，从而为客户提供专属定制、甄选的外卖服务。

（3）网络订餐的社会价值

网络平台的出现不但是新零售模式的重要补充，也是对社会生活的深刻变革。随着生活服务业数字化进程的加快，数字经济与服务经济进入深度融合阶段。网络订餐平台的出现使得"帮大家吃得更好，生活更好"的愿景成为现实，通过不断强化科技创新、拓展服务覆盖场景，在推动数字生活普惠、助力消费复苏以及倡导餐饮反浪费等方面发挥作用，发挥着越来越重要的社会价值。

①助力老年群体

美团通过对老年人进行信息化培训，可以让更多的老年人通过手机App完成买菜买药、预约看病等服务。

②服务无障碍群体

为更好地服务中国的盲人群体，美团还特别推出了"美团语音盲人定制应用"，让视障客户可以通过语音交互方式，完成外卖下单全流程，解决以往依赖读屏软件点外卖不够便捷的问题，通过更友好的"无障碍外卖"方式，帮助视障群体更充分享受互联网产品带来的福利。

③保障民生供应

依托网络订餐平台的即时配送网络，可以向消费者提供多品类、全场景、全时段服务，保障民生供给，满足居民的生活必需品消费需求。

④提供就业岗位

以外卖骑手为代表的灵活就业形态成为吸纳就业的"调节阀"和"蓄水池"，在推动重点群体就业方面发挥了巨大作用。

（4）网络订餐的未来发展

从未来外卖市场的发展趋势来看，一二线城市继续领先，三四线城市潜力巨大。但随着外卖跑

腿行业的飞速发展，一线城市竞争激烈，市场被大平台瓜分殆尽，市场基本趋于饱和，所以三四线城市成为外卖市场发展的目标，从主流城市转向城镇，外卖市场整体下沉愈发明显。未来网络订餐的发展将逐渐向数字化、标准化和全面化发展。

①数字化

通过组建完善行业数字化转型中的新基建，以及无人技术，实现无接触配送的快速普及，图 10−5 所示为无人配送车与无人配送飞机。

图 10−5　无人配送车与无人配送飞机

②标准化

随着外卖市场的不断发展，外卖饮食监管对于餐饮健康、卫生的要求越加严格，外卖平台规则更加严谨，从外卖加工、包装、配置等方面进行标准化升级。国家标准、行业标准、企业标准等体系将逐渐出现，餐饮外卖逐渐向安全健康方向发展，让人们吃得安心。

③全面化

在未来，外卖的商品品类逐渐多样化，不管是生鲜配送、百货商超、鲜花水果，还是中西餐、异国料理，都可以加入外卖的行列。外卖市场在不断扩大，未来外卖将成为人们必不可少的一种生活方式。

↘ 10.2.3　社交电商

社交电商是指通过社交网络平台或电商平台的社交功能，将关注、分享、讨论、交流、互动等社交元素应用于电商的购买服务，从而更好地完成交易过程。对于消费者来说，社交电商主要体现在购买前的店铺选择、购买时的商品对比、与商家的沟通互动、购买后的消费评价和购物分享。当前国内主要社交电商平台如图 10−6 所示。

【案例赏析】社交电商助农案例

（1）**社交电商的发展历程**

社交电商的本质是通过社交分享来促成交易产生，在于依靠社交链的裂变效应，扩大客户规模和转化机会。在消费者使用电子商务进行购物的过程中，客户之间、客户与商家之间都有互动和分享。对于商家来说，可以增加客户黏性，让客户有参与感。对于品牌商来说，社交电商通过社交工具的应用和与社交媒体、网络的合作，完成了品牌营销、推广和商品的最终销售。社交电商的发展可以分为以下几个阶段。

①微博阶段

早期社交平台微博是中国社交电商的发源地。微博适合用户生产内容与社交互动，部分博主、品牌积累了一定的影响力和"粉丝"群后，开始尝试商业变现。这便是最早的社交内容电商：借助

图 10-6　国内主要社交电商平台

社交平台生产内容，再设法实现商业变现。但因为微博的支付等功能的不足，微博社交电商始终没有形成足够大的影响力。

②产品分享阶段

随着某些平台开始布局社交电商，出现了像淘宝客、京东客等这样的网站联盟，广大个人站长利用自己的网站去推荐商品获得佣金，分享购物的网站以美丽说、蘑菇街最为出名。

③微信阶段

随着微信的兴起，朋友圈成了社交电商的热门战场，"微商"成为大家热聊的话题。微信为社交电商的发展提供了新的平台，一些国内品牌借助微信平台实现了换道超车，在短短几年时间内创造了众多传统大品牌不可能创造的销售奇迹，让人瞠目结舌。

④社交平台阶段

以拼多多、云集、小红书等为代表的一批平台型的社交电商逐渐兴起，开创了独特的社交电商模式并提供平台。客户利用平台去发展自身的社交资源，最终通过电商的方式进行卖货变现。伴随着一些大资本的注入，这些企业发展势头迅猛，这种模式也得到进一步扩大。

⑤百花齐放阶段

拼多多的上市更是让人们看到了社交电商的巨大发展空间，越来越多的企业开始发展社交电商，社交电商的模式也日益多样。淘宝、京东、网易、苏宁易购等传统互联网企业，纷纷投入重金，开始在社交电商平台进行布局。就连娃哈哈、王老吉、东阿阿胶等老牌传统实体企业，也纷纷在社交电商领域进行尝试。

（2）社交电商与传统电商的区别

社交平台最核心就是"社交"二字了，企业、品牌以及个人之间的关系，都是无形的社交资产，在平台上任何有亮点的话题和内容都有可能被大范围传播，在传播的同时也有彼此之间的带动和影响，社交电商和传统电商的区别主要体现在以下几个方面。

①营销侧重点不同

传统电商是以"货"为中心，社交电商以"人"为中心。传统电商是客户买了商品之后，商家才知道客户是谁，商家和客户之间建立联系的纽带是商品；社交电商，首先是建立人与人之间的联系，然后建立信任，之后再卖货，在卖货之前，一多半的客户，可能商家已经知道了。

233

②客户模型不同

传统电商的客户模型是个漏斗型，例如找到 1 万个访客，然后通过视觉营销和客服，转化 500 单。社交电商是发散型，例如找到 100 个忠实客户，让他们分享，每人帮着卖 5 单。

③流量来源不同

传统电商的流量更依赖搜索，社交电商的流量更依赖人与人之间的分享传播。因此传统电商的客户是散的，需要不停地找新流量，社交电商的客户可以组成一张关系网。

④运营策略不同

传统电商注重获得流量然后提升销量，社交电商注重客户体系的培养，经营客户是社交电商的根本。

⑤行业门槛不同

传统电商客户信任的是平台和品牌，社交电商客户信任的是人，对新品牌来说机会更大。因此目前传统电商创业的门槛已经越来越高，美工、运营、客服、供应链、仓库一样都不能少，社交电商参与的门槛更低，一部手机也可能月赚数万。

（3）社交电商的分类

虽然传统电商在直接售卖的商品中也加重了评论的板块，就是借由客户的真实点评带动有消费意向的客户执行购买行为，但各位消费者之间没有任何关系，导致商品评论必须充足、大量，且有足够的说服力，才可能带动有消费意向的客户下单，且这种行为不可能被扩散和传播。因此客户间的"熟人社交"形成"传播"和"影响"是社交电商的核心。社交电商的主要类型包括以下几种。

①直播型社交电商

直播型社交电商通过主播在直播过程中向"粉丝"群体推荐产品而完成商品销售，通过提升电商流量转化、"粉丝"运营、IP（知识产权形象，人设）打造和优质创意视频内容来提高转化率。典型的企业有抖音电商、快手电商、淘宝直播等。在直播型社交电商模式下，"粉丝"对网红主播的信任度高，且可实时互动，消费者易融入购物场景，可极大提升购物体验；商品信息通过网红的"粉丝"群体和社会化媒体传播，使群体传播与大众传播互相融合。

②品牌类社交电商

品牌类社交电商是帮助企业扩大经营渠道和经营空间所建设的一种社交电商模式，比如华为商城、小米商城，这类社交电商，只销售品牌旗下的产品。

③内容类社交电商

比较典型的例子就是小红书，内容类社交电商就是人人都可以是内容的创作者，需要内容创作者不断地去创新、去迭代，平台所提供的内容和爱好能满足客户的需求。

④拼购类社交电商

典型的案例就是拼多多，通过聚集两人及以上的客户，以社交分享的方式进行组团，客户组团成功后可以享受更大的优惠，通过低价的方式提升客户参与积极性，让消费者自行传播。拼购类平台只需要花费一次引流成本吸引客户主动开团，客户为了尽快达成订单会自主将其分享至自己的社交关系链中，拼团信息在传播的过程中就会吸引其他客户再次开团，传播次数和订单数实现裂变式增长。

⑤会员社交电商

会员社交电商就是以老会员带新会员为"粉丝"裂变的核心，不支持游客或"粉丝"消费的一种社交电商模式，需要缴纳一定的年费，平台会给你同等价值的物品，你同时还可以成为平台的会员。在平台购物时，你可以享受平台商品的七折、八折的优惠，会员可以成为社交商品的分销人员，可以分享商品到自己的社交网络空间，交易以后，可以获得佣金。社交电商平台和消费利益相关联以后，让形成消费、带动消费、增加"粉丝"就变得更为简单。会员电商模式，平台不用担心客户流失和复购率问题，因为会员缴纳年费以后就会对平台产生更多的黏性。

（4）社交电商的未来发展

近年来，社交电商作为数字经济的一支生力军，利用互联网社交工具从事商品或服务推广，在驱动消费增长、带动社会就业，特别是灵活就业方面发挥了重要作用，推动企业融合直播电商、社交电商等多种方式，建立线上线下融合的营销体系。社交电商未来的发展主要有以下几个方面。

①自由职业化

社交电商本质是通过人与人之间的社交和影响力，互相传播，推荐商品。基于移动互联网的智能化社交平台会为社交电商从业者在客服、配送、内容、IT系统、培训等方面赋能，使社交电商从业者的门槛大大降低，促进更多的自由社交电商从业者加入。

②参与多主体化

用户、社交电商从业者、社交电商平台会在更多的业务活动环节参与价值创造。客户、社交的电商平台、社交电商从业者跟品牌商、供应商形成一种超越简单买卖的关系，互相信任，共同参与价值创造的业务活动环节，而且还会基于各自的资源能力不同，在生态系统内重新匹配业务活动，使得最具有资源能力的角色从事最合适的业务活动，进而形成新的合作机制和一体化关系。

③服务定制化

未来的社交电商会基于大数据、云计算来绘制消费者画像，进而根据需求洞察开展精准营销和精准定制，提升生态系统交易效率、降低交易成本。

④盈利多元化

随着社交电商的进一步发展，社交电商平台的盈利来源将变得更加多元化：产品差价、会员费、广告费、第三方利益相关者收入、供应商的上架费等都将构成社交电商的利润来源。

⑤消费场景一体化

随着语音图像识别、LBS（移动定位服务）、人工智能等技术的日趋成熟和大规模应用，社交电商也会由于消费体验、供应链效率、消费场景衍生等变革进而促使消费场景线上和线下加速融合。

10.2.4　智慧商圈

【案例赏析】浙江省
首批示范智慧商圈

在信息技术飞速发展的今天，客户消费形式在不断升级改变，传统商业也正受到互联网等新型商业模式的冲击。随着云计算的推动、电子商务的普及、智慧城市建设的深入，"互联网＋"衍生而来的智慧商圈，建设时机已经成熟，国内多个城市已经拉开了智慧商圈建设的序幕，逐步实现传统商业向互联网商业转型升级，实现区域资源整合，通过信息技术工具向大众展现商业服务。智慧商圈现如今已经属于城市基础设施项目，是未来城市智慧化道路上的重要组成部分。

（1）智慧商圈概述

智慧商圈是一套通过高科技手段提升市民服务体验、提升传统商业、刺激商圈经济的服务体系。同时，智慧商圈是智慧城市的重要组成部分，是一个以互联网、移动互联网、大数据和云计算等为基础，涵盖"智慧商务""智慧营销""智慧环境""智慧生活""智慧管理""智慧服务"等功能的智慧应用大平台。国内各大城市热门商圈的商家可以通过信息化设备实现个性化的精准营销，为消费者提供更加快捷、愉悦、实惠的消费生活。图 10－7 所示为智慧导航和智慧商圈 App。

智慧商圈根据智慧化程度的高低可以分为初级、中级和高级智慧商圈三个级别。

①初级智慧商圈

初级智慧商圈也称为信息集中型智慧商圈，该层次的智慧商圈主要是在自己的门户网站集中提

图 10 –7　智慧导航和智慧商圈 App

供关于购物、娱乐、美食、商务等服务信息和导引，以及即时更新商圈内各商场、店铺、街区的活动，面向受众是所有查看商圈信息的客群，并不对消费群体进行分类。

②中级智慧商圈

中级智慧商圈也称为定点个性化型智慧商圈，该层次的智慧商圈为客户提供导引、查询、推荐等服务，基于 NFC（近距离无线通信技术）来识别不同的客户，为不同消费群体提供不同的商圈服务。

③高级智慧商圈

高级智慧商圈也称为移动个性化型智慧商圈。该层次的智慧商圈通过对商圈内客户的行为信息的分析，实时连接商圈、消费者以及商家，进行精准的推送，通过三者之间的交互，帮助客户得到更满意的服务。

（2）智慧商圈的分类

①营销展示类智慧应用

通过 App、智能导购终端、微博、微信公众号、网站和多渠道线下服务平台合作等方式，打造跨领域、跨系统、跨平台的应用入口，结合各类智慧营销系统的开发，为消费者营造体验式、场景式消费环境，促进和带动消费。如智能导购系统，通过合理布局智能导购终端，结合 App 和基于消费者实时位置的信息推送，搭建智能导购系统，集成商品信息发布、营销活动信息发布、商场楼层导引、商户导引、客户互动活动等功能，为消费者提供商圈范围内的品牌、商户、商品、营销、公共设施等位置和信息的智能化查询和指引，营造更便捷、更人性化的购物体验。智能导购终端进一步多样化，包括可触摸互动屏、具有自动侦测监控技术的大屏幕、导购机器人等（如图 10 – 8 所示）。

②商业服务类智慧应用

对商圈人流、物流、车流、资金流和数据流等"五流"的管理、整合、分析和应用系统，为商圈和企业提供优化

图 10 –8　智能导购终端

商业服务、提高运营效率、调整业态结构的技术支撑平台，促进提升实体商业核心竞争力。如综合管理平台，包含客流分析系统、智能云 POS 系统、安全和应急系统、商户管理、会员管理、物流管理等智慧化应用系统，通过统一平台整合、统一门户、统一接口和统一认证等方式，实现数据共享、功能协同和有效集成，提升商业管理智能化水平。客流分析系统对商圈范围内的重要道路、主要出入口、聚集休憩点、电梯和自动扶梯，以及商户进出口等客流集聚点和具有商业分析价值的重要地点，进行全面的客流监控和分析，引导企业及时调整仓储、促销、活动等信息，适时疏散客流。

　　③商业数据类智慧应用

　　通过大数据分析平台对原始数据的清洗、分析和可控共享、数据建模，进行客户特征画像，结合人工智能算法及大数据分析模型构建智能化数据引擎，推动数据、信息、资源等的有序管理、海量数据的并行计算和处理以及预测分析．深刻洞察顾客基本属性与行为特征，精准分析客流来源、客源地分布、潜在客源市场，进行客源市场定位、客源流失分析、消费习惯、消费行为、消费能力分析，为智慧商圈提供数据交互以及服务支撑。

（3）智慧商圈的未来发展

　　智慧商圈围绕实体商业能力提升和模式创新，以商圈为载体，以商圈企业和商业为主体，以市场营销和品牌服务为核心，通过信息化提升商圈整体的服务水平。

　　智慧商圈的功能和管理主要体现在提供停车导引、购物直引、移动支付、信息服务等，搭建信息化的综合性的服务平台，提升商圈信息化和服务水平，为电子商务企业与实体商家创造条件，推动传统商业模式向大数据精准化营销转型。智慧商圈未来的发展包括以下几个方面。

　　①功能服务智慧化

　　智慧商圈引入智能交通引导、移动支付体系、商圈 VIP 移动服务平台等现代信息技术，打造线下线上协同发展的信息化智能型商业街区，从而引导商圈生态环境的打造、休闲娱乐等体验功能的完善，积极发展建设体验式的智能化商圈。智慧商圈依托互联网、移动互联网和社交媒体新技术，充分发挥实体商户的体验和特色，通过 WI－FI、App 和小程序，商家提供大数据跟消费者的手机互动服务，客户只要点击手机即可获得商圈吃住行等各方面的详细信息，商家利用商圈平台实现个性化的精准营销，为消费者提供更加便捷、愉悦、实惠的消费便利。

　　②营销精准化

　　智慧商圈的核心在于建立起全视角多纬度的商圈客户动态数据，商圈大数据不仅有移动的互联网和社交媒体数据，还包括其他数据，比如停车场产生的停车淡旺季时间办公，具体车辆停车时间时长和频率，商场和商圈的客流计量以及结构分布，商场的 VIP 需求，消费信息以及 ERP 系统等相关信息。通过对消费数据、上网数据、客户行为数据、停车数据等各种细节的分析，了解消费热点，发现消费习惯的变化，进行定制化的营销，提高客户的体验度。通过对大数据的挖掘，既为 VIP 以及客户勾画消费偏好，又为商场相互间交叉营销提供依据。对大数据的精准使用和科学预判将会成为智慧商圈竞争力。

　　③管理综合化

　　智慧商圈管理系统可以帮助管理部门加强商圈内的人流量信息管理、及时预警、提高监控和应急响应能力，掌握商圈周边主要商城以及社会库存的空闲车位实时情况，实时实现联网，充分提高商圈停车场的应用效率，方便消费者。

　　▶**思政园地**

　　对传统商圈，智慧商圈可补齐公共服务上的短板，提高全国影响力，对标国际。对特色街区，如嘉兴月河智慧商圈、衢州水亭门智慧商圈、临海紫阳街智慧商圈等特色鲜明的区域性商圈，则可借助智慧化改造提升流量，焕发历史文化 IP 青春活力，创造消费娱乐旅游新热点。

电子商务基础与实务（第3版）

基础练习 二

【参考答案】模块10
基础练习

一、判断题

1. 新零售是一种终端销售模式。　　　　　　　　　　　　（　　）
2. 以商品为中心是新零售的核心要素。　　　　　　　　　（　　）
3. 新零售主要体现在对线上销售的信息化升级。　　　　　（　　）
4. 新零售的营销场景是多样化的。　　　　　　　　　　　（　　）
5. 新零售的特点是智慧化与无人化。　　　　　　　　　　（　　）
6. 社区团购的核心是以一个城市为区域的电商模式。　　　（　　）
7. 目前我国网上订餐市场占有率最高的平台是饿了么。　　（　　）
8. 社交电商的流量主要依靠关键词优化。　　　　　　　　（　　）
9. 拼多多属于拼购类社交电商。　　　　　　　　　　　　（　　）
10. 智慧商圈是网上商城的一种模式。　　　　　　　　　　（　　）

二、单选题

1. 促进新零售崛起的主要因素是（　　　）。

A）消费升级　　　　　B）专业服务升级　　　C）基础建设升级　　　D）产业生态升级

2. 新零售和新要素不包括（　　　）。

A）人　　　　　　　　B）货　　　　　　　　C）场　　　　　　　　D）技术

3. 新零售与传统零售相比在供应链上的主要特点是（　　　）。

A）高效性　　　　　　B）方便性　　　　　　C）连续化　　　　　　D）智慧化

4. 新零售的架构不包括（　　　）。

A）基础层　　　　　　B）数据层　　　　　　C）支持层　　　　　　D）表现层

5. "实体零售业运用互联网、大数据、云计算等新技术将线上业务与线下服务结合起来，打破实体零售业的区域限制"的新零售模式属于（　　　）。

A）线上线下融合模式　　　　　　　　B）社交电商模式

C）社区团购模式　　　　　　　　　　D）体验式O2O模式

6. 以下电商平台属于典型的新零售平台的是（　　　）。

A）淘宝。　　　　　　B）京东。　　　　　　C）拼多多　　　　　　D）天猫

7. 以下不是社区团购的特点的是（　　　）。

A）较低的获客成本　　　　　　　　　B）可靠的用户黏性

C）低廉的人力投入　　　　　　　　　D）较高的信息化水平

8. 社区团购的业务模式不包括（　　　）。

A）线上预售　　　　　B）当日提货　　　　　C）以销定采　　　　　D）落地集配

9. 网络订餐的发展趋势不包括（　　　）。

A）数字化　　　　　　B）标准化　　　　　　C）订单化　　　　　　D）全面化

10. 智慧商圈通过对智慧化程度的高低可以分为多种类型，其中不包括（　　　）。

A）信息集中型智慧商圈　　　　　　　B）数据集中型智慧商圈

C）个性化型智慧商圈　　　　　　　　D）移动个性化型智慧商圈

三、简答题

1. 什么是新零售？
2. 新零售与传统零售的区别有哪些？

3. 社交电商的类型有哪些？试举例说明有代表性的企业。

4. 新零售的运营模式主要分为哪几种？简单说明每一种运营模式。

项目实训

实训项目1：新零售案例剖析

一、任务布置

班级：	实训人员：	
模块10	新零售	
项目目标	选择一个新零售成功案例，可以是模式、平台或企业，分析该案例解决的市场痛点、优势与特点，阐述该案例对所在行业发展带来的变化。	
项目背景	随着线上服务、线下体验以及现代物流进行深度融合的新零售的发展，国内实物商品网上零售额规模快速稳步扩大。海量新零售企业，比如像孩子王、盒马鲜生等不断出现，为零售市场的发展提供了新的动力。 　请您根据自身的体验，通过查阅相关资料，围绕某一个新零售商业案例进行剖析，感知新零售给人们日常生活带来的便利。	
任务要求	任务1：简述一个新零售的案例； 　任务2：剖析该新零售案例对所在行业带来的影响； 　任务3：提炼新零售模式的特点。	

二、任务实施

实施过程	优化建议
任务1：简述一个新零售案例	
任务2：剖析该新零售案例对所在行业带来的影响	
任务3：提炼新零售模式的特点	

三、任务评价

评价内容		评价标准	分值	得分
自我评价	工作态度	态度端正、工作认真、按时完成	20	
	知识技能	案例剖析的客观性与深度	30	
	工作效果	案例典型性与代表性	20	
	职业素养	对新零售商业模式的理解程度	30	
合计			100	

自我分析	遇到的难点及解决方法
	不足之处

综合评价	自我评价（20%）	小组互评（30%）	教师评价（50%）	综合得分

240

实训项目2：新零售方案设计

一、任务布置

班级：	实训人员：
模块10	新零售
项目目标	根据项目背景与任务要求设计一个新零售销售方案，梳理项目的盈利点、运营模式及运营要点。
项目背景	某生鲜企业长期经营各类水果和蔬菜的批发业务，在全国50多个城市开设有直营店。随着信息化的发展，现在该企业想通过新零售的方式获得更大的发展，计划投资200万元，请结合相关新零售案例，为该企业撰写一份新零售营销方案。
任务要求	任务1：分析该企业的优势与劣势； 任务2：设计适合该企业的新零售模式； 任务3：梳理项目的主要盈利点； 任务4：梳理项目存在的主要风险。

二、任务实施

实施过程	优化建议
任务1：分析该企业的优势与劣势	
任务2：设计适合该企业的新零售模式	
任务3：梳理项目的主要盈利点	
任务4：梳理项目存在的主要风险	

三、任务评价

评价内容		评价标准	分值	得分
自我评价	工作态度	态度端正、工作认真、按时完成	20	
	知识技能	知识与技能的掌握程度	30	
	工作效果	工作完成程度与准确度	30	
	职业素养	知识与技能的灵活应用	20	
合计			100	
自我分析	遇到的难点及解决方法			
	不足之处			

综合评价	自我评价（20%）	小组互评（30%）	教师评价（50%）	综合得分

参 考 文 献

［1］ 陈德人.电子商务概论与案例分析（微课版）［M］.北京：人民邮电出版社，2017.

［2］ 李玉清.网店推广［M］.北京：北京理工大学出版社，2015.

［3］ 白东蕊.电子商务基础（第3版）［M］.北京：人民邮电出版社，2021.

［4］ 万守付，罗慧.电子商务基础（第5版）［M］.北京：人民邮电出版社，2019.

［5］ 汪永华.网络营销（第2版）［M］.北京：高等教育出版社，2019.

［6］ 芮红磊，等.电商直播［M］.北京：电子工业出版社，2021.

［7］ 戴月等.新媒体营销［M］.北京：电子工业出版社，2022.

［8］ 孔令秋，郭海霞.电子商务法律法规（第3版）［M］.北京：电子工业出版社，2021.

［9］ 王庆春，刘溪，王晓亮.电子商务法律法规（第3版）［M］.北京：高等教育出版社，2022.

［10］ 欧志敏.电子商务法律法规［M］.北京：中国人民大学出版社，2022.

［11］ 王卫东，张荣刚.电子商务法律法规［M］.北京：清华大学出版社，2022.

［12］ 杨立新.《中华人民共和国民法典》条文精释与实案全析［M］.北京：中国人民大学出版社，2020.